改革的初心

程恩富 著

中信出版集团 | 北京

图书在版编目（CIP）数据

改革的初心 / 程恩富著 . -- 北京：中信出版社，2019.6
 ISBN 978-7-5217-0315-3

I. ①改… II. ①程… III. ①中国经济－经济发展－研究 IV. ① F124

中国版本图书馆 CIP 数据核字（2019）第 058542 号

改革的初心

著　　者：程恩富
出版发行：中信出版集团股份有限公司
　　　　　（北京市朝阳区惠新东街甲 4 号富盛大厦 2 座　邮编　100029）
承　印　者：北京楠萍印刷有限公司

开　　本：880mm×1230mm　1/32　　印　张：12.75　　字　数：273 千字
版　　次：2019 年 6 月第 1 版　　　　印　次：2019 年 6 月第 1 次印刷
广告经营许可证：京朝工商广字第 8087 号
书　　号：ISBN 978-7-5217-0315-3
定　　价：88.00 元

版权所有·侵权必究
如有印刷、装订问题，本公司负责调换。
服务热线：400-600-8099
投稿邮箱：author@citicpub.com

目录

序 言 / V

第一章
中国现代化经济体系

建设现代化经济体系是我国发展的战略目标，也是转变经济发展方式、优化经济结构、转换经济增长动力的迫切要求。因此，现代化经济体系转向高质量发展有其深刻的历史根源和时代必然性。

第一节　中国模式的经济体制特征和内涵 / 3
第二节　加快完善社会主义市场经济体制的"四个关键词" / 15
第三节　新时代将加速经济新常态下的民富国强进程 / 21
第四节　现代化经济体系的基本框架与实现战略 / 40
第五节　建设现代化经济体系，实现高质量发展 / 65

第二章

中国经济新常态

中国经济发展进入新常态,这是中国经济向形态更高级、分工更优化、结构更合理阶段演进的必经过程。要在新常态下保持经济中高速增长,必须依靠改革。

第一节　中国经济新常态下的价值导向　/ 93

第二节　中国经济新常态重在提质增效　/ 112

第三节　新常态下中国经济驱动转换中供与求的辩证关系　/ 118

第三章

中国五大发展新理念

五大发展理念是对我们在推动经济发展中获得的感性认识的升华,也是对我们推动经济发展实践的理论总结。我们要坚持用新的发展理念来引领和推动我国经济发展,开创经济发展新局面。

第一节　用五大发展新理念引领经济新常态　/ 145

第二节　以创新为第一动力推动经济社会发展　/ 162

第三节　共享发展是中国特色社会主义政治经济学的新话语　/ 179

第四节　协调发展是"十三五"规划纲要的关键　/ 186

第四章

中国分配体制改革

人民的利益至高无上。坚持按劳分配原则，完善按要素分配的体制机制，促进收入分配更合理、更有序，才能让改革发展成果更多更公平惠及全体人民，最终实现全体人民共同富裕。

第一节　探析劳动收入分配问题 / 193

第二节　政府在功能收入分配和规模收入分配中的作用 / 206

第三节　我国的低消费率与消费不足 / 229

第四节　社会主义共同富裕的理论解读与实践剖析 / 239

第五章

中国市场与政府关系改革

我国改革已经进入攻坚期和深水区，进一步深化改革，就要更加尊重市场规律，更好发挥政府作用，以开放的最大优势谋求更大发展空间。

第一节　构建"以市场调节为基础、以国家调节为主导"的新型调节机制 / 257

第二节　社会主义市场体系的特点和内在结构 / 272

第三节　保护私有财产与维护公共利益 / 281

第四节　完善双重调节体系：市场决定性作用与政府作用 / 286

第六章
中国人民币国际化发展

中国人民币走向区域化和国际化之所以具有可能性,是因为经济全球化的发展将对国际新秩序的建立产生深刻影响。在有序开展人民币汇率市场化改革、逐步开放国内资本市场的同时,我们也将继续推动人民币走出去,提高金融业国际化水平。

第一节　人民币区域化和国际化可能性探析　/ 307
第二节　人民币国际化与创建"世元"的可能性　/ 319
第三节　"三元悖论"与我国资本项目放开的新考量　/ 344

第七章
中国的经济开放

构建人类命运共同体,是以习近平同志为核心的党中央为全球治理、为人类社会发展贡献的中国愿景。坚定不移地发展开放型世界经济,在开放中分享机会和利益、实现互利共赢,是中国经济开放的新姿态。

第一节　构建"环中国经济圈"战略　/ 361
第二节　比较优势、竞争优势与知识产权优势理论和战略　/ 365
第三节　既要"中国制造",更要"中国标准"　/ 378
第四节　自主创新,维护国家产业安全　/ 383
第五节　构建人类命运共同体,引领经济全球化健康发展　/ 388

后　记　/ 397

序 言

2019年是中华人民共和国成立70周年,值得回顾历程,总结经验,前瞻未来。作为共和国的同龄人,我亲历改革开放前后两个社会主义时期,深知习近平总书记所说的两个时期发展不能互相否定的客观研判。我们应在克服两个时期发展缺点的基础上把其优点有机结合起来,使改革开放在社会主义的新征程上再出发,积极推进新时代中国特色社会主义事业。

作为经济理论工作者,本人不仅通过中外经济学文献的精心研究、中外学术会议的广泛交流、中外现实问题的深入调研、与大学师生的教学研讨,而且通过研读领导人讲话和中央文件、在全国人大参政议政等多种形式和渠道,亲力亲为地投身于轰轰烈烈的社会主义改革开放及其研究宣传工作之中,并撰写和出版了一些文章和书籍。

现选编部分代表性文章,以馈读者。这些文章程度不同地提出或论证了与中华人民共和国成立以及改革开放密切相关的新理论和新策论。

在第一章"中国现代化经济体系"中,针对有舆论否认中国两种经济模式的客观存在及其较高绩效,阐述社会主义计划经济体制和社会主义市场经济体制是两种有联系,但又有重大区别的经济模式,客观研判新中国的经济发展是一个辉煌的整体;针对中外有舆论宣扬我国"国强民穷"和"中国经济停滞论",用中外对比的数据说明新时代已经并必将进一步加速经济新常态下的民富国强进程;针对中外有舆论声称我国改革开放的经济社会发展成就是由西方经济学指引的,阐明造就我国经济奇迹的政治经济学理论和原则,并强调从产权、分配、调节和开放四个基本内涵,来加快完善社会主义市场经济体制。

在第二章"中国经济新常态"中,阐发党的十八大以来我国进入和发展经济新常态的必然性和价值导向,强调经济新常态重在提质增效,并提出转向中高速增长、建立创新型国家、加大产业结构调整、从严保护生态环境和高效利用自然资源、积极改善民生、重点发展公有资本控股的混合所有制等九大举措;分析新常态下中国经济驱动转换,探讨供求辩证关系,论述供给侧结构性改革问题;结合改革开放以来我国经济高速增长取得的成就,从转变发展方式、优化经济结构、转换增长动力三个角度分析我国建设现代化经济体系、转向高质量发展的必然性与重要性,并从产业体系、市场体系、城乡区域体系、绿色发展体系、开放体系、产权体系、分配体系七个方面系统论证了建设现代化经济体系需要正确处理的一系列重要关系。

在第三章"中国五大发展新理念"中,提出在"人口和资源总量大国、人均资源小国、生态环境恶化"这一基本国情的大背景下,我国必须继续控制人口、抓紧改善生态环境修缮和提高资源利用效益,走可持续发展道路；阐述要用五大发展新理念引领经济新常态发展，尤其是要注重以创新为第一动力来推动经济社会发展；分析协调发展是"十三五"规划纲要的关键，共享发展是中国特色社会主义政治经济学的新话语，论述中国特色社会主义生态制度的特征与体系。

在第四章"中国分配体制改革"中，提出价值、财富与分配的"新四说"，论述劳动收入分配、低消费率与消费不足问题，认为要特别关注教育市场、房地产市场和农村市场；阐发我国政府财政收支在功能收入分配、规模收入分配与国民产出最终使用中存在的问题及政策建议，强调作为代表劳动人民根本利益的国家，理应自觉站在劳动人民的立场上，主动承担起保护和提高职工权益的重任；主张通过巩固和发展公有制、调整国民收入初次分配和再分配，来促进共同富裕的经济公平和提高劳动效率等政策，有效遏制城乡、地区和贫富差距不断拉大的趋势。

在第五章"中国市场与政府关系改革"中，阐释社会主义市场体系的特点和内在结构，倡导构建"以市场调节为基础、以国家调节为主导"的调节机制，完善市场决定性作用与政府作用的双重调节体系；揭示按比例规律、市场调节规律（或价值规律）、国家调节规律（或计划规律）的内涵及其相互关系，认为按比例规律是人类社会生产和国民经济的普遍规律，市场调节规律是商品经济中按比例规律的重要实现方式，并从简单商品经济转化为资本主义商品经济以来，在按比例规律实现中发挥决定性作用，而国家调节规律是按比例规律在受国家调节的社会化大生产和国民经济中的一种实现方式。

在第六章"中国人民币国际化发展"中，主张若能实现在与日本平等的基础上建立亚洲货币基金，或者暂不排斥本国货币存在的前提下规划发行"亚元",对中国都是利大于弊的,不过同时中国还是要积极推行人民币的区域化和国际化;做出"三元悖论"与我国资本项目放开的新考量,得出现阶段我国应采取的政策选择是:保证货币政策有效性,在汇率制度弹性和资本流动程度之间进行摆动,即保证货币政策有效性的同时,实现有管理的浮动汇率制度配合有管制的资本流动;独辟蹊径地分析消除美元霸权、人民币国际化以及创建"世元"的必要性和可能性。

在第七章"中国的经济开放"中,较早提出构建"环中国经济圈"的开放大战略;在评析西方比较优势、综合竞争优势理论优劣的基础上,率先提出和论证第三种优势,即知识产权优势理论和战略;强调不仅要"中国制造",更要"中国标准",应突出自主创新,维护国家产业安全;通过对当前国民经济和科技等多方面的实证研究,在国内外首次提出中国目前已处于世界经济体系"准中心"的地位,而不再是"外围"国家,并阐明从"准中心"到"中心"的过渡措施,积极引领经济全球化的健康发展。

本书所涵盖的新概念、新理论、新策论、新举措,是否经得起实践和逻辑的检验,应由读者和历史来评判。本人将以"为人民做学问"和"为社会主义做学问"的学术定力,继续在新时代、新征程中做出顺应社会主义中国和世界大趋势的新研究!

第一章 中国现代化经济体系

> 建设现代化经济体系是我国发展的战略目标，也是转变经济发展方式、优化经济结构、转换经济增长动力的迫切要求。因此，现代化经济体系转向高质量发展有其深刻的历史根源和时代必然性。

第一节　中国模式的经济体制特征和内涵

一、要分清经济模式的两种含义

中国经济社会发展的巨大成就为世界瞩目。2008年，中国经济发展总量GDP（国内生产总值）已经跃居世界第三位，仅次于美国和日本；进出口总额跃居世界第三位，仅次于美国和德国；外汇储备跃居世界第一位。特别是中国改革开放后连续30年经济持续高速增长，年均GDP增长率达到9.6%，就经济增长的速度之快和持续时间之久来说在世界范围内是首屈一指的。2008年，中国人均国民总收入已经达到3 292美元，步入世界中等收入国家之列。尤其在2007年伊始的金融危机席卷全球，发达国家和众多发展中国家纷纷受其冲击陷入衰退时，中国经济依然强劲增长，2009年全年GDP增长率预计将超过8%。此时又恰逢中国改革开放30周年和新中国成立60周年，因而中外学者纷纷热议和关注经济社会发展的"中国模式"，以便总结和提炼中国经济社会发展的道路、经验和规律，以资中国承前启后和世界借鉴参考。

关于经济发展的"模式说"早已有之，一旦一国或一个地区经济发展取得显著成就或者具有突出特点，就会有相应的模式提出。比如，以德国、瑞士、挪威、瑞典等为代表，强调政府作用和福利社会的"莱茵模式"，或者称为"民主社会主义模式"；以美国、英国为代表，强调自由竞争市场经济的"盎格鲁－撒克逊模式"，或者称为"自由资本主义模式"；以日本、韩国等为代表，强调政府主导市场经济的"东亚模式"；以墨西哥、阿根廷等为代表，强调践行经济"私有化、非调控化、自由化"为特征的"华盛顿共识"的"拉美模式"，因其是失败的，故又被称为"拉美陷阱"；以俄罗斯等为代表，强调经济迅速"私有化、非调控化、自由化"而失败的"激进转型模式"，或者称为"休克疗法"；以苏联为代表，强调集中计划经济而取得巨大成就的"苏联模式"，因该模式是从斯大林执政时期开始实践的，因而又被称为"斯大林模式"；以越南为代表，强调利用市场经济的"社会主义定向的市场经济模式"，又被称为"越南模式"；等等。

不同的发展模式虽然各有特点，但是也有共性。比如，"民主社会主义模式"和"自由资本主义模式"都是以资本私有制为基础的发达资本主义国家的发展模式。而"拉美模式"和"激进转型模式"则是以"自由资本主义模式"为样板的发展中资本主义国家的发展模式，因而也被统称为"新自由主义模式"。"东亚模式"更多是以"民主社会主义模式"为样板的发达资本主义国家的发展模式。"苏联模式""越南模式""中国模式"，乃至"古巴模式"等，都是以资本公有制为基础的社会主义国家的发展模式，只不过"苏联模式"和"古巴模式"突出的是计划手段的作用，而"越南模式"和"中国模式"突出的是利用市场手段的作用。

可见，经济模式或经济发展模式有两种含义：一是从经济或产业发展的道路和特征来界定的，如一国工业化、城镇化等视角的概括；二是从经济或经济体制发展的特征和内涵来界定的。自然，这两者有联系和交叉，可以分别界定或混合界定。本文主要阐述中国模式的经济体制特征和内涵。

二、中国模式的经济体制特征和内涵

经济发展的中国模式区别于其他模式的显著体制特征，是经济发展的"四主型"制度，即公有主体型的多种类产权制度、劳动主体型的多要素分配制度、国家主导型的多结构市场制度、自力主导型的多方位开放制度。

第一，公有主体型的多种类产权制度。所谓公有主体型的多种类产权制度，是指在公有制为主体的前提下（包含资产在质上和量上的优势）发展中外私有制经济。中国在多种所有制的动态发展中注重保持公有制与私有制之间作为"主体—辅体"的所有制结构，当然，这种所有制结构的保持并非简单地控制私有制经济的上升，而是在私有制经济适度发展的同时，巩固、发展和壮大公有制经济，始终保持公有制经济的基础和主体地位与国有经济的主导和控制地位。公有制经济的基础和主体地位不仅体现在社会总资产中"既有量的优势，也要有质的优势"，更重要的是体现在经营性资产中"既有量的优势，也要有质的优势"。美国等以私有为产权主体的国家的山川矿物资源、军队、政府办公大楼、公立教育医疗机构、财政收入等资产都是国有的，在社会总资产中的比例是占多数的，但是美国国有经营性资产却占全部经营性资产的极少数，而中国的国有资本和集体资本等公有资本却占中国经营性资产的多数。国有经济的基础产业服务功能、支柱产业构筑功能、流通产业调节功能、科学技术示范功能、社会整体创利功能和产权变迁导向功能，通过国民经济中的就业人数比例、资本比例、国内生产总值比例和税收比例等体现出来。中国这种公有主体型的产权结构，为按劳分配为主体的分配结构、国家主导的经济调节结构和自力更生为立足点的开放类型等提供了前提和基础。①

第二，劳动主体型的多要素分配制度。所谓劳动主体型的多要素分配制度，是指以按劳分配为主体，多要素所有者可凭产权参与分配，经济公平与经济效率呈现交互同向和并重关系。以公有为主体的产权制度为按劳分配为主体的分配制度提供了可行性的前提条件，而按劳分配为主体保证了生产和消费的良性循环和经济的可持续发展。美国等以私有为产权主体的国家是以按资分配为主体，这些国家的收入差距主要不是取决于工薪收入的差距，而是取决于财产占有多少导致的财产收入的差距。正如萨缪尔森和诺德豪斯所言："收入的差别最主要是由拥有财富的多寡造成的。和财产差别相比，工资和个人能力的差别是微不足道的。这种阶级差别也还没有消失：今天，较低层的或工人阶层的父母常常无法负担把他们的子女送进商学院或医学院所需要的费用——这些子女就被排除在整个高薪职业之外。"② 高效率是无法脱离以合理的公有制经济体制为基础的公平分配的。资本主义的不公平，主要表现在私有财产制和按资分配及其派生现象上。与此相异，

---

① 程恩富，何干强.坚持公有制为主体、多种所有制经济共同发展的基本经济制度 [J].海派经济学，2008（24）.

② 保罗·萨缪尔森，威廉·诺德豪斯.经济学 [M].高鸿业，等，译.北京：中国发展出版社，1992：1252–1253.

传统社会主义的不公平，主要表现在体制僵化和平均主义分配及其派生现象上。由此，中国改革走向了市场型按劳分配，市场竞争所形成的按劳取酬的合理收入差距，已经能最大限度地发挥人的潜力，使劳动资源在社会规模上得到优化配置。按劳分配相对于按资分配，客观上是较公平的，效率也是较高的。中国实行以按劳分配为主体的"先富—共富"的社会分配结构，既强调资本、土地、技术、信息等生产要素凭借所有权可以参与分配，又强调市场性按劳分配的机制和原则，呈现出适合现阶段生产力和市场经济发展的基本分配形态。这种劳动主体型的多要素分配制度的特点是强调第一次分配的公平与效率的基础作用，国家财税等再分配调节的公平与效率起辅助作用。在多要素参与分配的条件下，中国应注重提高劳动报酬在初次分配中的比重，着力提高中低收入者收入，逐步提高最低工资标准，不断完善企业职工工资正常增长机制和支付保障机制，不断提升城乡居民的社会保障和其他福利水准。①

第三，国家主导型的多结构市场制度。所谓国家主导型的多结构市场制度，是指多结构地发展市场体系，发挥市场的基础性配置资源的作用，同时在廉洁、廉价、民主和高效的基础上，发挥国家调节的主导型作用。中国确立和完善以各种商品和生产要素为交换对象的市场客体结构，以各种市场客体占有者或交换活动当事人为内涵的市场主体结构，以各种市场主体和客体活动地方和范围为基础的市场空间结构，以交换起终点的持续性和顺序性为特征的市场时间结构，形成结构完整、层次合理、机制灵活和偏向买方的市场体系。中国经济在

---

① 朱妙宽，朱海平. 从完善分配制度入手完善基本经济制度 [J]. 海派经济学，2008（23）．

保持发挥市场调节资源配置的基础作用的同时，注重发挥国家的计划手段和财政、货币政策的调节作用，维护宏观经济的稳定性、平衡性和持续性，以期全局利益的统一性和最大化。在廉洁、廉价、民主和高效的前提下，确立"小而强的政府"的主导地位。既要用市场调节的优良功能去抑止"国家调节失灵"，又要用国家调节的优良功能来纠正"市场调节失灵"，实现一种"基础—主导"的双重调节机制，形成强市场和强政府的"双强"格局，表现出国家的经济调节职能和作用强于和大于资本主义国家。

第四，自力主导型的多方位开放制度。所谓自力主导型的多方位开放制度，是指要处理好引进国外技术和资本同自力更生地发展自主知识产权、高效利用本国资本的关系，实行内需为主并与外需相结合的国内外经济交往关系，促进从追求引进数量的粗放型开放模式向追求引进效益的质量型开放模式转变。中国在对外开放的过程中，既强调积极利用外国的资本、技术和人才，又强调独立自主和自力更生，主张"自力更生为主、争取外援为辅"，并使之成为现代化建设和对外开放的基本方针。中国在独立自主和依靠本国力量的基础上，逐渐实现对发展中国家和发达国家的多方位开放（还有内地与港、澳、台地区的双向开放），在第三产业、第二产业和第一产业的多层次开放，对商品和服务、资本、技术的多方面开放，以及在东、中、西部地区的多领域开放。中国注重在结合比较优势与竞争优势的基础上，精心设计和调控引进资本、技术和人才的战略与策略，增强自主创新的程度，大力发展控股、控技（尤其是核心技术）和控牌（尤其是名牌）的"三控型"民族企业集团和民族跨国公司，突出培育和发挥知识产权优势，目的是打造出中国的世界工厂而非世界加工厂，争取商品和服务、资本、技术引进来的同时努力走出去，积极参与国际合作和国际竞争，以期实现从贸易大国向贸易强国、经济大国向经济强国的转型。

三、中国模式的经济体制改革过程和性质

上述中国模式的经济体制特征昭示，经济发展的中国模式是一种具有鲜明中国特色社会主义经济的发展模式。诚然，中国作为最大的发展中国家，经济发展的中国模式又是一种发展中大国的发展模式；中国作为从社会主义计划经济体制向社会主义市场经济体制转型的国家，经济发展的中国模式还是一种经济转型模式。简言之，经济发展的中国体制模式是中国特色社会主义发展中大国的转型模式。

进一步分析，与俄罗斯等国家的经济体制改革和转型相比，首先，中国经济体制改革和转型的目标和定位不同。中国经济改革和转型的目标是建立社会主义市场经济，而俄罗斯等国家是建立资本主义市场经济，因而具有不同的体制特征。俄罗斯等国家改向为私有主体型的混合产权形态、按资分配为主体的两极分化分配形态、新自由主义（叶利钦时代）或凯恩斯主义（普京时代）的市场调节形态和依赖西方的开放经济形态。

其次，中国与俄罗斯等国家经济体制改革和转型的过程和路径不同。在经济体制改革和转型的速度上，中国是以渐进为主的，而俄罗斯等国家是以激进为主的；在经济体制改革和转型的步骤上，中国是局部试点和步步推进的，即试错和由点到面的，而俄罗斯等国家是"一步到位"后再慢慢纠错的；在经济体制改革和转型的顺序上，中国是以先立后破为主的，而俄罗斯等国家是以先破后立为主的；在经济

体制和转型的方式上，中国是强制和诱导并用的，俄罗斯等国家是强制和命令式的；等等。①经济发展的中国模式既然是一种优势较明显的社会主义发展模式、欠发达国家的发展模式和转型模式，为社会主义国家、发展中国家和转型国家提供某种参照和借鉴就是理所当然的。作为一种成功的经济发展模式，中国模式也具有一定程度的普遍意义，正如一些外国专家学者所指出的，它同样可以为发达国家借鉴。

通常人们更注重的是不同发展模式的特点，这些特点区分开了不同发展模式。不过即使是同一个发展模式，中外学者站在不同立场和观察角度，得出的结论也不尽相同。即使是我国的学者，对中国经济发展的模式的看法也不尽相同。比如一些论著认为，中国经济体制改革和发展是遵循了"新自由主义模式"。这些论著仅仅看到，中国在从传统高度集中的社会主义计划经济体制向社会主义市场经济体制转变的过程中，确实是借鉴了包括新自由主义在内的西方经济学关于市场经济的某些一般理论和政策，并在实践中从过去过分强调国家和集体利益转向适当强调局部和个体利益，从几乎单纯的公有制经济到适度降低公有制经济中的比重和开创公有制的多种实现形式，鼓励、支持和引导个体、私营和外资等私有制经济发展。于是，这些论著就误以为中国改革开放是遵循了西方主流经济学及其政策主张的逻辑。事实上，如果遵循西方主流经济学及其政策主张的核心逻辑，中国就不可能坚持和完善以公有制为主体和按劳分配为主体的基本经济制度。如果遵循了新自由主义经济学的核心逻辑，实行激进的市场经济，同样就不可能坚持和完善社会主义国家调控体系和提高调控水平，也不可

---

① 程恩富，李新，梁赞诺夫，希罗科拉德.中俄经济学家论中俄经济改革［M］.北京：经济科学出版社，2000：14.

能不断提升独立自主和以自力更生为立足点的对外开放水平，逐步转变对外经济发展方式。显然，主要具有宣示性质的中国经济发展"新自由主义模式"论没有抓住中国经济发展的主要特征，所提出"中国经济改革和发展是以西方理论为指导的说法是不符合实际的"，同时，也"会误导中国经济改革和发展的方向"。①

同时应当看到，中国 30 年改革开放取得的巨大成就，不但不是遵循西方主流经济学及其衍生经济政策体系的结果，而且所出现的收入和财富占有差距的逐渐拉大、资源的破坏性开采和浪费性使用、环境严重污染、公有资产流失、某些私有制企业职工劳动条件恶劣、腐败盛行等问题，恰恰是受到以新自由主义经济学为代表的西方主流经济学理论和政策影响的结果。西方主流经济学倡导的企业片面追求利润最大化，导致企业不注重资源节约，恣意排放生产污染物，最大程度地压低工资和降低劳动条件，甚至生产和兜售假冒伪劣商品，严重损害人民生命健康。西方主流经济学倡导的"自私经济人"论强调追求个人利益最大化，引发经济行为主体不讲诚信、损公肥私、行贿受贿、走私贩私，甚至暴力犯罪等。收入和财富占有差距过分扩大的缘由在于中外私有企业的产权和初次分配制度，并影响到国有企业高管层收入不适当的自我膨胀和主管部门的行为。

这里有一个关键性的理论和政策难题值得分析和强调一下。公有制企业，尤其是国有企业的布局、结构和行业的调整，甚至一些国有企业破产倒闭，是为了更好地发展壮大公有制经济，不能以此笼统地说公有制经济效率低。正如一些私有制企业破产倒闭，不能直接证明

---

① 刘国光. 对经济学教学和研究中一些问题的看法 [J]. 高校理论战线，2005（9）.

私有制企业效率低一样。中国改革开放30年取得的巨大成就是以公有制为主体的多种经济成分共同发展的结果，充分体现了公有制经济的宏观和微观、内部和外部的整体效益。因为公有制经济的主体地位和国有经济的主导作用与控制力保证了按劳分配的主体地位和生产与消费的良性循环，从而保证了国民经济又好又快地长期持续发展。反观之，以资本主义私有制为基础的市场经济，是按资分配为主体和收入分配的两极分化，必然出现有效消费不足和生产相对过剩，从而经济总是不断地被经济危机打断，是不可能长期持续高速发展的。中国经济体制改革和发展若是遵循"新自由主义模式"，同样逃脱不了"拉美模式"失败的命运，必然连同发生金融危机和经济危机。当前我国之所以没有发生金融和经济危机，而只是受西方金融和经济危机不同程度的影响，并能继续8%以上的持续快速发展，恰恰说明中国模式之优越，也没有遵循经济体制改革和发展的"新自由主义模式"。

还有个别论著认为，中国经济体制改革和发展是遵循了以瑞典为代表的"民主社会主义模式"。"民主社会主义模式"论只看到中国非公经济的发展，看不到公有制经济的主体地位和国有经济的主导控制作用；只看到中国允许一部分人先富起来，看不到中国以按劳分配为主体，而且最终要消灭剥削，消除两极分化和实现共同富裕；只看到社会主义市场经济与资本主义市场经济所具有的共性，看不到二者性质上的本质差别，即社会主义市场经济或混合经济是建立在公有制为主体的基础之上，而资本主义市场经济或混合经济是建立在私有制为主体的基础之上；只看到福利保障制度对于资本主义缓和资本与劳动的矛盾，改善雇佣阶级的生活状况具有积极意义，看不到福利资本主义是一种迫于雇主与雇员的阶级博弈而实行的改良思想和政策，而非根本改变雇佣剥削的经济制度。可见，中国改革的"民主社会主义模式"论片面看待中国经济改革和发展，误以为中国经济发展遵循和将要遵循"民主社会主义模式"，而实际并非如此。

需要注意的是，中国的经济体制改革和发展过程始终是坚持马克思主义经济理论的指导下和坚持社会主义制度的前提下，改革社会主义生产关系中不适应社会生产力发展状况的一些环节和方面，借鉴国外合理的管理经验和先进技术为我所用。改革既不是改变社会主义制度的性质，发展也不是照抄照搬国外的发展模式。中国要建立和完善的社会主义市场经济体制，是要把社会主义基本制度和市场经济结合起来，充分发挥社会主义制度和市场经济二者的优势，这正是中国取得巨大成就的重要原因。中国通过改革，突破了西方资产阶级经济学认为只有资本主义私有制才能与市场经济相结合的理念，"实行社会主义基本制度与市场经济相结合的社会主义市场经济体制，是科学社会主义发展史上的伟大创举"[①]，是马克思主义政治经济学的重大理论创新。因此，如果把中国经济发展的模式说成"中国模式"，这种模式无疑是社会主义的发展模式。因其具有中国特色，可以称为中国特色社会主义的经济发展模式（与政治发展、文化发展和社会发展相对应，还有中国特色社会主义的政治发展模式、文化发展模式和社会发展模式，统称为"中国特色社会主义发展模式"）。考虑到这种模式的显著特征即公有资本与市场经济相结合，经济发展的中国模式又可以称为中国特色社会主义市场经济模式。

---

① 中国社会科学院马克思主义研究学部课题组. 改革开放 30 年中国马克思主义理论发展最具影响力的 30 件大事［J］. 马克思主义研究，2009（1）.

参考文献

[1] 刘国光. 当前世界经济危机中中国的表现与中国特色社会主义模式的关系[J]. 高校理论战线,2009(5).

[2] 张宇. 中国模式的含义与意义[J]. 政治经济学评论,2009(1).

[3] 李炳炎,向刚. "中国奇迹"与"中国模式"——中国30年经济改革的巨大成就与基本经验[J]. 江苏科技大学学报:社会科学版,2009(1).

[4] 程恩富,顾海良. 海派经济学:第22-23辑[M]. 上海:上海财经大学出版社,2008.

(原载于《经济学动态》,2009年第12期)

第二节　加快完善社会主义市场经济体制的"四个关键词"

党的十八大报告明确指出："要加快完善社会主义市场经济体制，完善公有制为主体、多种所有制经济共同发展的基本经济制度，完善按劳分配为主体、多种分配方式并存的分配制度，更大程度更广范围发挥市场在资源配置中的基础性作用，完善宏观调控体系，完善开放型经济体系。"这就从产权、分配、调节和开放四个层面科学地界定了加快完善社会主义市场经济体制的方向和内涵。我们应结合党的十八大精神，依据不断变动中的国情和世情，对这四个层面或关键词做理论和现实的深刻阐述和创新。

一、第一个关键词是产权

广义的产权与广义的所有权或所有制在概念上大同小异。公有制为主体、多种所有制共同发展的制度，属于社会主义初级阶段必须长期坚持和完善的基本经济制度。因为它从经济学原理、经济属性和经济类型上规定了什么是社会主义性质的市场经济体制。美国《帕尔格雷夫经济学大辞典》在界定"市场社会主义"词条时认为,资源配置或经济运行主要是市场机制,而公有制经济又是主要形式。这一诠释言之有理。反之,若是私有制占主体、多种所有制共同发展,便是当今资本主义市场经济体制或基本经济制度,即市场资本主义。这是现代政治经济学和西方比较经济体制学的主流共识。

问题在于,如何完善这一初级社会主义的基本经济制度?党的十八大报告强调,"要毫不动摇巩固和发展公有制经济,推行公有制多种实现形式,深化国有企业改革,完善各类国有资产管理体制,推动国有资本更多投向关系国家安全和国民经济命脉的重要行业和关键领域,不断增强国有经济活力、控制力、影响力。毫不动摇鼓励、支持、引导非公有制经济发展,保证各种所有制经济依法平等使用生产要素、公平参与市场竞争、同等受到法律保护"。传统社会主义计划经济体制和当代资本主义市场经济体制已表明,单纯的公有制或私有制占主体均难以实现科技发展所提供的潜在效率和实然公平。而西方国家每隔若干年发生一次周期性或重或轻的经济衰退和各种危机,也表明私有制市场经济始终内生不可持续发展的功能性痼疾。因此,完善公有制主体与私有制辅体的全社会所有制结构,要在市场竞争和国家导向下增强两种所有制的共生性和互补性,做到"两个毫不动摇",而非人为地"公退私进"或"公进私退"。不过,面对西方跨国垄断资本逐渐控制我国经济许多领域的严峻局面,当务之急是私营经济与公有经济加强合作而非内耗,共同参与和应对外国垄断资本在国内外的激烈竞争。

二、第二个关键词是分配

由于产权关系和制度决定分配关系和制度，收益权属于广义产权的权利之一，因而公有制主体便决定或派生出按劳分配主体。社会主义初级阶段要实行按劳分配为主体、多种分配方式并存的分配制度。撇开自然经济和个体经济不谈，现代企业制度下分配的基本形式就是市场型按劳分配或按资分配，所谓多种分配方式或按生产要素产权分配，实质上是可以分解为按劳分配或按资分配的。按经营才能分配属于按劳分配，而按土地要素分配则属于按资分配。企业人员获得发明技术的收益属于按劳分配，再折合成股份而获得的收益则属于按资分配。可见，改革中要完善的其实是按劳分配为主体、按资分配为辅体的分配制度。

问题在于，如何完善这一初级社会主义的分配制度？党的十八大报告强调，必须"维护社会公平正义"，"走共同富裕道路。共同富裕是中国特色社会主义的根本原则"。目前，居民财富和收入分配差距较大的根源和首因，在于非公经济及由此决定的按资分配比重较大，因而十八大报告提出："要坚持社会主义基本经济制度和分配制度，调整国民收入分配格局，加大再分配调节力度，着力解决收入分配差距较大问题，使发展成果更多更公平惠及全体人民，朝着共同富裕方向稳步前进。"为此，"实现发展成果由人民共享，必须深化收入分配制度改革，努力实现居民收入增长和经济发展同步、劳动报酬增长和劳动生产率提高同步，提高居民收入在国民收入分配中的比重，提高劳动报酬在初次分配中的比重"。这里要求"实现两个同步""提高两个比重""实现两个倍增"（实现国内生产总值和城乡居民人均收入比2010年翻一番），是必须贯彻"初次分配和再分配都要兼顾效率和公平，再分配更加注重公平"这一分配领域改革发展总方针的。其经济学缘由在于，平等或公平在概念上不等于平均或均等，经济公平与效率的真实关系不是孰先孰后反向变动的替代关系，而是同向变动的互促关系，即在权利、规则和机会等方面越公平，便越有效率，反之则相反。当前，出于切实有效地解决企业人员的财富和收入分配差距较大问题，应采取笔者多年强调的"四挂钩"方法措施和改革政策，即普通职工的收入须与企业的劳动生产率、利润率、高管收入和当地物价的变动挂钩，以促进分配和谐。

三、第三个关键词是调节

发挥市场在资源配置中的基础性作用，可以简称为"以市场调节为基础"，其对立统一面是国家调节。国家调节主要包括负责立法的人大调节和政府调节，既有宏观调节或调控，又有微观调节或规制。正如萨缪尔森所说的，市场是没有大脑和心脏的，需要国家发挥作用。斯蒂格利茨的《政府经济学》和克鲁格曼关于回归凯恩斯主义等西方不少论著，已充分阐述了功能性双重调节体制机制的应然性和可行性。由于我国是要实行跨越性大发展的后发国家，既要在改革中避免出现政策和机制的缺位或真空，还要"不断增强国有经济活力、控制力、影响力"，以及合理借鉴亚洲"四小龙"等政府主导的有益经验，因而必须发挥国家在又好又快地发展国民经济中的重要作用。社会主义初级阶段应在廉洁、廉价、民主和高效的基础上构建小而强的国家调节体系，形成"以市场调节为基础、国家调节为主导"的功能互补性的双重调节体制机制，以此消除西方国家过分实施市场调节或市场化改革所形成的周期性多种经济危机和困境。

问题在于，如何完善这一初级社会主义的调节制度？十八大报告强调，"经济体制改革的核心问题是处理好政府和市场的关系，必须更加尊重市场规律，更好发挥政府作用……健全现代市场体系，加强宏观调控目标和政策手段机制化建设"。加快完善商品、技术、资本、土地、住宅、人力等各类市场的客体结构、主体结构、空间结构和时间结构，释放其耦合性良好功能，是全面深化改革的重要内容。同时，要重点深化财税体制改革，建立公共资源出让收益合理共享机制；深化金融体制改革，健全促进宏观经济稳定、支持实体经济发展的现代金融体系；深化投资和经济结构调整体制，推进经济结构战略性调整，加快转变经济发展方式；深化科技、教育、文化、卫生体制改革，提升科技创新、国家软实力和国民健康水平；深化城乡一体化体制改革，促进解决好"三农"问题。

四、第四个关键词是开放

市场经济和经济全球化内在地要求国民经济实行内外开放，以优化资源配置、促进优势互补和推动经济发展。开放与保护是一对矛盾，均有正效应与负效应、适度型与过度型之分。发达国家和开放收益显著的国家，在经济开放甚至开放之前就十分注重自主创新、自力发展和经济安全，突出开放的整体长远效益和国民福利，因而党的十八大报告提出要"全面提高开放型经济水平。适应经济全球化新形势，必须实行更加积极主动的开放战略，完善互利共赢、多元平衡、安全高效的开放型经济体系"。可见，自力主导型的全方位开放制度，要求处理好引资、引技、引智同主要高效利用本国资本和智力、发展自主知识产权的关系，实行内需为主并与外需相结合的对外经济交往关系，促进追求引进数量的粗放型开放模式向追求引进效益的精益型开放模式转变，从而尽快完成从贸易大国向贸易强国、经济大国向经济强国的转化。

问题在于，如何完善这一初级社会主义的开放制度？党的十八大报告强调，"要加快转变对外经济发展方式，推动开放朝着优化结构、拓展深度、提高效益方向转变，创新开放模式"。确实，随着世界经济格局的深刻变化，冷静面对当前对外经济发展面临的问题，迫切要求我国从战略上谋划对外经济关系的长远发展，在加快转变对外经济发展方式上树立新思维，采取新战略和新举措。为此，一是面对中资大量过剩，应适当控制外资依存度，积极提升中外资本协调使用的效益；二是面对构建创新型国家，应适当降低外技依存度，积极提升自主创新的能力；三是面对全球生态环境保护和资源能源相对不足，应适当降低外源（外国资源能源）依存度，积极提升配置资源能源的效率；四是面对出口导向型经济的某些弊端，应适当控制外贸依存度，积极提升消费拉动增长的作用；五是面对美国滥印美元的数轮量化宽松政策，应适当控制外汇储备度，积极提升使用外汇的收益。这五个适当控制与积极提升，是要在科学发展观的指导下，在巩固和完善自力主导型全方位开放体系的基础上，建立起低损耗和高效益的精益型对外开放模式，统筹国内经济发展与对外开放的关系，更加注重经济开放中的自主发展、高端竞争、经济安全、国家权益和民生实惠，以促进国民经济又好又快地持续健康发展。

（原载于《经济研究》，2013 年第 2 期）

第三节　新时代将加速经济新常态下的民富国强进程

"两个一百年"的战略规划将加速民富国强进程,推动新中国持续走向繁荣富强,而西方民富国强受阻的根本原因是资本主义各种对抗性矛盾,中国和西方国家出现两种不同的经济新常态。本节阐述中西方民富国强的若干现状以及不同经济新常态的现实表现、制度特点和理论政策,并提出我国处于世界经济体系"中心—外围"中的"准中心"概念。

一、"两个一百年"的战略规划加速民富国强进程

新时代中国特色社会主义思想对马列主义及其中国化理论的继承和发展,最为突出地体现在经济社会发展中国家规划的战略导向作用与市场配置一般资源的决定性作用的结合方面。作为有长远战略规划的领导型执政党的中国共产党,与西方"二无型"(无党章、无党员)执政党在治国理政方面的最大区别在于:中国共产党基于以人民为中心来提升民富国强的发展思想,把社会主义制度与市场经济制度有机

结合，既充分"发挥国家发展规划的战略导向作用"[①]，又充分利用市场配置一般经济资源的决定性作用（一般经济资源不包括教育、文化、卫生、社会保障、住房和地下资源、交通运输等重要的非物质资源或物质资源）。这明显地体现在"两个一百年"的奋斗目标及其实施中。

具体来说，改革开放之后，我们党对我国社会主义现代化建设做出战略安排，提出"三步走"战略目标，使解决人民温饱问题和人民生活总体上达到小康水平这两个目标提前实现。在这个基础上，党的十八大确立了"两个一百年"的奋斗目标，即到建党一百年时全面建成小康社会，然后再奋斗三十年，到新中国成立一百年时，基本实现现代化，把我国建成为社会主义现代化国家。

党的十九大报告又提出，从现在到2020年，必须按照全面建成小康社会的各项要求，紧扣我国社会主要矛盾变化，统筹推进"五位一体"总体布局，协调推进"四个全面"战略布局，使全面建成小康社会得到人民认可、经得起历史检验。从2020年到21世纪中叶可以分两个阶段来安排：第一个阶段，从2020年到2035年，在全面建成小康社会的基础上，再奋斗十五年，基本实现社会主义现代化。这就把党的十八大报告提出的基本实现现代化的时间表提前了十五年。第二个阶段，从2035年到21世纪中叶，在基本实现现代化的基础上，再奋斗十五年，把我国建成富强民主文明和谐美丽的社会主义现代化强国。[②]

正是以上这些关于民富国强的中长期战略规划对社会主义市场经济的战略主导作用，既使市场经济的长处得到了充分的发挥，又使社会主义制度的优越性得到了充分的发挥，从而有效防范了资本主义市

[①] 习近平. 决胜全面建成小康社会 夺取新时代中国特色社会主义伟大胜利 [N]. 人民日报，2017–10–28.

[②] 同上。

场经济中存在的企业生产的有组织性与整个社会经济的无政府或无秩序状态之间对立的弊端，实现了国家调节为主导和市场调节为基础互为条件、优势互补的双重有机结合，是社会主义有计划发展规律的客观要求和出色表现。

因此，习近平总书记指出："在社会主义条件下发展市场经济，是我们党的一个伟大创举。我国经济发展获得巨大成功的一个关键因素，就是我们既发挥了市场经济的长处，又发挥了社会主义制度的优越性。我们是在中国共产党领导和社会主义制度的大前提下发展市场经济，什么时候都不能忘了'社会主义'这个定语。之所以说是社会主义市场经济，就是要坚持我们的制度优越性，有效防范资本主义市场经济的弊端。我们要坚持辩证法、两点论，继续在社会主义基本制度与市场经济的结合上下功夫，把两方面优势都发挥好，既要'有效的市场'，也要'有为的政府'，努力在实践中破解这道经济学上的世界性难题。"[1] 也就是说，中国特色社会主义市场经济的实践表明，鉴于资本主义市场经济存在"个别工厂中的生产的组织性和整个社会的生产的无政府状态之间的对立"[2]，我们必须基于社会主义制度的优越性，使国家规划的战略导向作用与市场配置一般经济资源的决定性作用成功结合，便可有效防范资本主义市场经济的弊端，同时破解既要"有效的市场"，也要"有为的政府"这道经济发展上的世界性难题，实现市场和政府在功能上的"双强"格局，加速新时代在经济新常态下的民富国强进程。

---

[1] 中共中央文献研究室.习近平关于社会主义经济建设论述摘编[M].北京：中央文献出版社，2017：66.

[2] 马克思，恩格斯.马克思恩格斯选集：第3卷[M].北京：人民出版社，1975：313.

二、关于新中国持续走向繁荣富强的问题

有舆论说,毛泽东使我们站起来,邓小平使我们富起来,习近平使我们强起来;也有舆论说,毛泽东社会主义1.0版本是一穷二白,邓小平社会主义2.0版本是富起来,十八大后社会主义3.0版本是强起来。这些表述均不准确。准确地说,中华人民共和国成立前中国是一穷二白,但新中国成立以来从毛泽东时代开始,我们不仅站起来了,而且逐步富强起来了,富强是一个后浪推前浪的持续更好的过程。新中国近70年民富国强的统计数据,并不支撑割裂民富与国强的论点,也不支撑毛泽东时代没有逐步富强起来的论点。习近平总书记关于不能把新中国成立以来的两个30年建设发展互相否定的政治底线和原则是十分正确的。

众所周知,新中国的诞生,真正开启了中华民族伟大复兴的历史之门。新中国的建设,尽管经历了种种挫折和干扰,仍然取得了世界历史上任何其他国家从未取得过的辉煌经济成就。我国在改革开放前1949—1978年的大约30年间完成了重化工业化,建立了一个门类初步齐全、依靠内循环可以基本自给自足的国民经济体系,实现了包括导弹、卫星、核武器在内的自我武装,经济发展速度赶上并超过了世界绝大多数国家,年均GNP(国民生产总值)增长率为6%多,可以跻身同期世界最快经济发展之列,社会生产力、综合国力、人民生活水平均比中华人民共和国成立前有较大提高,与主要发达国家的若干重要经济差距迅速缩小。因此,邓小平主持起草的《关于建国以来党的若干历史问题的决议》确认:"在工业建设中取得重大成就,逐步建立了独立的比较完整的工业体系和国民经济体系""农业生产条件发生

显著改变，生产水平有了很大提高……1980年同1952年相比，全国粮食增长近一倍，棉花增长一倍多。尽管人口增长过快，现在已近十亿，我们仍然依靠自己的力量基本上保证了人民吃饭穿衣的需要""城乡商业和对外贸易都有很大增长……1980年，全国城乡平均每人的消费水平，扣除物价因素，比1952年提高近一倍""教育、科学、文化、卫生、体育事业有很大发展"。

改革开放以来的40年间，中国国民经济更是高速腾飞，年均GDP增速约为9%，远远高于同时期世界经济平均3%左右的增长速度，达到同期世界第一，大大超过德、日、美等国在其崛起甚至"黄金时期"的增长速度。目前，国民经济总量和对外贸易总额已排名世界第二，外汇储备排名世界第一。"神舟"系列载人宇宙飞船发射成功，"嫦娥"探月工程、高铁、天河计算机、北斗导航等一张张响亮的"中国名片"，成为"中国奇迹"的有力见证，标志着我国综合国力和国际地位也居于世界前列。我国人均国内生产总值已达8000多美元，人民生活接近由温饱到全面小康的历史性跨越。与此同时，我国在民主政治、文化、社会建设等方面也都取得了显著成就。

改革开放前后两个时期都是社会主义新中国约70年历史的有机组成部分，都是作为一个整体的社会主义新中国历史。应当说改革开放前的发展为改革后的发展奠定了物质文化基础，改革后的发展是在这个基础上的大发展。但是，当今中国社会上有一些论著为了论证改革开放的必要性和伟大成就，对前30年发展采取历史虚无主义态度，或者片面地只讲失误和不足，甚至是用歪曲的手段进行基本否定、割裂、扭曲改革开放前后两个年代的继承和发展关系。这对于我们科学认识新中国逐步富强的历史发展，从而客观总结历史经验教训、把握有关发展规律，是非常有害的。

对此，党的十九大报告做出准确的描述："中国特色社会主义进入新时代，意味着近代以来久经磨难的中华民族迎来了从站起来、富起来到强起来的伟大飞跃，迎来了实现中华民族伟大复兴的光明前景。""我们党团结带领人民完成社会主义革命，确立社会主义基本制度，推进社会主义建设，完成了中华民族有史以来最为广泛而深刻的社会变革，为当代中国一切发展进步奠定了根本政治前提和制度基础，实现了中华民族由近代不断衰落到根本扭转命运、持续走向繁荣富强的伟大飞跃。"其中强调的是新中国成立以来"持续走向繁荣富强"！

三、民富国强若干数据与世界经济"准中心"概念

前几年就有一种说法，认为新中国成立以来，特别是改革开放以来，中国是逐步富强起来了，但是叫"国强民穷"，当时有这么一个小小的流行思潮。著名经济学家、中国社科院原副院长刘国光教授曾在文章中专门批驳了这一错误观点。我们中国人喜欢比较，这是好事。我们工业要和美国、德国、日本比，我们的农业要和以色列、荷兰比，我们的军事要和美国比，我们的生态环境要和澳大利亚、新西兰比，我们的生活要和丹麦、挪威比，我们的足球还要和德国比，等等。这样一比较，好像我国什么都不是最先进的。其实，这样比较是可以的，但并不全面和科学。单项比较，有利于激励我们砥砺前行，但如果认为中国什么都不行或什么都不先进，那么这个结论就十分片面了。实际上，在民富国强方面，中国自我纵向比较，应对1949年前后的新旧

中国进行全面比较；中国与他国的横向比较，应与独立前国情相似的印度进行全面比较，并与美国和瑞典等国的某些重要指标发展速度进行比较。比较的结论显而易见。

一是按照购买力平价衡量的 GDP。世界银行数据库统计显示，2016 年我国的经济总量是 21.4 万亿美元，已经超过美国，美国只有 18.6 万亿美元，印度只有 8.7 万亿美元。按照购买力平价这个指标进行衡量和比较最科学。购买力平价是指两种货币之间的汇率决定于它们单位货币购买力之间的比例。例如，购买相同数量和质量的一篮子商品，在我国需要 40 元人民币，在美国需要 10 美元，对于这篮子商品来说，人民币对美元的购买力平价是 4：1，即 4 元人民币购买力相当于 1 美元。按照汇率比较，现在我国经济总量仅次于美国，居世界第二，但汇率变动较大，比较不是很客观。据国际货币基金组织 2016 年统计购买力平价人均 GDP 的结果，中国为 15 424 美元，印度为 6 658 美元。我国人均 GDP 与发达国家或某些发展中国家相比还比较少，因为中国人口基数太大。如果中国人口总量开始下降，那就更能体现民富国强和经济社会发展的成就。

二是现代化指数。据何传启提供的数据，综合 10 项指标排名，瑞典为 100，第 1 名；美国为 97.3，第 6 名；中国为 40.1，第 73 名；印度为 22.5，第 99 名。[①]

三是财富指数。2016 年，我国家庭人均财富为 16.9 万元，其中房产净值约占 66%（其中城镇家庭占 69%，农村家庭占 55%）；动产中家用汽车占比较高（经济日报社中国经济趋势研究院编制发布的《中

---

① 何传启. 2013 年世界现代化指数 [J]. 科学与现代化，2016（2）.

国家庭财富调查报告（2017）》）。另据瑞士信贷研究所发布的《2016年全球财富报告》的数据，2016年中国成年人平均财富为22 864美元（15.8万元人民币），属于中等偏低水平。

从前述各种数据可以看出（还有一些数字放在下面论述），新中国成立以来，中国的民富国强发展速度在全世界是较快的，改革开放以来更快。而国情和我国差不多的印度富强情况则相对大大落后。笔者去印度开会和考察过两次，也与印度经济学教授和共产党领导座谈了解情况，得出如下结论：如果印度共产党不能掌权且不搞社会主义的话，如果中国不搞资本主义的话，那么印度在这个地球上估计是赶不上中国了。现在外面有些舆论认为印度是最大的民主国家，印度经济比中国弱小，可能若干年以后就赶上中国了。事实上，两国不同的发展路径依赖和制度决定了这是不可能的，今后印度只有总人口可能超过我国。20世纪40年代后期，中国和印度的人均GDP差不多，而且它的自然地理条件比中国好，我国人均耕地不到印度的一半，但无论比较毛泽东时代还是改革开放时代的富强发展情况，印度都比中国差得多，总体上印度比中国要差15年到20年。

在党的十九大报告中，习近平总书记强调新时代"是我国日益走近世界舞台中央、不断为人类作出更大贡献的时代"，与其关于"我国比任何时候都更加接近世界舞台中心"的论断是一致的。我认为这在经济上最为突出。众所周知，世界著名左翼经济学家萨米尔·阿明在其力作《世界规模的积累：欠发达理论批判》（1970）中，提出和论证了世界经济体系中的"中心—外围"理论；阿根廷著名经济学家劳尔·普雷维什也出版了《外围资本主义：危机与改造》（1990）一书。问题在于：当代中国还是依附于发达国家的外围国家吗？美国等七国集团是当代世界经济的中心，但我国既不依附它们，又不是外围国家，因而需要提出一个"准中心"国家的新概念。我国经济实力、科技实力，以及倡导的"一带一路"国际合作、金砖国家、亚投行、上合组织等，都可以作为其中的重要标志之一。我们还要进一步从世界经济的"准中心"向"绝对中心"迈进，但是面对来自西方，甚至包括拉美国家一些舆论的质疑，指责中国在拉丁美洲、非洲的投资和能源等合作，怀疑中国也是在发展一种新的"中心—外围"之间的依附关系。我们有必要声明，中国所迈向世界经济舞台的"中心"，不是重蹈西方中心国家的覆辙，不走它们利用领先的经济技术优势来剥削其他国家劳动力的老路。中国所追求的"中心"地位，实际上是在谋求自身发展基础上促进人类命运和利益共同体的完善。我国既要在经济和科技上追赶上传统的"中心"国家，以获得与发达国家平等合作的机会，又要和传统的"外围"国家进行平等和帮助性的合作，并为"外围"国家发展进步提供示范，同时还要更好地引领全球共同建立国际经济新秩序、引领共同塑造国际经济安全、引领共同推动公正的经济全球化。我国从现在的"准中心"向未来的"中心"转型发展，至少要确立下列理论和战略：一是确立知识产权优势理论和战略，加快提升创新型国家建设的科技体系（仅仅靠建立在比较优势理论基础上的新结构经济学思维和战略是不行的）；二是确立金融"脱虚向实"的理论和战略，加快提升人民币国际化的金融体系；三是确立提质增效的发展理论和战略，加快提升国内与国际经济高度协调的产业体系；四是确立引导公正经济全球化的理论和战略，加快提升国际经济新秩序和共同经济安全的制度体系。

四、西方民富国强受阻的根本原因是资本主义各种对抗性矛盾

西方各种经济危机和"经济新常态"导致真正符合人性和人类命运共同体的民富国强提升大大受阻,而这又是资本主义市场经济制度及其各类矛盾发展的必然结果。2008 年,西方国家爆发的金融和生产经营危机是十分严重的,其危害性不亚于 20 世纪 30 年代经济大危机。与马克思和列宁时代相比,当今世界资本主义经济的基本矛盾是经济不断社会化和全球化,与生产要素的私人所有、集体所有和国家所有的矛盾,与国民经济和世界经济的无政府状态或无秩序状态的矛盾。这个扩展了的全球基本经济矛盾,通过以下五种具体矛盾和中间环节导致西方国家的次贷危机、金融危机、生产经营危机、财政危机和持续不景气的"经济新常态",并由此诱使经济社会和政治发展的种种制度痼疾发作。

第一,私有垄断制及其企业管理模式容易形成高级管理层为追求个人巨额收入极大化而追求短期利润极大化,日益采用风险较大的金融工具以及次贷方式,这与企业正常经营管理形成矛盾,从而在企业微观层面成为各种危机和"经济新常态"的基础。从实质上看,以法人资本所有制为基础的个人股权分散化的股权结构,是以法人股东形式存在的金融资本控制企业的微观基础。在这种股权结构中,企业是具有法人股东和经理人两个层面的代理人。其中,法人股东只不过是代表私人资本所有者从事资本经营活动的代理人,并不是资本的终极所有者。法人股东的最终所有者和最终委托者,仍然是私人资本所有者。而职业经理人则是企业经营管理活动的实际组织者和控制者。在现代资本主义大企业高度分散的股权结构中,法人股东和经理人两个

层面的代理人局部利益与企业整体风险之间,均构成了既对立又统一的矛盾关系。代理人局部利益与企业整体风险之间的统一性,主要体现在企业的长期发展中,但属于矛盾的次要方面。从长期看,在整体风险较低的条件下,企业可获得较为稳定的持续发展效益。而包括法人股东和经理人在内的代理人,也能够从企业发展中获得较为稳定的收益。但是,由于企业个人股权的高度分散性,法人股东和经理人在内的代理人无法受到有效的监督和制约,更加倾向于追求短期利益最大化,从而忽视企业的长期利益和整体风险。

第二,私有垄断制结合市场经济容易形成生产相对过剩、实体经济与虚拟经济的比例失衡,从而在经济结构层面形成各种危机和"经济新常态"的格局。社会再生产与国民经济运行都必须遵循按比例分配社会劳动的规律(简称"按比例规律")。这一规律要求,表现为人财物的社会总劳动要依据需要按比例地分配在社会生产和国民经济中。也就是说,在生产与需要的矛盾运动中,社会生产的各种产出与需要在使用价值结构上要保持动态的综合平衡,以实现在既定条件下靠最小的劳动消耗来取得最大的生产成果;在整个国民经济中,要保持各种产业和经济领域的结构平衡。按比例规律是社会再生产与经济运行的普遍规律。在以美国为代表的当代资本主义市场经济中,由于主张放松国家经济调节与金融监管的新自由主义盛行,按比例规律主要通过市场调节规律(或价值规律)与私人剩余价值规律的共同作用来实现。例如,虚拟经济与实体经济之间的矛盾运动客观上要求,虚拟经济发展的速度和水平要与实体经济相适应。如果虚拟经济发展滞后于实体经济,就会阻碍实体经济的发展;如果虚拟经济发展过度超前于实体经济,就会使经济运行风险不断积累,在金融监管缺位的情况下最终将导致金融危机和经济危机。2008年爆发的西方国家金融与经济危机，就是金融自由化条件下虚拟经济严重脱离实体经济的必然结果。

第三，私有垄断集团和金融寡头容易反对国家监管和调控，而资本主义国家又为私有垄断制经济基础服务，导致市场调节和国家调节双失灵，从而在资源配置或经济调节层面促成各种危机和"经济新常态"的窘况。国家调节规律（或计划规律）是按比例规律在受国家调节的社会化大生产和国民经济中的一种实现方式。[①] 马克思认为，在以共同生产为基础的社会中，"社会必须合理地分配自己的时间，才能实现符合社会全部需要的生产。因此，时间的节约，以及劳动时间在不同的生产部门之间有计划的分配，在共同生产的基础上仍然是首要的经济规律"。[②] 但是，在国家垄断资本主义阶段和社会主义初级阶段，由于国家的存在，对社会生产和国民经济的总体规划和综合调节只能由国家来承担。国家调节规律（或计划规律）是商品经济的基本矛盾，即私人劳动或局部劳动同社会劳动之间的矛盾运动在受国家调节的社会化大生产中表现出的客观经济规律。这一规律的内涵是：国家运用经济、法律、行政、劝导等国家政权手段，自觉利用社会大生产发展的客观规律，根据社会生产和国民经济的实际运行状况和发展态势，预先制订社会生产和国民经济的总体规划，并科学合理地调节社会总

---

① 著名经济学家刘国光近年来重新倡导和阐述"有计划按比例发展规律"，这是十分必要和重要的。不过，按比例规律与计划规律是两个密切关联的不同规律。参见：刘国光. 关于政府和市场在资源配置中的作用 [J]. 当代经济研究，2014（3）.// 刘国光. 有计划，是社会主义市场经济的强板 [N]. 光明日报，2009-03-17.

② 马克思，恩格斯. 马克思恩格斯全集：第46卷（上）[M]. 北京：人民出版社，1972：120.

劳动在各生产部门和整个国民经济的分配。而在国家调节规律（或计划规律）不能有效发挥作用的当代资本主义市场经济中，经济危机客观上成为按比例规律的实现方式了。

第四，私有垄断制结合市场经济容易形成社会财富和收入分配的贫富分化，导致生产经营的无限扩大与群众有支付能力的需求相对缩小的矛盾，群众被迫进行维持生计的含次贷在内的过度消费信贷，家庭负债累累，从而在分配消费层面酿成各种危机和"经济新常态"的态势。在资本主义市场经济中，私人剩余价值规律与市场调节规律（或价值规律）的共同作用加剧了贫富两极分化：占社会人口少数的私人资本所有者阶层占有大部分社会财富，而占社会人口绝大多数的劳动者及其家庭成员只占极少部分社会财富。在当代资本主义经济中，旨在寅吃卯粮的大众消费信贷及其金融衍生品的发展，不仅不能从根本上缓解生产经营无限扩大的趋势与劳动人民有支付能力的需求相对缩小之间的矛盾，还加大了经济运行的整体风险。为了缓解生产无限扩张趋势与广大劳动者有支付能力的需求相对缩小的矛盾，美国金融垄断资本致力于发展旨在寅吃卯粮的消费信贷及其金融衍生品，从而促进普通居民举债消费。而这种"债务经济模式"所包含的虚假需求泡沫一旦遇到利息率上升等经济事件，就会因债务违约而全面破灭，由此引发的金融支付危机与经济危机便不可避免。

第五，私有垄断制及其政府大幅度减少私人企业税收、大量增加军费、不减少政府日常开支、用公民纳税的钱救助私人大企业等，必然导致财政赤字和政府债务不断增大，以及缩减群众福利和政府教育等财政紧缩局面，从而在国家财政层面造成各种危机和"经济新常态"的困境。20世纪80年代里根政府上台之后，税率变化的趋势发生了逆转，最富有阶层享受到来自工资、股票期权、利息和资本所得等方面的更大幅度减税。此后，美国低收入阶层和中产阶层的联邦税率总体呈上升趋势，而最富有的5%人口的联邦税率从20世纪80年代开始明显下降，其中最有钱的0.01%人口的联邦税率1990年比1960年下降了一多半。2017年12月13日，美国议会通过最终版本的减税法案，公司税率将从35%降至21%，最高个人所得税率从39.6%降至37%。对此，美国不少经济学家和独立分析机构均指出，这次共和党主导的税改明显偏向于大企业和富人。据华盛顿智库税务政策中心的研究，无论是以绝对值计算还是以减税占收入的比例计算，高收入家庭都将从本次减税中获益最多。此外，根据国会预算办公室的测算，废除强制购买医疗保险可为联邦政府节约3 000亿美元，从而为企业和富人减税融资，但这也将导致多达1 300万美国人失去医疗保险。美国此次减税在推动经济增长方面很可能效果不彰，而且很可能进一步扩大贫富差距，并恶化美国政府的财政状况。美国公开2017年军费开支预算为6 045亿美元，约合4.2万亿元人民币，增幅为10%，约占GDP的4%，而国会通过的2018年军费预算为7 000亿美元，再次飙高。

　　面对上述各种矛盾和危机而导致西方主要国家的民富国强迟迟无法较快提升的局面，西方不少专家学者纷纷使用"经济新常态"一词，来悲观地描述现状和展望未来经济。而我国在迅速应对危机影响和冲击后，化西方危机为中国机遇，主动进入朝气蓬勃发展的经济新常态。西方资本主义的"经济新常态"与中国特色社会主义的经济新常态有不同的现实表现、制度特点和政策理念。

五、两种经济新常态不同的现实表现、制度特点和理论政策

(一) 两种经济新常态不同的现状

一是增长速度比较。世界银行 2008—2016 年数据显示（按不变价计算），美国 GDP 平均增长率为 1.3%（美国商务部经济分析局数据，2017 年第一季度 GDP 增长率为 1.4%），日本 GDP 平均增长率为 0.4%，欧洲联盟 GDP 平均增长率为 0.6%。而我国在持续 30 多年的高速增长后，2013—2016 年的年均增长率为 7.2%，平稳地实现了从高速增长转向中高速增长。联合国发布的《2018 年世界经济形势与展望》报告确认，中国 2017 年对全球经济增长的贡献约占 1/3。

二是失业状况比较。根据国际货币基金组织数据，2008—2015 年美国平均失业率为 7.56%，2016 年的失业率估计值为 4.85%；2008—2015 年欧洲联盟平均失业率为 9.47%，2016 年的失业率估计值为 8.53%。而近几年我国城镇失业率只有 4% 多一点，"就业"表现被瑞士洛桑国际管理学院发布的《2017 年度世界竞争力报告》列为全球 63 个主要经济体中的首位，就业综合状况相对最佳。

三是政府债务比较。美国等资本主义国家用巨额财政资金救助亏损的私人垄断企业，使政府债务不断攀升。美国政府债务占国内生产总值的比重从 2006 年的 61.8% 上升到 2016 年的 106.1%，欧元区的这一比重从 67.4% 上升到 89.3%，日本政府债务占 GDP 的比重 2016 年超过 250%。而截至 2016 年末，我国中央和地方政府债务余额为 27.3 万亿元，政府负债率为 36.7%，大大低于美、欧、日等国家。

四是实体经济比较。根据经济合作与发展组织（以下简称"经合组织"）数据，2008—2014 年美国农林牧渔业、工业（含能源工业）、

建筑业、实体服务活动（分配贸易、维修，运输，住宿和食品）以及信息和通信业等实体产业增加值之和占总增加值百分比的平均值为44.5%；日本该指标为53%；欧洲联盟该指标为51.3%。而2008—2013年中国该指标（信息和通信业增加值占总增加值百分比尚未被统计在内）的数值为73.17%。金融资本体系掌控西方国家的经济命脉，过度金融化的"脱实向虚"，致使实体经济萎靡不振。

五是收入消费比较。根据经合组织数据，2008—2014年美国家庭债务占可支配收入的平均比率为130.18%；2008—2013年日本家庭债务占可支配收入的平均比率为122.5%。西方国家1%超级富豪的财富和收入急剧增加，普通家庭的债务普遍增加，阶级阶层固化。美国1%的最富有家庭占有全国家庭净资产的1/3，较富有的9%的家庭又占有1/3；美国最富有的1%阶层的收入占全国总收入的比重，从1978年的9%上升到近年来的20%。前几年波及约80个资本主义国家的"占领华尔街"运动，就强烈要求改变"1%与99%贫富对立"等不平等现象。这与近年我国限期精准扶贫、中等收入家庭增长较快、城乡居民大多有产权住房、户均资产大大超过美国等情况，是根本不同的。我国2013年、2014年和2015年城镇居民人均消费支出占人均可支配收入的百分比分别为69%、69%和70%；2013年、2014年和2015年农村居民人均消费支出占人均可支配收入的百分比分别为81%、80%和79%，经济增长和发展同城乡居民的收入增长大体呈现同步态势。

六是福利保障比较。西方国家不同程度地削减劳动者的教育、医疗、养老等福利和保障。美国缩减公立大学教育经费，共和党医保议案是大幅减税、大幅削减联邦政府的医疗保健支出，势必使没有医保的国民增加。德国、葡萄牙、荷兰等国也相继减少医保投入。2016年

3月在法国巴黎爆发由修改劳动法引发的抗议示威活动，演变为全国70多个城市的"黑夜站立"运动，甚至蔓延到邻国和加拿大等非欧洲国家，中心就是反对降低社会保障和社会福利以及不利于劳动者的改革措施。这与近年来我国大规模增加教育经费、不断提高最低工资和城乡医保水平，以及优惠老年人等现象，形成鲜明的对照。

（二）两种经济新常态不同的制度特点和理论政策

新自由主义的资本主义与中国特色社会主义存在经济制度、经济理论和政策思路的重要差异。一是前者主张完全私有化，将公共设施、教育和涉及国计民生的国有企业私营化；而后者强调公有制为主体、国有制为主导、多种所有制共同发展的基本经济制度，在发展混合所有制过程中做强做优做大国有企业，积极发展集体经济和合作经济，同时引导和发挥非公经济，尤其是私人小微企业的重要作用，从而实现公私企业并进的双重经济绩效。可见，那种只重视非公经济的重要作用，而忽视或贬低国有经济和集体经济的主体作用的观点，是无益于提高全社会经济绩效和经济公平的。

二是前者主张完全市场化，过度放松对经济和金融的管制，政府不再对宏观经济进行积极的有效调控；而后者强调更好地发挥市场在一般资源配置中的决定作用，更好地发挥国家在宏观调控和微观规制中的重要作用，从而实现以提质增效为中心的市场与政府双重调节功能。可见，那种要求一切物质、文化、教育、科技、医疗、住房和服务等资源均由市场决定（企业决定）的唯市场化和泛市场化的观点，是无益于统筹协调个人、企业与国家之间多种利益关系和经济社会发展规划目标的。

三是前者主张完全自由化,维护美元霸权为支点的经济全球化和自由化,反对建立国际经济新秩序;而后者强调构建人类命运共同体和各国利益共同体,引导国际社会共同塑造国际经济新秩序和国际经济共同安全,从而引领以"一带一路"为示范的合作共赢的新型经济全球化。可见,那种单纯经济融合和经济接轨的对外开放套路,是无益于贯彻参与全球经济治理、引领经济全球化和更好地接近世界经济舞台中心的新思想、新战略的。

四是前者主张福利个人化,在大幅度减少私人垄断企业税收和增加军费的基础上压缩公民的社会福利,要求公民个人自己承担原有的部分社会福利;而后者强调以人民为中心的发展思想,不断提升全体人民的社会福利水平和生活质量,从而实现经济社会与收入福利同步增长的包容发展。那种不赞成逐步增加政府和企业承担的社会福利与社会保障的观点,是无益于逐渐建成高水平的社会福利制度和福利国家的。

五是前者主张贫富分化,通过垄断企业和政府共同削弱工会力量,促使资方完全控制劳方的收入增加,并减少垄断企业的税收等,不断扩大社会财富和收入的分配差距;而后者强调按劳分配为主体、多种分配方式并存的基本分配制度,积极推进脱贫致富、共同富裕和共享成果的新理念,从而实现改善民生就是发展的新谋略。那种偏离按劳分配为主体,以及先搞贫富两极分化、再搞共同富裕的观点,是无益于推进共同富裕、共同享受和共同幸福大方向的。

综上所述,即使不谈1929—1933年的资本主义大危机,二战以来或冷战结束以来,西方国家每过几年或十几年也会发生经济衰退或经济危机,包括20世纪70年代的"滞涨"、21世纪初源自美国的全球金融危机、财政危机和经济危机，以及由此引发的各种社会危机和政治危机，表明新自由主义经济和社会民主主义经济在符合国内外广大人民本质要求的民富国强提升方面出现严重失灵。这更使中国特色社会主义经济作为一种人类经济文明新模式，在对比中散发出更加耀眼的理想光芒，而马列主义及其中国化政治经济学理论和政策高效有力地助推了我国符合以人民为中心和人类利益共同体的民富国强！

（原载于《中央社会主义学院学报》，2018年第1期）

第四节　现代化经济体系的基本框架与实现战略

改革开放以来，我国经济社会取得了前所未有的全面发展，成就举世瞩目。党的十九大立足于党和社会各项事业的实际发展情况，做出中国特色社会主义进入新时代的论断，提出"贯彻新发展理念，建设现代化经济体系"，这是我们党依据新时代的新特点、主要矛盾和国家未来的发展目标而做出的重大战略部署。2018年1月30日，中共中央政治局进行了第三次集体学习会，把学习主题定为"建设现代化经济体系"，习近平总书记在会上提出了现代化经济体系建设的目标、内容和重点，指出建设现代化经济体系是一项重要而艰巨的任务。本节学习习近平有关讲话精神，结合党的十九大报告，阐发建设现代化经济体系的重要性、基本框架和战略举措。

一、建设现代化经济体系的极端重要性

建设现代化经济体系，是实现"两个一百年"奋斗目标的重要部署。党的十九大报告根据中国特色社会主义已进入新时代的国情，重新定义了"两个一百年"的奋斗目标，即在决胜全面建成小康社会之

后，从 2020 年到 2035 年，在全面建成小康社会的基础上再奋斗 15 年，基本实现社会主义现代化；从 2035 年到 21 世纪中叶，再奋斗 15 年，把我国建成富强民主文明和谐美丽的社会主义现代化强国。要实现这些宏伟目标，各项事业的全面发展是前提，其中经济的发展是重中之重，构成了各项发展的物质基础。可见，建设符合新时代新要求的现代化经济体系，是经济社会能够行稳致远和实现伟大目标的有力保证。

建设现代化经济体系，是在我国社会主要矛盾发生变化的情况下的必然选择。党的十九大报告指出，我国社会的主要矛盾已经转化为人民日益增长的美好生活需要和不平衡不充分的发展之间的矛盾。未来，中国经济社会的发展方向必将随着主要矛盾的变化而发生重大变化。经济发展不平衡不充分问题已经制约了人民日益增长的对美好生活的需要，只有认真落实党的十九大关于建设现代化经济体系的部署，才能从根本上解决新时期我国社会的主要矛盾。而遵循创新、协调、绿色、开放、共享的发展理念和政策思路，从产业体系、市场体系、收入分配体系、城乡区域发展体系、绿色发展体系、全面开放体系和双重调节体制等方面塑造现代化经济体系，其中包括大力发展实体经济，深化供给侧结构性改革，优化产业结构，强化创新的引领作用，完善社会主义市场经济体制，等等，均可从增强国民经济的平衡发展和充分发展，最大限度地满足人民日益增长的美好生活需要，必将有力解决我国新时期的主要社会矛盾。

建设现代化经济体系，是满足国民经济高质量发展新要求的必由之路。中国特色社会主义进入新时代的基本国情对我国经济发展提出了新要求，要求我国经济由过去追求速度和规模的粗放型发展方式转向未来的追求高质量和高效益的集约型发展阶段。只有跨越发展方式转变、经济结构优化、发展动力转换这三大关口，才能解决过去经济体系中存在的深层次的结构性问题，进一步提高经济社会中各种要素的生产率。在此基础上，进一步保护好生态环境，解决民生领域的短板，充分激发全社会的创造力和发展活力，全面释放社会主义方向的改革红利，推动中国经济实现更高质量、更大效益、更加公平的可持续发展。可见，加速建立现代化的经济体系，必将有力促进经济发展方式的转变，推动我国经济不断提质增效，满足新时代经济发展的新要求。

建设现代化经济体系，是我国在国际竞争中赢得主动的有力支撑。西方金融危机的影响至今仍在，全球经济在曲折中复苏乏力，而社会主义中国的经济发展速度和成就全球有目共睹，对整个世界经济的影响力也日益提高。根据联合国发布的《2018年世界经济形势与展望》报告，2017年全球经济增长有1/3来自中国，中国经济总量占全球的比重达到15%，近5年来中国对世界经济增长的年均贡献率达到30.2%。① 但是我们必须看到，随着欧、美、日等发达国家的"再工业化"政策和新兴市场经济国家"快速工业化"政策的双重压力，随着特朗普政府"美国优先"的狭隘保护主义实施，我国经济在国际市场上势必面临更为激烈的竞争。可见，我国要顺应和引领一个日益公正的经济全球化潮流，赢得国际竞争的主动，就必须尽快建设由高端产业体系、有序市场体系、协调城乡区域体系、绿色发展体系、自主开放体系和高效调节体系等构成的现代化经济体系。

---

① UN. World Economic Situation and Prospects 2018［R/OL］.［2017–12–11］. https://www.un.org/development/desa/dpad/document_gem/global–economic–monitoring–unit/world–economic–situation–and–prospects–wesp–report/.

二、现代化经济体系的基本框架

党的十九大报告中提出建设现代化经济体系后，2018 年 1 月 30 日习近平讲话中明确了现代化经济体系的内涵和基本框架，其中包括"六个体系、一个体制"。① 这七个组成部分既有各自的分工与作用，又相互联系，是一个有机的统一整体，是未来中国经济建设的一个总纲领。我们对此进行进一步详细的阐发。

（一）创新引领、协同发展的产业体系

党的十九大报告中明确提出："创新是引领发展的第一动力，是建设现代化经济体系的战略支撑"，要"着力加快建设实体经济、科技创新、现代金融、人力资源协同发展的产业体系"。习近平进一步指出："要建设创新引领、协同发展的产业体系，实现实体经济、科技创新、现代金融、人力资源协同发展，使科技创新在实体经济发展中的贡献份额不断提高，现代金融服务实体经济的能力不断增强，人力资源支撑实体经济发展的作用不断优化。"②

目前，我国产业体系创新短缺、协同不够的问题较为普遍，主要表现在：一是制造业作为实体经济的主要部分，在国际上缺乏竞争力，处于国际产业链和价值链的中低端，缺乏核心竞争力，产品科技含量

---

① 新华社. 我国亮出建设现代化经济体系"路线图"［EB/OL］.［2018-02-01］. http://www.gov.cn/xinwen/2018-02/01/content_5263002.htm.
② 习近平在中共中央政治局第三次集体学习时强调：深刻认识建设现代化经济体系重要性　推动我国经济发展焕发新活力迈上新台阶［N］. 人民日报，2018-02-01（1）. 本节以下习近平论述的引文，没有专门标注的，均来自该讲话，不再另外注释。

低;二是创新短缺,研发投入和创新人才不足,科技创新成果转化难、转化率低,不能对实体经济形成有力支撑;三是金融"脱实向虚"情况严重,金融资源错配,服务实体经济能力不强,实体经济的筹资方式少、贷款难、杠杆率高等现象普遍存在,发展实体经济的金融安全基础薄弱;四是人才供求存在结构性矛盾,特别是实体经济缺乏各类创新创业人才,研发领域科技人才不足,制造领域熟练技工不足,营销领域经营人才缺乏。

要加快建设创新引领、协同发展的产业体系,必须着力抓好若干重点工作。第一,以供给侧结构性改革调整现有产业体系。其中包括统筹产业布局,促进传统产业转型升级,切实解决实体经济中供给结构与需求结构不相适应的地方,减少低质无效供给,把经济发展从数量规模扩张转向高质量高效益发展。紧紧把握未来产业发展的趋势和市场需求的变化,加快发展先进制造业,特别是高端制造业,培养发展战略性行业,夯实实体经济的基础;拓宽中高端消费、现代供应链、人力资源服务等领域,形成新的经济增长点和新的动能,抢占全球产业链和价值链未来发展的先机。

第二,发挥创新引领产业体系的高端化发展。其中包括要为创新提供高效的政策支持体系,完善知识产权保护的相关法律法规,制定能够引导企业、个人投入研发创新的激励机制,形成市场、企业和科研院所深度融合的创新体系。要加大对创新资金和创新人才培养的投入力度,对于应用基础型研究,特别是前沿技术、关键共性技术、颠覆性创新技术,由国家牵头组织投入。要鼓励企业和个人投入创新领域,拓宽创新平台和载体,为创新研发提供各种精准服务,整合和共享创新研发信息。

第三，增强金融服务产业体系和实体经济的水平。要积极加快金融体系改革，鼓励金融与实体经济的融合，引导金融资本向有发展潜力的实体经济集中；通过不断拓宽实体经济融资渠道、创新实体经济融资方式、拓展多种业务等方式切实解决实体经济筹资难的问题；提升金融服务实体经济的水平，通过创新信用评价方式、创新信用担保体系、创新抵押贷款方式等加大对各类企业的支持力度。

第四，强化人力资源作为第一资源促进产业体系的作用。通过深化教育改革，建立科研教育、职业教育、培训教育体系，使教育既能培养出基础研究、高精尖研究需要的人才，又能培养适用性强、针对性强的应用技术性人才，为现代化产业体系建设提供优秀的人力资源。通过分配制度改革等调节不同行业、不同区域之间的差距，为整个产业体系和实体经济留住更多优秀人才。

（二）统一开放、竞争有序的市场体系

党的十九大报告中提出，"经济体制改革必须以完善产权制度和要素市场化配置为重点，实现产权有效激励、要素自由流动、价格反应灵活、竞争公平有序、企业优胜劣汰"。习近平进一步强调要"建设统一开放、竞争有序的市场体系"。

目前，我国市场体系尚不完善，在资源配置中仍然受制于政府垄断、行政审批和价格管制等因素影响，还存在一些不足。具体来说，问题主要集中在三个方面。一是市场体系不够透明，存在如定价机制不完善、信息披露法规不健全、市场监管规则设置不清晰等问题，导致存在一定的权力寻租空间，使得市场交易成本过高。二是价格形成机制不健全，由于政府垄断、价格管制或其他的政府干预市场行为，

使得部分产品或服务的价格传导机制不健全，导致市场规则在要素配置中不能起决定性作用，价格不能充分反映供求状况和资源的稀缺程度。三是缺乏市场准入和退出政策，一些妨碍统一市场和公平竞争的潜规则和土政策仍然存在，导致部分同等的市场主体难以获得同等便利的市场准入；缺乏优胜劣汰的市场退出机制，企业破产制度不完善，市场不能决定企业是否退出。

要想建立统一开放、竞争有序的市场体系，必须采取多种措施。一是提高市场体系的透明度和公平性，通过建立健全完善的市场法律法规，为商品或服务快捷、顺畅的流通提供保障，消除地区封锁、市场分割等现象，打破城乡区域之间的不平衡，规范交易行为，建立透明、公平、高效的市场秩序，降低交易成本。在某些容易滋生腐败的领域，明确竞争规则，提高程序透明度，加强信息披露的法律法规建设，大力提高市场体系的透明度，推进市场信息化建设，保护市场参与者的正当权益。加强市场监管制度建设，明确市场参与者的权责，规范执法者的权力，避免因监管规则设置不明确导致的权力寻租或市场交易成本过高的问题。

二是进一步完善各种商品，特别是资源型商品的价格形成机制，使价格能够反映商品的供求状况，能够反映资源的稀缺程度，进而充分发挥市场调节机制，促进商品的自由流通。进一步完善市场交易制度，调整政府宏观调控的方式，尽量通过温和的方式借助市场实现调节目标，建立完善的市场交易制度，放开负面清单之外的商品和服务，给予企业自主定价权，让价值规律、供求规律和竞争规律共同作用来决定商品或服务的价格，保证价格传导机制畅通无阻，保证价格能够反映企业真实的生产经营成本和效率状况。

三是建立统一的市场准入标准和退出政策。首先是开放行业准入，凡是在政府限制或禁止的领域和行业清单之外的，且符合法律规定的，都应向民间资本开放，实行同一区域同一准入标准，打破市场封锁、地方保护主义和行政性垄断。尽快完善各类法律法规，实现国有资本和民营资本平等使用生产要素和各类资源，公开、公平、公正地参与各类市场竞争，并为其提供一视同仁的监管和法律保护。加快市场化改革，废除影响建立统一市场的各种障碍，制定促进公平竞争的法律法规，激发各类市场参与者的积极性和活力。健全市场退出机制，完善企业破产制度，坚持企业自主原则，企业的优胜劣汰应由市场竞争决定。

（三）体现效率、促进公平的收入分配体系

收入分配关系到亿万民众的切身利益，关系到个人工作的积极性，不合理的收入分配体系是导致诸多社会问题的根源。习近平在党的十九大报告中指出："要建设体现效率、促进公平的收入分配体系，实现收入分配合理、社会公平正义、全体人民共同富裕，推进基本公共服务均等化，逐步缩小收入分配差距。"党的十九大给出了建立收入分配体系的重要原则，即"坚持按劳分配原则，完善按要素分配的体制机制，促进收入分配更合理、更有序。鼓励勤劳守法致富，扩大中等收入群体，增加低收入者收入，调节过高收入，取缔非法收入"。

目前，由于非公经济的大规模发展、政府对各种收入分配的不合理现象没有及时调节、社会保障机制不健全和结构性失业等多种因素的共同作用，使得收入差距逐渐增多，导致了不少问题的出现。一是城乡区域发展差距和居民收入分配差距依然较大，城乡居民收入增长

与经济增长仍不能同步,特别是乡村居民的收入增长速度过慢,不能充分参与分享经济发展的红利。二是收入分配法律法规不健全,一些隐性收入和非法收入问题比较突出,收入分配无法充分形成良性激励机制,分配公平与经济效率之间的同向互动不足。三是收入分配制度改革推进缓慢,底层群众生活比较困难,出现需要消费而无能力消费的情况,高收入者边际消费倾向过低,即使有能力消费,对需求拉动型经济增长的推动作用也有限。

要完善体现效率与公平同向互促关系的收入分配体系,必须从以下几个方面着手。一是依法建立起统一开放、竞争有序的市场体系,必须重视市场和政府在收入分配中的不同作用,为城乡劳动力提供平等的公共服务,确保分配规则均等、机会均等,减少城乡、行业、领域之间的收入分配壁垒,实现同工同酬,为城乡劳动力提供一个公平公正的平台。对于因为个人才能和禀赋不同而导致的收入差距,市场应予以承认。对于因为要素占有的数量、状态、水平不同以及机遇不同而形成的收入差异,可以通过制定相关的税收、财政政策进行适度调节,进一步完善转移支付制度,促使不同的劳动者能够获得均等化的基本公共服务。

二是对于因体制不合理、规则不健全而造成的收入差异,应通过深化改革和制度建设,建立合理、规范的政策体系,避免灰色收入的形成,对于已经形成的灰色收入,可以通过建立合理的再分配制度进行调节;对于黑色收入,必须大力加强法治建设,从源头上消灭其产生的土壤与条件,一旦发现,坚决依法取缔、严厉打击。

三是大力推动收入分配制度改革,通过运用税收、财政支出等方式在再分配环节调节初次分配的结果,税收和财政调节应服务于共同富裕的目标。进一步完善个人所得税制度，应同时考虑横向公平和纵向公平，确保税收能够有利于低收入者而又不损害高收入者的积极性。推进消费税的改革，调整消费税的征税环节及幅度，能够充分降低底层收入者的税负。推进与财产有关的税收改革，加大财产类税收的调节力度。借鉴国外经验，尽快实行退出税。

（四）彰显优势、协调联动的城乡区域发展体系

党的十九大报告明确提出"实施乡村振兴战略""实施区域协调发展"。习近平指出："要积极推动城乡区域协调发展，优化现代化经济体系的空间布局"，"建立彰显优势、协调联动的城乡区域发展体系"。只有逐步缩小城乡区域间的发展差距，人口、经济、资源、环境之间获得均衡发展，经济社会各组成要素才能进行良性互动，城乡之间实现融合发展，促进我国经济发展的平衡和总体走强。

我国目前城乡区域差距依然巨大，城乡区域协调发展程度不高，城乡区域协调发展还存在不少问题。一是受制于自然条件、人口、历史等因素影响，现代化经济体系的空间布局不合理，京津冀、长江经济带、粤港澳大湾区都是人口密集、面积小但是在全国经济中占比重大的地区，如京津冀地区以2.3%的面积贡献了8%的GNP，长江经济带以21%的面积贡献了40%的GNP。二是城乡差距依然较大，城乡联动不足，区域发展不够协调。实施乡村振兴的制度供给不足，支撑乡村振兴的人力资源不足，乡村振兴所需资金仍然有缺口；一些深度贫困地区自然条件恶劣导致了经济条件和社会条件极其恶化，难以脱贫；大部分农村地区的经济基础薄弱，基础设施和基本公共服务欠缺，这给乡村振兴带来了巨大的困难；城乡区域联动发展的平台缺乏，

难以通过发展平台的带动作用扩大发展范围。

要建立彰显优势、协调联动的城乡区域发展体系，必须重点抓好下列工作：一是积极优化现代化经济体系的空间布局，建立彰显优势的发展体系。对于京津冀地区，可以通过宏观规划，不断探索培养创新发展新动能，使得城市的布局和空间结构更合理，以京津冀协同发展来推动整个地区的发展，进而出现一批具有雄厚实力的世界级城市群。推动长江经济带发展，促进经济增长空间从东部沿海地区向中西部地区拓展，推动经济要素沿黄金水道有序流动。推动粤港澳大湾区的发展，把该地区培养成中国区域经济发展重要引擎和引领科技创新的领头羊，以此形成大范围的城市带，引领全球经济发展。

二是通过顶层设计加快实现乡村振兴，以乡村振兴战略为着力点来推动城乡联动发展，以构建城乡融合发展体制机制和政策体系来促进城乡协调发展。建立彰显优势、协调联动的城乡区域发展体系，可以通过实施乡村振兴战略、完善产权制度和要素市场化配置，进而强化乡村振兴制度性供给；可以通过人力资本配套政策，充分发挥市场在资源配置中的决定性作用，使人才、技术等充分流动，进而解决乡村振兴人才支撑不足的问题；可以通过财政政策、金融政策、社会多元参与政策等方式，引入多元资金参与乡村振兴，解决乡村振兴的资金缺口问题，进而打破现存的城乡二元结构。区域协调发展可以通过推进落后地区经济发展的战略和政策，缩小落后地区与发达地区的差距，促进各经济要素在全国范围内的流动，实现人口、经济和资源、环境的空间均衡，进而推动我国经济不断取得新进展。总之，从全局出发建立连贯统一、层次明晰、功能精准的区域政策与城乡发展政策，来强化城乡发展与区域发展的协同；通过进一步完善包括城乡及区域定位与合作机制、成果共享机制、生态保护机制、利益补偿机制在内的区域城乡协调发展的机制，来实现城乡统筹和区域发展与合作；通过培育试验区、示范区等平台来培育区域经济发展的新动能，进一步完善各类发展平台。

（五）资源节约、环境友好的绿色发展体系

党的十九大报告明确指出，"加快建立绿色生产和消费的法律制度和政策导向，建立健全绿色低碳循环发展的经济体系"。习近平在十九大报告中还提出，"要建设资源节约、环境友好的绿色发展体系，实现绿色循环低碳发展、人与自然和谐共生，牢固树立和践行绿水青山就是金山银山理念，形成人与自然和谐发展的现代化建设新格局"。绿色发展体系是社会主义生态文明的体系，绿色发展是高效、持续、和谐的发展方式，与中国特色社会主义进入新时代的发展特征紧密联系，只有践行绿色发展才能突破资源环境因素制约，才能在国际社会竞争中长远地占据主动和有利地位。

目前，我国要建立资源节约、环境友好的绿色发展体系面临不少挑战。一是对节约资源、保护环境不够重视。在个人消费方面，存在铺张浪费现象，绿色生活方式并没有形成社会共识。二是缺乏相应的体制机制保障绿色发展体系建设。从顶层设计来看，缺乏有力的价值取向和相应的制度保护资源环境，保护生态的法律法规体系不完善；环境评价体系不健全，党政部门的绩效考核体系中，又往往忽视或者缺乏对绿色发展的评价。三是快速的城镇化和工业化必然会消耗大量资源，传统的产业结构和经济发展方式往往遵循"高投入、高能耗、高污染、低收益"的发展老路，势必造成资源的浪费和对环境的损害。

要建立资源节约、环境友好的绿色发展体系,必须采取下面的措施。一是引导人们从观念上重视节约资源、保护环境,全面树立节约资源、热爱自然环境、尊重自然规律的生态文明理念,树立勤俭节约的社会风尚和合理、高效利用资源的意识,做好节约资源、保护环境的宣传和科普,增强全社会勤俭节约和保护环境的观念。积极宣传推广绿色和低碳的生活理念,倡导发展绿色生活方式,引导鼓励低碳消费模式,尽量减少个人行为对资源的浪费和对环境的不良影响,形成人与自然和谐共处的永续发展新格局。广泛宣传绿色发展体系,将生态教育纳入国民教育体系,使社会各界人士特别是各级政府和领导意识到生态环境工作的重要性,使绿色发展观念成为全社会的共同追求和自觉行为。

二是不断完善建设绿色发展体系的体制机制。从顶层设计上来看,要充分完善相应的法律制度,完善的制度和法律既能解决资源和环境方面的问题,又能对涉及资源和环境的行为进行有力的规制。不断健全绿色发展的评价体系,避免在发展过程中出现以牺牲生态环境换取经济利益的现象,要把经济发展与生态发展挂钩。特别是要完善对政府部门的绩效考核体系,在对政府领导干部绩效进行考核时,把绿色发展、生态环境也作为其重要的综合评价指标进行考察,建立终身问责制度,以确保政府领导在考虑经济发展的时候能够充分意识到节约资源、保护环境的重要性。

三是深化供给侧改革,任何经济行为都要以保护环境和生态健康为前提,要把原来产业发展过程中科技含量低、资源消耗多、环境污染大、不可持续发展的实体经济改造为节约资源、环境友好型的产业,使产业的发展具有良好的生态环境效益。充分依靠科技创新和技术进步来提高资源的产出效率，降低生产领域和流通领域的资源消耗量，提倡在生产领域和消费领域实行生产资料和生活资料的循环再利用。鼓励发展环保经济、低碳经济、循环经济，从节约资源、保护环境的产业活动中获取经济效益，将环保活动或者环保产业发展为新的经济增长点，创造出新的经济利润，使环保能够产生经济效益，吸引更多的企业和个人从事环保事业。

（六）多元平衡、安全高效的全面开放体系

党的十九大报告明确提出要"推动形成全面开放新格局"，习近平提出，"要着力发展开放型经济，提高现代化经济体系的国际竞争力，更好利用全球资源和市场，继续积极推进'一带一路'框架下的国际交流合作"。这些重要论述和战略部署准确地把握了我国进入新时代的新情况，反映出经济全球化对生产力发展和科技进步的迫切要求，是实现经济繁荣昌盛的必由之路，为推动全面开放指明了方向、目标和途径。

我国目前还未形成多元平衡、安全高效的全面开放体系，其问题在于：一是对外开放的形式与结构较为单一，对外贸易大部分集中在具有低端要素优势的产业上。目前我国对外贸易结构相对单一，传统的生产方式已经不能适应国际竞争的新形势。我国虽然是一个贸易大国，但是出口产品仍然以初级产品或低加工产品为主，在国际市场上的定价能力较弱。随着要素成本和环保成本的上升，传统的生产方式已经越来越不能适应国际竞争新形势，这已经威胁到了实体经济的发展。二是缺乏完善的经济体制保障全面开放的稳定性和安全性。随着我国对外开放的深入，一些既有的体制机制在保障宏观经济顺畅运行

和稳定金融市场方面乏力；已有的对外贸易模式容易加大国内经济发展的不平衡；外资进入门槛不一，境外投资经验不足，海外投资利益保护不够，贸易摩擦和争端时有发生，处理结果差强人意。

为了确保建立多元平衡、安全高效的全面开放体系，必须采取有力举措。一是不断优化贸易结构升级，紧紧把握供给侧结构性改革这条主线，大力发展高质量、高效益的产业，把质量优势和新兴产业培养成我国对外贸易的新优势，确保已有的对外贸易市场份额，不断拓展以装备制造等为代表的科技含量高的产业作为出口主导产业，实现从传统制造业向先进制造业和高新技术产业的转型升级，提高在全球产业链和价值链中的地位。

二是不断完善对外贸易布局，培育贸易新模式，对外贸易产业布局中重视并鼓励加入技术、知识、信息和智能等高端生产要素，巩固我国已有的信息产业优势，争取成为对外贸易规则的制定者。通过提高对外贸易产业的要素成本优势，加大科技创新成果比例，为传统产业提供新的需求点和增长点，进而提升我国产业在国际竞争中的地位，夯实现代化经济体系的基础。

三是不断调整对外经济体制机制，破除体制机制的各种弊端，为全面开放提供稳定的经济环境，为国内外企业提供公平竞争的营商环境。进一步健全境外投资管理，为境外投资提供良好的政策机制，积极引导、鼓励企业对外高效投资，确保投资收益性。

（七）充分发挥市场作用、更好发挥政府作用的经济体制

党的十九大报告提出，"着力构建市场机制有效、微观主体有活力、宏观调控有度的经济体制"。习近平提出要建立"充分发挥市场作

用、更好发挥政府作用的经济体制"。通过完善市场调节和政府调节的双重调节体系，有助于释放体制改革红利，促进整个现代化经济体系的建设。

我国虽然已经建立起了社会主义市场经济体制，但在处理政府与市场关系方面依然存在两种极端。一是过分追求市场化，造成政府的缺位，弱化了政府这只"看得见的手"对宏观、微观经济的调节作用，而完全的自由市场竞争容易导致市场失灵等低效率的经济现象。过度强调市场竞争，市场更关注短期效率，具有良好才能和禀赋的人依靠自己的资源优势获取越来越多的财富和收入，而弱势群体的人则越来越无力改变这种现状，导致了财富和收入差距扩大。完全的市场竞争往往导致投资和消费或者严重不足或者严重过度的结构失衡和周期性特点。二是政府调控不民主而导致失当，"一把手说了算"、官僚主义、形式主义、面子工程和虚报政绩等现象普遍存在。正如美国著名经济学家斯蒂格利茨点评时所说的，中国环境污染、食品安全等问题较为严重，说明政府的作用还没有很好地发挥。

为了深一步改革市场与政府关系的体制机制，必须抓好以下工作。一是要坚持社会主义性质和类型的市场经济改革方向不动摇，有机统一社会主义基本经济制度与双重调节的资源配置制度，完善市场机制趋利避害的有效性、微观主体活而不乱的创新性、政府主体及时调节的高效性三者结合的市场经济制度。

二是要充分完善产权制度和一般要素市场化配置，破除制约发展活力和动力的体制机制障碍。在坚持公有制为主体、国有制为主导、多种所有制共同发展的基础上，充分发挥"看不见的手"在一般资源配置中的决定性作用，充分发挥各级政府在宏观和中观调控、微观规制中的主导作用，精简政府机构和人员，转变政府职能，做好公共服务，加强市场监管，维护市场秩序，营造公平竞争的市场环境和制度环境。

三是要统一开放的一体化市场体系，革除某些行政或制度上的不合理分割，革除法律法规以外的歧视与各种不平等待遇，以及不正当竞争的现象，使市场准入畅通，企业之间竞争充分，并使消费者在市场上具有自由选择权，能够自主进行消费。

四是要重视各级人大的经济立法和经济督察的功能，实现市场"看不见的手"的自发调节功能、政府（广义政府含人大）"看得见的手"的自觉调节功能，同伦理"看不见的手"的内在自律功能（市场主体内含经济伦理和诚信）、产权"首要的手"的基本制度功能（因为产权配置资源决定社会经济性质）的有机融合，促进经济社会高质量和高绩效的全面协调发展。

三、建设现代化经济体系需实施若干战略举措

（一）坚决实施以人民为中心的发展战略思想

"以人民为中心的发展思想"是中国特色社会主义发展观与西方发展观的根本区别，是建设社会主义现代化经济体系的根本立场，也是习近平新时代中国特色社会主义经济思想的特征和战略定力所在。

不过，有舆论认为，"以人民为中心的发展思想"太抽象，无法把握和落实，往往还在片面追求 GDP 和政绩。这就会偏离共产党人的本源和初心，偏离了党执政为民的根本宗旨，就不能满足人民群众对美好生活的向往，就不能实现社会主义现代化经济体系建设的胜利。在

党的十九大报告中，贯穿始终的指导思想就是"以人民为中心的发展思想"，这充分体现了中国共产党始终牢记人民、一切以人民为中心的执政理念，这是中国共产党面向新时代解决社会主义主要矛盾、实现经济社会创新发展的根本方针。现代化经济体系的建设，是为了解决人民日益增长的美好生活需求和不平衡不充分发展之间的矛盾，到达社会物质文明和精神文明的更大丰富，实现全体人民的共同富裕和共同享受。现代化经济体系建设主题的表象是物质和经济，但实质是人民，服务的对象还是人民，归根到底是人的现代化。只有始终把"以人民为中心的发展思想"作为党一切工作的出发点和落脚点，并贯穿在"创新、协调、绿色、开放、共享"发展新理念和政策之中，才能实现全面小康社会和强国目标。

（二）继续实施深化供给侧结构性改革的发展战略

建设现代化经济体系，必须紧紧抓住供给侧结构性改革这条主线。随着我国经济发展进入新常态，传统人口红利弱化，发展动能衰减，资源环境约束加剧，消费结构、产品结构、企业组织结构和生产要素结构却发生了巨大的变化，这种结构性问题导致我国经济下行压力巨大，单纯依靠扩张总需求的办法不能解决问题，而必须适应新形势的需求，从供给侧方面进行改革，解决结构性矛盾和制度障碍，进一步解放和发展生产力，重构经济新常态下的各类平衡。供给侧结构性改革的根本路径是深化改革，以改革的办法推进供给结构调整，改革生产要素、企业和产品的数量、质量和结构，提高供给体系的质量和效率；改革抑制供给结构升级的体制机制，充分调动广大人民群众的积极性和创造性，增强微观主体内生动力，不断推动产业结构升级，更好地满足需求，促进经济社会持续健康发展。

有舆论认为供给侧结构性改革已基本完成，不需要深化进行了。而根据2017年12月20日中央经济工作会议精神，供给侧结构性改革任务还需在"破""立""降"上下功夫。"破"就是破除无效供给，破除"僵尸企业"，推动化解过剩产能；"立"就是大力培育新动能，强化科技创新，推动传统产业优化升级，培育一批具有创新能力的排头兵企业，积极推进军民融合深度发展；"降"就是大力降低实体经济成本，降低制度性交易成本，继续清理涉企收费，加大对乱收费的查处和整治力度，深化电力、石油天然气、铁路等行业改革，降低用能、物流成本。

深化供给侧结构性改革，要进一步减少低端、无效供给，深化去产能、去库存、去杠杆，扩大中高端、有效供给，补短板、惠民生，加快发展新技术、新产品、新产业，为经济增长培育新动力；要进一步把供给侧和需求侧管理结合起来，既要深化供给侧改革，适应需求的新变化，又要配合宏观经济政策，拉动需求对经济的推动作用。

（三）大力实施做强实体经济的发展战略

中央明确提出建设现代化经济体系，就必须抓住发展实体经济这个"牛鼻子"，并把大力发展实体经济放在工作重点之中。实体经济是一国经济的根基所在，是现代化经济体系的坚实基础，承载着国家未来的核心竞争力，决定着国家未来的经济增长。因此，必须大力夯实实体经济基础。

不过，有舆论认为虚拟经济赚钱容易，GDP上得快，而实体经济难以立竿见影地抓出好政绩。这是必须消除的明显缺乏实干精神的误论。目前，当务之急就是要大力发展实体经济。为此，第一，要制定相关政策，围绕创造实体经济的良好体制环境破题发力，推动资源要素向实体经济集聚、政策措施向实体经济倾斜，正确引导实体经济发展，为其创造良好的政策环境。第二，要把提高供给体系质量作为发展实体经济的主攻方向，结合供给侧结构性改革，加快优化供给结构，大力淘汰落后产能，通过培育潜在市场消化过剩产能，通过深度加入全球化输出过剩资本，大力增强我国经济质量优势。第三，强化创新引领作用，加强基础研究和应用研究，引领创新型研究、前瞻性研究，培育更多的原创性、颠覆性技术革新，促进实体经济与科技创新及人力资源协同发展，以科技创新引领实体经济的发展。第四，引导资金投入实体经济，加快市场化改革，保护和激发企业家精神，引导更多社会资本投身到实体经济中。第五，做好虚拟经济和实体经济之间的平衡，一方面要避免金融资本"脱实向虚"，通过金融财政的杠杆作用推进实体经济的持续发展，保证金融资本服务于实体经济，另一方面也要发展多层次的资本市场，推进金融强国建设。

（四）加快实施科技创新驱动的发展战略

加快实施创新驱动发展战略，就是要加强国家创新体系建设，强化战略科技力量，推动科技创新和经济社会发展深度融合，强化创新驱动、创新引领的发展方式。有舆论认为生产关系和制度改革始终重于生产力和技术变革，以为制度搞好了，生产力和科技创新自动会搞好的。这是曲解经济辩证法的误论，因为生产关系与生产力、制度与技术，均是具有作用与反作用的独立变量，根本不是一成不变的自动变量。

事实上，要建设现代化经济体系，第一，必须以创新来推动供给侧结构性改革，夯实实体经济基础，通过技术创新突破现有的技术应用以提高生产率，通过创新来降低企业成本，促进产业转型升级，提升企业发展水平和素质，提供要素质量和配置效率。第二，大力推进创新创业，通过创新创业推动新产业的出现，创造新的就业机会，由此振兴实体经济，提升国际分工的地位，破解资源环境约束，最终能够实现经济社会的持续发展。第三，加强国家创新体系建设，对于投资周期长、风险大、具有颠覆性的基础研究、应用基础研究和战略科技创新研究，要制定相关政策，引导人才、资金向这些方向倾斜，实现重大项目的突破。第四，要建立完善的创新引导政策体系，充分发挥市场的导向作用，以市场的需求引导创新研究，鼓励支持企业主导的创新，鼓励产学研深度融合的创新，鼓励引导创新成果的转化。第五，要实施更加积极、更加开放、更加有效的人才政策和创新文化政策，鼓励大众创业、万众创新，强化知识产权保护政策，培养和造就一大批具有国际水平的创新人才和高水平创新团队。第六，通过观念创新、政策创新、制度创新，打破原有的不利于经济快速发展的观念、政策、制度，使观念、政策、制度与实践结合，更符合实践发展趋势，促进经济发展更顺畅、更迅速、更有效。

（五）大力推进城乡区域军民协调的发展战略

现代化经济体系是一个有机整体，乡村振兴是实现我国经济体系现代化的前提，通过实现区域协调发展来优化现代化经济体系的空间布局，为现代化经济体系建设提供重要支撑。城乡区域协调发展应以乡村振兴战略为着力点，以构建新机制导向促进区域协调发展。有舆论认为，乡村落后于城市，区域发展不平衡，军民经济难以融合，这是现代任何社会都存在的现象，不必急于改变。这是脱离国情的误论，因为我国在城乡区域的经济差距太大，而军民经济融合度不高，亟须及时整合和协调发展。

大力实施城乡区域协调发展战略，首先要实现乡村振兴，这是补经济发展的短板，也是切实解决"三农"问题的根本方法。首先，实施乡村振兴关键在党，要坚持和完善党对"三农"工作的领导，健全党委统一领导、政府负责、党委农村工作部门统筹协调的农村工作领导体制，完善相关配套制度建设，把制度建设贯穿乡村振兴的始终，不断完善产权制度，不断完善要素市场化配置，通过推进各种体制机制创新，为乡村振兴提供制度性支撑。其次，把人力资本放在乡村振兴各因素中的首要位置，汇聚全社会力量，制定相关政策，把人才往乡村吸引，强化乡村振兴的人才支撑战略，把人才作为引领乡村振兴的根本性因素。最后，以产业兴旺为重点，提升农业发展质量，培育乡村发展新动能，并形成财政优先保证、金融重点倾斜、社会积极参与三位一体的投入格局，为乡村振兴资金投入提供保障。

城乡区域协调发展战略是一个庞大复杂的社会系统工程，通过城乡区域协调发展优化现代化经济体系的空间布局，实施好区域协调发展战略，推动京津冀协同发展和长江经济带发展，加快推进中西部地区以及其他落后地区经济发展的战略和政策，协调推进粤港澳大湾区发展，逐渐缩小各个区域之间的经济发展差距，建设彰显优势、协调联动的城乡区域发展体系。通过推进城乡区域协调发展战略，缩小城乡区域发展差距，推动全国范围内实现经济社会各构成要素的良性互动，促进人口、经济和资源、环境的空间均衡，进而推动我国经济在实现高质量发展上不断取得新进展。

要准确把握军民融合发展战略任务，推进基础设施统筹建设和资源共享、国防科技工业和武器装备发展、军民科技协同创新、军地人才双向培养交流使用、社会服务和军事后勤统筹发展、国防动员现代化建设、新兴领域军民深度融合。为此，要借鉴国外有益经验，加快形成军民融合发展组织管理体系、工作运行体系、政策制度体系，推动重点领域军民融合发展取得实质性进展，形成全要素、多领域、高效益的军民融合深度发展格局，初步构建一体化的国家战略体系和能力。①

（六）积极实施引领经济全球化的发展战略

现代化经济体系在本质上就是一个开放的经济体系，适应我国国情的全方位开放体系，并积极实施引领经济全球化的战略举措，是塑造现代化经济体系的应有之义。有舆论认为，我国不属于世界经济体系的"中心"，还处于"外围"或"依附"地位，因而只能参与、接受和服从一切国际规则和惯例。这是没有认清世情和国情的过时观点。殊不知，在整个世界经济体系中，40年来我国已呈现出逐步从"外围"向"中心"较快发展的壮丽画面，现在比以往任何时候都更加接近世界经济舞台的中心，可以说正施展着"准中心"的地位和作用。这至少表现在我国经济快速增长，经济总量按汇率计算已属世界第二，按

---

① 习近平主持召开十九届中央军民融合发展委员会会议第一次全体会议强调：真抓实干坚定实施军民融合发展战略　开创新时代军民融合深度发展新局面［N］.人民日报，2018–03–03（1）.

购买力平价计算已属世界第一，进出口贸易量在全球数一数二，是世界经济增长的第一引擎和主要贡献者，人民币成为国际储备货币，等等。

今后必须通过积极引领全球经济发展来促进现代化经济体系的构建。其一，我国要继续实行引进来与走出去并重的双向开放，不断增加对外投资流量，尤其是对拉美非洲的援助投资、对美欧等发达国家的实体并购，并有效运用"一带一路"国际合作、金砖五国开发银行和亚投行等金融机构来引领全球经济发展，打造各国利益共同体和人类命运共同体。其二，推动全面开放新格局，就要拓宽开放范围，扩大开放规模，提高开放质量，在参与中高端国际竞争中最终打造一个具有多元平衡和安全高效的经济体系。多元平衡是指进口、出口、投资来源等的多元化与平衡，经营主体、商品和服务的多元化和平衡，这是开放型经济体系的内在要求。安全高效是指要把握我国经济发展的主动权，适应经济全球化和对外开放的新形势，避免开放带来的重大风险；同时要积极利用好开放市场，促进生产及市场从低端要素优势向高端要素新优势转型。多元平衡、安全高效的全面开放体系，能够使中国获得更多的国际资源和市场，拓展更广阔的国际空间，增强中国经济的体外循环，为包括中国在内的广大发展中国家在未来经济全球化中争取到更多话语权，改变现存经济全球化某些不合理和不公正的发展规则。简言之，不断提升我国在全球经济治理中的地位和话语权，在全球经济治理中自觉地由过去的旁观者、跟随者逐渐转变为参与者、引领者，由经济全球化的配角转变为一个负责任的主角，是适应构建现代化经济体系的战略之举，必须稳妥地积极推进。

参考文献

[1] 刘志斌. 建设现代化经济体系：新时代经济建设的总纲领 [J]. 山东大学学报：哲学社会科学版，2018（1）.

[2] 武国友. 建设现代化经济体系：党的十九大报告关于转变经济发展方式的新思路与新亮点 [J]. 北京交通大学学报：社会科学版，2018（1）.

[3] 刘伟. 现代化经济体系是发展、改革、开放的有机统一 [J]. 经济研究，2017（11）.

[4] 迟福林. 从三个维度看现代化经济体系建设 [J]. 中国经济报告，2017（12）.

[5] 王晓东. 建设统一开放、竞争有序的市场体系 [EB/OL].［2015–02–05］. http://www.sohu.com/a/221042118_118570.

[6] 石建勋. 建设现代化经济体系应当怎样布局 [EB/OL].［2018–01–30］. http://www.sohu.com/a/219780688_115725.

（原载于《经济研究参考》，2018 年第 7 期，第二作者为柴巧燕）

第五节　建设现代化经济体系，实现高质量发展

习近平指出，建设现代化经济体系是我国发展的战略目标，也是转变经济发展方式、优化经济结构、转换经济增长动力的迫切要求。[①] 本节结合改革开放以来我国经济高速增长取得的成就，从转变发展方式、优化经济结构、转换增长动力三个角度，分析我国建设现代化经济体系转向高质量发展的必然性与重要性，并根据现代化经济体系的内在结构和发展趋势，系统论证加快建设需要正确处理的一系列重要关系。

一、改革开放以来高速增长的主要成就

改革开放 40 年来，我国经济虽然经历了一定的波动，但总体上保持了 30 多年的高速增长态势，从而"创造了第二次世界大战结束后一

---

① 习近平在中共中央政治局第三次集体学习时强调：深刻认识建设现代化经济体系重要性　推动我国经济发展焕发新活力迈上新台阶［N］.人民日报，2018-02-01（1）.

个国家经济高速增长持续时间最长的奇迹"。① 按不变价格计算，2016年我国国内生产总值是1978年的32.306倍，而2016年国民总收入是1978年的32.176倍。尽管我国人口从1978年的9.625 9亿②增加至2017年的13.900 8亿③，2016年人均国内生产总值是1978年的22.402倍。1979—2016年我国国民总收入年均增长9.6%。根据初步统计，2017年国内生产总值比2016年增长6.9%，人均国内生产总值比2016年增长6.3%，国民总收入比2016年增长7.0%。这些数据表明，40年来我国经济增长速度确实是世界历史上经济持续高速增长的奇迹。

在对外贸易方面，货物贸易和服务贸易规模取得了巨幅上升。在货物贸易方面，出口总额从1978年的167.6亿元上升至2017年的153 321亿元，进口总额从1978年的187.4亿元上升至2017年的124 602亿元。在服务贸易方面，出口总额从1982年的26亿美元上升至2016年的2 083亿美元，而2017年初步统计值为15 407亿元人民币；进口总额从1982年的19亿美元上升至2016年的4 492亿美元，而2017年初步统计值为31 584亿元人民币。

产业结构方面，三大产业之间的比例关系逐渐优化。在产值方面，第一产业产值占GDP的百分比由1978年的27.7%逐渐转变为2017年的7.9%；第二产业产值占GDP的百分比由1978年的47.7%逐渐

---

① 习近平在省部级主要领导干部学习贯彻党的十八届五中全会精神专题研讨班上的讲话［N］.人民日报，2016-05-10.
② 本节如无特别说明，2016年及以前年份数据均来自国家统计局《中国统计年鉴（2017）》，国家统计局网址为：http://www.stats.gov.cn/tjsj/ndsj/2017/indexch.htm.
③ 本节如无特别说明，2017年数据均来自国家统计局《中华人民共和国2017年国民经济和社会发展统计公报》，国家统计局网址为：http://www.stats.gov.cn/tjsj/zxfb/201802/t20180228_1585631.html.

转变为 2017 年的 40.5%；第三产业产值占 GDP 的百分比由 1978 年的 24.6% 逐渐转变为 2017 年的 51.6%。在就业方面，第一产业就业人数占就业总人数的百分比由 1978 年的 70.5% 降为 2016 年的 27.7%；第二产业就业人数占就业总人数的百分比由 1978 年的 17.3% 降至 2016 年的 28.8%；第三产业产值占 GDP 的百分比由 1978 年的 12.2% 升至 2016 年的 43.5%。

在基础设施建设方面，主要规模指标取得了巨大进步。在交通运输方面，铁路网密度从 1978 年的 53.9 公里/万平方公里上升至 2016 年的 129.2 公里/万平方公里。公路网密度由 1978 年的 927 公里/万平方公里上升至 2016 年的 4 892 公里/万平方公里。在邮电通信方面，电话普及率（含移动电话）从 1978 年的 0.4% 上升至 2016 年的 110.5%，移动电话普及率从 2000 年的 6.7% 上升至 2017 年的 102.5%。

在人民生活方面，主要生活质量指标取得了巨大进步。人口平均预期寿命从 1980 年的 67.77 岁上升至 2015 年的 76.34 岁。其中，男性平均预期寿命从 1980 年的 66.28 岁上升至 2015 年的 73.64 岁，女性平均预期寿命从 1980 年的 69.27 岁上升至 2015 年的 79.43 岁。农村贫困发生率（2010 年标准）从 1978 年的 97.5% 下降至 2000 年的 49.8%，进而降至 2017 年的 3.1%。在居民消费方面，城乡居民消费一直保持较高增长速度。2016 年全体居民消费水平是 1978 年的 18.161 倍。其中，2016 年城镇居民消费水平是 1978 年的 10.609 倍，2016 年农村居民消费水平是 1978 年的 12.549 倍。根据初步统计，扣除价格因素，2017 年全国居民人均消费支出实际增长 5.4%。其中，城镇居民人均消费支出实际增长 4.1%，农村居民人均消费支出实际增长 6.8%。

在科教文卫方面，主要规模指标和主要质量指标都取得了巨大进步。在科技方面，研究与试验发展经费内部支出与国内生产总值之比由 2000 年的 0.89% 上升至 2017 年的 2.12%。在文化方面，广播人口覆盖率从 1994 年的 77.4% 上升至 2017 年的 98.7%，电视人口覆盖率从 1994 年的 83.3%[①] 上升至 2017 年的 99.1%。1978 年生产的艺术影片有 46 部；[②]2017 年生产的故事影片 798 部，而科教、纪录、动画和特种影片 172 部。图书种类从 1978 年的 14 987 种上升至 2016 年的 499 884 种，期刊种类从 1978 年的 930 种上升至 2016 年的 10 084 种。尤其是党的十八大以来，马克思主义在意识形态领域的指导地位更加鲜明，社会主义核心价值观和中华优秀传统文化广泛弘扬，文化事业、文化产业持续健康发展，文艺创作日益繁荣。[③]

在教育方面，小学学龄儿童净入学率从 1978 年的 95.5% 上升至 2016 年的 99.9%，小学升学率从 1978 年的 87.7% 上升至 2016 年的 98.7%，初中升学率从 1978 年的 40.9% 上升至 2016 年的 93.7%，高中升学率从 2000 年的 73.2% 上升至 2016 年的 94.5%。在卫生方面，每万人口执业（助理）医师数从 1978 年的 10.8 人上升至 2016 年的 23.1 人，医疗机构病床使用率从 2000 年的 60.8% 上升至 2015 年的 85.4% 和 2016 年的 85.3%。

---

① 1994 年的广播和电视的人口覆盖率数据来自国家统计局《中华人民共和国国家统计局关于 1994 年国民经济和社会发展的统计公报》，网址为：http://www.stats.gov.cn/tjsj/tjgb/ndtjgb/qgndtjgb/200203/t20020331_30008.html。

② 数据来自国家统计局《中华人民共和国国家统计局关于 1978 年国民经济和社会发展的统计公报》，网址为：http://www.stats.gov.cn/tjsj/tjgb/ndtjgb/qgndtjgb/200203/t20020331_29991.html。

③ 郝书翠. 让中国特色社会主义文化在当代世界文化百花园里吐蕊争芳［J］. 马克思主义文化研究，2018（1）.

以上数据表明，改革开放约40年来我国经济的高速度增长，为我国经济实力的提高和人民生活的改善奠定了较为坚实的物质基础。

二、转向高质量发展的必然性和重要性

改革开放40年来，我国经济的高速度增长在取得巨大成就的同时，也遇到了新情况和新问题。这些新情况和新问题形成了我国经济高速度增长的限制性条件，使整个国民经济必然要转变发展方式、优化经济结构、转换增长动力，以实现高质量发展。

（一）转变经济发展方式的必然性与重要性

我国经济高速度增长阶段形成的限制性条件，使我国经济发展方式必然从规模速度型粗放增长转向质量效率型集约增长。

在高速度增长阶段，我国经济发展方式主要是规模速度型粗放增长。在这种经济发展方式下，经济增长的主要实现方式是简单劳动密集型产业的粗放型扩张。而简单劳动密集型产业的产品在当代全球价值链和产业链中处于中低端。从长期看，这种经济增长方式是不可持续的。首先，在这种经济增长方式下，劳动力成本较低的状态是不可持续的。规模速度型粗放增长的实质是以价格竞争为基础的数量扩张。在这种经济增长方式下，我国经济的主要竞争优势来自劳动力成本较低而形成的较低商品价格。一方面，长期的劳动力低成本必然削弱社会的有效购买能力，从而在产业链的中低端环节形成局限性乃至全局性的过剩生产能力。例如，2009年城镇私营企业和个体就业人员已达9 788.9万，而同期城镇私营单位就业人员平均工资只有18 199元，即

平均每天工资收入只有49.9元，月工资收入只有1 516.6元。[①]这些人员低水平的工资收入直接限制了其消费能力与购买需求。另一方面，随着劳动力成本的逐渐提升，我国经济将面临外国投资转向劳动力成本更低国家的风险。

其次，在这种经济增长方式下，能源、资源和生态的满载或超载状态是不可持续的。在价值层面，在规模速度型粗放增长方式下，由于中低端产品的较低附加值导致产品利润空间狭小，获取较高利润的主要方式是简单劳动密集型中低端产业的粗放型扩张。在使用价值层面，这种增长方式必然带来利用效率较低条件下能源资源的巨大消耗，以及生态环境的严重恶化。在能源方面，我国能源消费总量从1990年的9.870 3亿吨标准煤增加至2017年的44.9亿吨标准煤。而能源进口量从1990年的1 310万吨标准煤（占能源消费总量的13.3%）增加至2016年的89 730万吨标准煤（占能源消费总量的20.6%）。在资源环境方面，我国废水排放总量从2004年的4 824 094万吨逐渐上升至2015年的7 353 226.83万吨，随后微降至2016年的7 110 953.88万吨。废气中主要污染物二氧化硫排放量在2004年高达22 549 000吨，此后虽然逐渐下降，但在2013年前始终处于20 439 000吨的高水平，2016年这一指标数值降至11 028 643.04吨。但在局部地区，空气质量仍然长期处于较差水平。在环保重点城市中，2016年空气质量达到及好于二级的天数在200天以下的城市仍然较多。其中，指标值最低的保定仅为155天。在监测的338个地级及以上城市中，2017年70.7%的城市空气质量未达标。上述数据表明，经过多年的规模速度型粗放增长，

[①] 数据来自国家统计局《中国统计年鉴（2010）》，网址为：http://www.stats.gov.cn/tjsj/ndsj/2010/indexch.htm。

我国经济发展对能源、资源和生态的影响已经达到或接近自然承载能力的上限。

我国经济高速度增长阶段规模速度型粗放增长的各种弊端，促使经济发展方式必然转向质量效率型集约增长。

（二）优化经济结构的必然性与重要性

我国经济高速度增长阶段形成的限制性条件，使我国经济结构必然从增量扩能为主转向调整存量、做优增量并存的深度调整。

在产业结构方面，规模速度型粗放增长形成的不合理产业结构亟待优化。一方面，个别高利润产业的长期低水平重复扩张形成了较为严重的过剩生产能力。这些过剩的生产能力，由于无法适应逐渐升级的消费结构，导致产业链上的相关产品滞销，相关企业也因此效益下滑、亏损甚至破产。另一方面，基础设施的互联互通、环保产业、基础性支柱产业以及其他一些战略性新兴产业，由于资金回收周期长、短期利润率低、投资风险大等原因而出现投资不足的状况。

在需求结构方面，经济增长严重依赖外需的状态亟待改变。在 2008 年西方金融和经济危机爆发以前，我国经济增长在很大程度上依赖外需。2004—2008 年，货物和服务净出口对国内生产总值增长贡献率一直处于较高水平。2005 年这一指标值高达 22.2%。西方金融和经济危机爆发以后，由于世界上其他主要经济体经济持续低迷，国外需求拉动我国经济增长的能力大大降低。除了 2012 年、2014 年和 2017 年以外，2009—2016 年货物和服务净出口对我国国内生产总值增长贡献率均为负值。

在收入分配结构方面，收入差距较大的状态亟待改善。在城乡收入差距上,城乡收入比(农村居民收入为1)一直处在较高状态。1978年、2000年、2015年、2016年和2017年的城乡收入比分别为2.57、2.79、2.73、2.72和2.71。在总体贫富差距上,2015年和2016年的基尼系数分别为0.462和0.465,而收入差距直接造成居民消费水平的差距。城乡消费水平对比(农村居民=1)从1978年的2.9逐渐上升至2000年的3.7,随后逐渐降至2016年的2.7和2017年的2.23,但这一比例仍然较高。

在城乡区域结构方面,城乡区域经济不平衡问题亟待改善。从城乡区域经济发展水平看,我国区域间居民消费水平仍存在较大差异。数据显示,2016年上海和北京的居民消费水平分别达到49 617元和48 883元,排在全国前两位。其中,上海城镇居民消费水平为53 240元,农村居民消费水平为23 660元;北京城镇居民消费水平为52 721元,农村居民消费水平为24 285元。而甘肃和西藏的居民消费水平分别为13 086元和9 743元,排在全国最后两位。其中,甘肃城镇居民消费水平为21 128元,农村居民消费水平为6 781元;西藏城镇居民消费水平为18 775元,农村居民消费水平为5 952元。

(三)转换增长动力的必然性与重要性

我国经济高速度增长阶段形成的限制性条件,使我国经济发展动力必然由要素驱动、投资驱动等传统增长点,转向以创新驱动为代表的新增长点。

在经济高速度增长阶段,要素驱动、投资驱动等传统经济驱动力的劣势逐步显现。在规模速度型粗放增长下,要素驱动的实质是由劳动力低成本形成的商品价格竞争优势,投资驱动的实质是个别高利润产业的低水平重复扩张。首先,随着规模速度型粗放增长的推进,要素驱动经济增长的动力逐渐减弱。城镇私营企业和个体就业人员从2009年的9 788.9万迅速增加至2016年的20 710.4万。而同期城镇私营单位就业人员平均工资从2009年的18 199元增加至2016年的42 833元。劳动力成本的上升,必然导致简单价格竞争的利润空间缩小甚至消失。其次,在规模速度型粗放增长下,投资驱动经济增长的动力则必然由于过剩生产能力的形成而逐渐减弱。

在经济高速度增长阶段,创新驱动经济增长的必然性与重要性日益凸显。第一,技术创新状况直接影响产业和企业的商业利润。在当代全球化竞争中,以重要领域的核心技术创新为基础的知识产权垄断是国际垄断利润的重要来源。在规模速度型粗放增长下,我国很多产业的产品在当代全球价值链和产业链中处于中低端。由于技术创新能力不足,这些产业的产品难以形成具有较强竞争力与较大影响力的自主品牌,这直接限制了产品的附加值和利润空间。第二,重要领域的核心技术创新状况直接影响国家安全。"核心技术是国之重器"[①],例如,是否把握芯片核心技术直接关系到国家信息安全的制高点和主动权。目前,我国智能手机芯片等一系列关键核心技术领域尚未取得实质性突破,而在美国等发达国家贸易保护主义和技术封锁不断加重的条件下,这势必使相关产业安全和国家总体安全受到较大挑战。

可见,我国经济在高速度增长阶段逐渐出现的新情况和新问题,必然要促使我国经济转变发展方式、优化经济结构和转换增长动力,以提质增效为中心,主要通过加速建设现代化经济体系来转向和实现

---

① 习近平在全国网络安全和信息化工作会议上强调:敏锐抓住信息化发展历史机遇 自主创新推进网络强国建设[N].人民日报,2018-04-22(1).

高质量发展。

三、加速现代化经济体系建设，推进高质量发展

以现代化经济体系建设推进高质量发展，需要根据经济体系的内在结构性特点，正确处理好核心子系统中的一系列重要关系。习近平指出，现代化经济体系，是由社会经济活动各个环节、各个层面、各个领域的相互关系和内在联系构成的一个有机整体。[①] 建设现代化经济体系，要坚持以人民为中心，贯彻创新、协调、绿色、开放、共享的新发展理念，正确认识和处理好一系列重要关系。

（一）产业体系：要处理好自主创新与引进发展、实体经济与金融发展的关系

在产业层面，以现代化经济体系建设推进高质量发展，需要紧紧围绕创新引领、协同发展的产业体系建设，着重处理好自主创新与引进发展、实体经济与金融发展的关系，从而高质量地推进产业结构的动态优化。

正确处理自主创新与引进发展的关系，是持续突破经济发展动力瓶颈的关键环节。在发展中国家的产业发展中，自主创新与引进发展是既对立又统一的辩证关系。自主创新与引进发展之间的统一性体现在，自主创新的程度与引进发展的质量呈现同向互动关系，即一个产业自主创新的程度越高，该产业引进外来技术的质量和能力就越高。

---

① 习近平在中共中央政治局第三次集体学习时强调：深刻认识建设现代化经济体系重要性　推动我国经济发展焕发新活力迈上新台阶［N］.人民日报，2018-02-01（1）.

在自主创新程度较低的阶段，该产业只能引进不具有自主知识产权的非核心技术，主要从事全球价值链低端环节和外围层面的低附加值生产，而所获利润在产业链总利润的份额极为微薄。

自主创新与引进发展之间的对立性体现在，自主创新的能力与引进发展的程度呈现反向互动关系，即在发展中国家新兴产业发展的最初阶段，只有在该产业引进发展程度较低的条件下，自主创新能力才能获得提升的空间。如果发展中国家在这一阶段片面强调自身劳动力成本低而形成的比较优势（新结构经济学片面强调资源禀赋基础上的这一比较优势），从而导致弱势产业引进发展过度，这些弱势产业就会被外国资本和外国技术掌控，从而完全失去通过提升自主创新能力而获得发展的机会，陷入"比较优势陷阱"。

在现代化产业体系建设中，正确处理自主创新与引进发展的关系，就是坚持自主知识产权优势理论和战略，以自主创新为主导、引进发展为补充的产业发展道路，系统提升各产业关键核心技术的自主创新能力。其中，农业发展要从现代种业培育、农业生产装备应用、农业技术服务和农民科技素质提升等方面系统提高农业的生产能力与生产质量。工业发展要紧紧围绕重大科技创新，努力突破和掌握核心技术，从创新平台建设、创新人才培养、创新激励强化、创新成果转化等方面系统推进工业生产的绿色化、精致化、高端化、信息化和服务化。服务业发展要以最新科技推进服务业的现代化，不断改进服务质量、提升服务能力。

正确处理实体经济与金融发展的关系，是持续突破经济结构瓶颈的关键环节。在发展中国家的产业发展中，实体经济与金融发展是既对立又统一的辩证关系。实体经济与金融发展之间的统一性体现在，在金融发展与实体经济发展相适应时,两者呈现同向互动关系。一方面,金融发展能够为实体经济发展提供数量充足、结构合理和安全高效的资金支持。另一方面,实体经济发展为金融发展提供资金源泉,为币值稳定和防范风险提供基础性支撑。

实体经济与金融发展之间的对立性体现在,在金融发展与实体经济发展不相适应时,两者呈现反向互动关系。如果金融发展滞后于实体经济,金融发展服务实体经济的功能就会弱化,无法为实体经济发展提供强有力的资金支持。如果金融发展脱离实体经济而自我过度发展,其形成的金融泡沫就会不断积累,在金融监管缺位或不足的情况下,最终将导致金融异化、金融紊乱和金融危机,从而严重地损害与削弱实体经济。

在现代化产业体系建设中,正确处理实体经济与金融发展的关系,就是要消除新自由主义"脱实向虚"的"金融深化论"和"金融抑制论",坚持金融"脱虚向实"为实体经济服务的"金融实化论"发展道路,推动实体经济与金融发展的良性互动。一方面,金融发展要以增强服务实体经济的能力为核心,不断提高服务实体经济的科学性、精准性和系统性,从而为实体经济现代化提供强有力的资金支持。另一方面,金融发展要以防范与化解各种金融失序和金融风险为底线,既要在重要金融机构的股权结构上防止形成国外资本金融控股和垄断,又要从健全与创新监管技术、强化监管制度、系统增强监管能力等方面推进金融监管体系的现代化。

(二)市场体系:要处理好有效竞争与适度垄断的关系

在市场层面,以现代化经济体系建设推进高质量发展,需要紧紧围绕统一开放、竞争有序的市场体系建设,着重处理好有效竞争与适度垄断的关系,从而"加快形成企业自主经营公平竞争、消费者自由选择自主消费、商品和要素自由流动平等交换的现代市场体系"。①

在现代市场体系中,有效竞争与适度垄断是既对立又统一的辩证关系。有效竞争与适度垄断之间的统一性体现在,公平竞争与规模上的适度垄断相互交织、彼此推动。在现代市场竞争中,有效竞争集中体现为竞争规则的公平性。一方面,全球化的现代竞争导致企业的生产集中与资本集中比以往速度更快,涉及经营领域更广,而且集中程度更高,从而形成更大规模的垄断。如同列宁所说,"自由竞争产生生产集中,而生产集中发展到一定阶段就导致垄断"。② 另一方面,由于现代市场竞争的主导力量是具有规模垄断性质的企业,市场竞争的激烈程度比以往更大,从而需要推动竞争规则公平条件下的有效竞争。马克思指出:"垄断只有不断投入竞争的斗争才能维持自己。"③

有效竞争与适度垄断之间的对立性体现在,部分具有规模垄断性质的企业为攫取垄断利润而滥用垄断地位的垄断行为,会损害和削弱市场的有效竞争。在现代市场经济发展历史中,垄断协议、滥用市场支配地位等垄断行为不仅极大地破坏了市场竞争规则的公平性,而且形成了有利于垄断企业集团的社会财富分配,导致严重的贫富两极分

---

① 习近平在中共中央政治局第三次集体学习时强调:深刻认识建设现代化经济体系重要性 推动我国经济发展焕发新活力迈上新台阶[N].人民日报,2018-02-01(1).
② 列宁.帝国主义是资本主义的最高阶段[M]//列宁选集:第2卷.北京:人民出版社,2012:588.
③ 马克思,恩格斯.马克思恩格斯选集:第1卷[M].3版.北京:人民出版社,2012:256.

化。这些垄断行为，应成为当代世界各主要经济体反垄断实践限制和约束的重点。

在现代化市场体系建设中，正确处理有效竞争与适度垄断的关系，就是要坚持和维护市场竞争规则的公平性，全面推动统一开放、竞争有序的市场体系建设。一方面，要完善市场监管体制，实现各类市场主体在市场准入负面清单以外的领域公平有序的竞争，维护包括具有规模垄断性质的企业在内的各类竞争主体的合法权益。另一方面，要积极推进反不正当垄断的立法实践与司法实践，对妨碍有效竞争、攫取垄断利润的各类垄断行为进行科学、精准、高效的禁止、限制与打击。中国特色社会主义的现代化经济体系要求把做强做优做大国有企业与国有资本结合起来，形成适度垄断，并与其他所有制企业共同造就互补共进的有效竞争格局。

（三）城乡区域体系：要处理好协同发展与自身发展的关系

在城乡区域层面，以现代化经济体系建设推进高质量发展，需要紧紧围绕彰显优势、协调联动的城乡区域发展体系建设，着重处理好协同发展与自身发展的关系，从而高质量地推进城乡区域的协同发展，从整体上打造有机融合的高效经济体。

在我国城乡区域发展中，协同发展与自身发展的关系是既对立又统一的辩证关系。协同发展与自身发展之间的统一性主要体现在，城乡区域的各自发展与整体协同发展具有内在一致性。城乡区域的各自发展本身就是城乡区域整体发展的重要子系统。一方面，城乡区域的协同发展能够发挥城乡区域的整体优势与协同效应，从而使城乡区域的各个子系统也获得较好的发展。另一方面，城乡区域的各个子系统自身优势只有得到充分的彰显与发挥，城乡区域的整体优势与协同效应才能达到较高水平。

城乡区域的协同发展与自身发展之间的对立性主要体现在，如果城乡区域的各个子系统片面追求自身发展，就会导致生态环境破坏、资源过度开发、经济空间布局不合理等一系列外部性问题，从而导致城乡区域的整体优势与协同效应无法得到充分发挥，而整体效益只能处于较低水平。

在现代化城乡区域体系建设中，正确处理协同发展与自身发展的关系，就是要在科学的顶层设计与系统的统筹规划下，积极推进城乡区域各子系统的良性互动与融合发展。在区域层面，要从全局角度统筹协调各区域的经济发展战略，从区域间基础设施网络体系的构建、经济管理制度体系的衔接、生态环境的协同保护以及区域对外开放战略的统筹等方面系统推进区域经济发展战略的有机融合。在城乡层面，要以乡村振兴战略推进城乡融合发展。这就需要通过城乡之间现代基础设施网络体系的互联互通与一体化，消除城乡之间义务教育、医疗、养老等基本公共服务的较大差别，完善农业技能培训体系和农民工培训体系，以及在城乡文化的良性互动与有机融合等多方面，不断健全城乡融合发展体制机制和政策体系。

（四）绿色发展体系：要处理好经济发展中人与自然的关系

在绿色发展层面，以现代化经济体系建设推进高质量发展，需要紧紧围绕资源节约、环境友好的绿色发展体系建设，着重处理好经济发展中人与自然之间的关系，以"实现绿色循环低碳发展、人与自然和谐共生"①。

在人类经济发展史中,人与自然是既对立又统一的辩证关系。经济发展中人与自然之间的统一性是矛盾的主要方面,主要体现在"人与自然是生命共同体"②。人类源于自然,从属于自然,依存于自然。人类是自然界长期发展的产物。自从诞生以来,人类始终是自然界生命有机体的重要组成部分。人类只有依靠从自然界获取的自然资源才能获得生存和发展。一方面,人类经济活动不断从自然界直接或间接获取自然资源,以满足人类生产生活的需要。另一方面,在物质生活资料生产的实践中,自然资源作为劳动对象和劳动工具不断进入物质生产领域,从而成为人类"无机的身体"③。

经济发展中人与自然之间的对立性主要体现在,在一定生产力条件下,人类的经济活动受到自然界的限制。在自然资源方面,人类经济活动所需的自然资源在一定时期、一定地理区域内非常有限。如果人类在较短时期内对自然资源开发过度,经济发展就会因资源枯竭而无法持续。在生态环境方面,自然界对人类经济活动的生态承载力在一定时期、一定地理区域内非常有限。如果人类经济活动片面追求微观主体的经济利益而超过自然界的生态承载力,必然损害生态环境的恢复力与稳定性,而整个人类会因此遭到自然界的报复。习近平指出,

---

① 习近平在中共中央政治局第三次集体学习时强调:深刻认识建设现代化经济体系重要性 推动我国经济发展焕发新活力迈上新台阶[N].人民日报,2018-02-01(1).
② 决胜全面建成小康社会 夺取新时代中国特色社会主义伟大胜利——在中国共产党第十九次全国代表大会上的报告[N].人民日报,2017-10-28(1).
③ 马克思.1844年经济学哲学手稿[M].3版.北京:人民出版社,2000:56-57.

"人类对大自然的伤害最终会伤及人类自身"。①

在绿色发展体系建设中,正确处理经济发展中人与自然之间的关系,就是要坚持绿色发展理念,在经济发展过程中始终遵循自然规律、人口规律和经济规律,系统推进人与自然的和谐共生,实现人口、资源和环境的良性循环和永续发展。在人口层面,不应单从总和生育率的高低,而应从社会总劳动力的供求状况来制定人口政策。2013年、2014年、2015年、2016年和2017年新增总人口分别为668万、710万、680万、809万和737万。②我国社会总劳动力的供给已较多地超过需求,表现为就业较为困难,且每年还有700万左右的新增人口,那么,即使总和生育率较低,也不宜鼓励自由生育;否则,便难以根本实现资源高效利用、生存环境达优和人口素质大幅提升。在理念层面,要在全社会范围内牢固树立绿水青山就是金山银山的绿色发展理念,通过对不同群体分别进行科学、精准、全面的培训、宣教与劝导,系统强化绿色发展的政绩观、绿色生产理念和绿色生活理念。在科学技术层面,要系统促进绿色科技创新,并将绿色科技的最新成果应用于绿色生产、绿色消费、生态治理、生态监测等各个环节,以构建政府主导、企业主体、市场决定"三位一体"的绿色技术创新体系。在制度层面,要从绿色发展的法律法规、绿色发展的执政绩效考核制度等,推进绿色发展制度体系的完善与执行。

---

① 决胜全面建成小康社会 夺取新时代中国特色社会主义伟大胜利——在中国共产党第十九次全国代表大会上的报告[N].人民日报,2017–10–28(1).
② 数据来自国家统计局网站《2017年中国统计年鉴》,网址为:http://www.stats.gov.cn/tjsj/ndsj/2017/indexch.htm;《中华人民共和国2017年国民经济和社会发展统计公报》,网址为:http://www.stats.gov.cn/tjsj/zxfb/201802/t20180228_1585631.html。

（五）开放体系：要处理好对等全面开放与经济安全、人民福利之间的关系

在开放层面，以现代化经济体系建设推进高质量发展，需要紧紧围绕多元平衡、安全高效的全面开放体系建设，着重处理好对等全面开放与经济安全、人民福利之间的关系，通过"发展更高层次开放型经济"，"推动开放朝着优化结构、拓展深度、提高效益方向转变"。[①]

在当代世界经济发展中，对等全面开放与经济安全、人民福利之间的关系，是既对立又统一的辩证关系。对等全面开放是指一个经济体对其他经济体进行程度和范围体现双方对等地位的开放。对等全面开放与经济安全、人民福利之间的统一性体现在，一个经济体的对等全面开放符合自身的经济安全保障和人民福利提升的客观要求时，两者表现为同向互动关系。一方面，符合经济体自身经济发展实际的对等全面开放，能够提高自身经济体系的创新力和竞争力，从而增强保障经济安全的能力，并提升人民福利。另一方面，经济安全保障和人民福利提升，能够提高对等全面开放的质量与可持续性。

对等全面开放与经济安全、人民福利之间的对立性体现在，一个经济体的对等全面开放不符合自身的经济安全保障和人民福利提升的客观要求时，两者表现为反向互动关系。如果一个经济体对其他经济体的经济开放在开放的程度和范围上体现双方对等地位，但由于不符合自身的经济安全保障和人民福利提升的客观要求，这种经济开放的程度越大、范围越广，该经济体自身的经济风险就越高，自身经济体系的创新力和竞争力就越弱，而人民福利被降低的程度就越大。

---

① 习近平在中共中央政治局第三次集体学习时强调：深刻认识建设现代化经济体系重要性　推动我国经济发展焕发新活力迈上新台阶［N］.人民日报，2018-02-01（1）.

在开放体系建设中，正确处理对等全面开放与经济安全、人民福利之间的关系，就是要克服"为开放而开放"的盲目行为，在扩大开放中注重扩大自身安全系数，积极扩大人民福利。在实体经济开放层面，要全面实施以中国特色自主创新为核心的创新驱动战略，以加强自主创新能力开放合作。在金融开放层面，要在保障金融安全的前提下提高金融体系的控制力和国际竞争力。一方面，要借鉴美国等发达国家的管理制度和实际操作经验，通过合理限定外国金融资本在商业金融机构的参股比例和参股条件，以及在华设立分支机构的条件与经营范围，科学确定资本项目开放的程度和速度等措施保障金融安全。另一方面，要以贸易强国建设和创新对外投资方式为服务方向，优化外债结构，科学确定外汇储备的多元化适度规模，并稳步探索科学、合理与安全的汇率形成机制体系。在国际经济治理层面，要坚持共商共建共享的全球治理观，积极参与修订和制定公正公平、包容有序的国际经济新规则。

（六）经济调节体系：要处理好市场决定作用与政府主导作用的关系

在经济调节方面，以现代化经济体系建设推进高质量发展，需要紧紧围绕充分发挥市场作用、更好发挥政府作用的经济调节体系建设，着重处理好基于市场价值规律的市场决定作用与基于国家调节规律的政府主导作用的关系。

在我国经济调节体系中，市场决定作用与政府主导作用的关系，是既对立又统一的辩证关系。市场决定作用与政府主导作用之间的统一性体现在，两者都是社会主义市场经济中按比例规律的实现方式。

根据按比例规律，表现为人财物的社会总劳动要依据社会需要的结构与数量按比例地分配到社会生产的各个环节和国民经济的各个领域。在社会生产层面，各种生产成果要在使用价值结构上与社会需要保持动态的综合平衡。在国民经济整体层面，各类产业和经济领域的多结构要保持总体上的综合平衡。在我国社会主义市场经济中，市场调节和政府调节能够通过功能上的良性互补和效应的协同进行有机融合，以两者的共同作用实现国民经济按比例发展规律和高质量发展。

市场决定作用与政府主导作用之间的对立性体现在，两者在经济调节的作用机制上有背反的一面。市场调节主要依靠价值规律的自发作用调节资源在社会生产的各个环节和国民经济各领域的配置，以实现市场主体的短期利益和局部利益。因此，在一般资源的短期配置领域和局部配置领域，市场调节能够有效发挥对资源的良性配置作用，而由于市场调节具有调节目标偏差（难以实现充分就业、物价稳定、经济持续稳定、国际收支平衡等经济发展目标）、调节速度缓慢、调节成本昂贵、调节程度有限等功能弱点，在一些重要和特殊资源的长期配置领域与全局配置领域，市场决定作用往往失灵。但在这些领域，政府通过上下结合的广泛民主协商的决策体系，对重要经济资源的主动规划配置来实现长远利益和整体利益，从而事先、事中或事后能及时矫正市场失灵带来的负面影响。

在现代化经济调节体系建设中，正确处理市场决定作用与政府主导作用的关系，就是要坚持将市场在一般经济资源配置中的决定性作用和政府在重要经济资源配置中的导向性调节作用有机结合起来，形成功能良性互补、效应协同、机制背反的经济调节体系。习近平明确指出，"市场在资源配置中起决定性作用，并不是起全部作用"。① 我们必须确立"非全部的市场决定作用"总体调节方针，在一般资源的短期调节领域和局部调节领域，要充分发挥市场对一般资源的决定性调节作用，而政府要通过简政放权来激发各类市场主体的活力。在市场调节失灵的领域，要充分发挥政府导向性作用，参与配置公共产品、地藏资源等特殊资源，并主动规划引导许多一般资源的长期配置，以及教育资源、卫生资源、文化资源、城镇住房资源等非一般物质资源的配置，以及财富和收入的再分配。

（七）产权体系：要处理好公有经济主体与非公经济辅体的关系

在产权层面，以现代化经济体系建设推进高质量发展，需要坚持和完善公有制主体、国有制主导、多种所有制共同发展的产权体系，正确处理公有经济主体与非公经济辅体的关系，为提升我国经济体系的综合竞争力奠定坚实的基本经济制度。

在我国社会主义市场经济中，公有经济主体与非公经济辅体的关系是既对立又统一的辩证关系。公有经济主体与非公经济辅体之间的统一性体现在，两者在我国社会主义初级阶段能够共同发展和合作共赢。在我国社会主义性质和类型的经济体系中，公有制经济与非公有制经济是相辅相成、相得益彰的发展共同体。习近平指出，公有制经济、非公有制经济应该相辅相成、相得益彰，而不是相互排斥、相互抵消。② 公有制经济和非公有制经济都是与我国社会主义初级阶段的生

---

① 习近平. 关于《中共中央关于全面深化改革若干重大问题的决定》的说明[N]. 人民日报，2013-11-16.

② 习近平. 习近平谈治国理政：第二卷[M]. 北京：外文出版社，2017：260.

产力状况相适应的所有制形式，两者能够在科学制定的市场准入负面清单以外的领域进行公平竞争，也可以重点发展公有资本控股的多形式混合所有制经济。

公有经济主体与非公经济辅体之间的对立性体现在，两者在国民经济和《宪法》中的地位存在重要差异。习近平指出，公有制经济为国家建设、国防安全、人民生活改善做出了突出贡献，是全体人民的宝贵财富。[①] 显然，在国计民生的重大领域，公有制经济都发挥着决定性作用，世界500强中的中国企业绝大多数都是国有企业。在市场准入负面清单涉及的国家安全等特殊领域，公有制经济也为国家安全做出了战略性贡献。同时，公有制经济又为人民共同富裕奠定了物质基础和制度基础，具体通过坚持按劳分配原则而消除了剥削的制度基础，而合理确定积累与消费的比例，又能够实现劳动报酬在初次分配中的较高比重。由于受到私有剩余价值规律的支配，非公有制经济分配中的按资本分配原则内在包含了导致贫富分化的趋势，从而不利于人民的共同富裕和国民经济的平稳运行。此外，公有制的主体地位为协调政府与市场关系，以及更好发挥政府作用，奠定了更大制度空间，并形成了更强协调能力。[②] 因此，我国《宪法》规定，公有制经济在我国社会主义初级阶段处于主体地位。其中，国有经济，即社会主义全民所有制经济，是国民经济中的主导力量。与此相对应，非公有制经济应处辅体地位。

在现代化产权体系建设中，正确处理公有经济主体与非公经济辅体的关系，就是要坚持和完善公有制为主体、国有制主导、多种所有

---

① 习近平. 习近平谈治国理政：第二卷 [M]. 北京：外文出版社, 2017: 259.
② 荣兆梓. 社会主义与市场经济结合的几个基本问题 [J]. 海派经济学, 2018 (1).

制共同发展的产权体系，以实现公有经济主体与非公经济辅体的有机统一。在农村集体所有制层面，要通过调整和深化农村集体产权制度变革，不断探索壮大农村集体经济和农业合作经济。在企业层面，要系统增强各类企业的创新力和竞争力，形成大型国有企业、民营企业和中小企业相互支持、协同配合的创新共同体。既要加强以掌控核心技术和名牌为目标的自主知识产权竞争优势，侧重将国有企业培育成具有全球竞争力的世界一流企业，又要在合作共赢的基础上重点发展公有资本控股的混合所有制经济，构建民族企业发展共同体和创新共同体，还要鼓励、支持、引导民营企业，尤其是中小企业的发展与创新，推动民营企业职工持股的利益共享机制和建立诚信经营的奖惩机制，以规范和激发非公有制经济的有序活力和创造力。

（八）分配体系：要处理好按劳分配主体与按资分配辅体的关系

在分配层面，以现代化经济体系建设推进高质量发展，需要紧紧围绕体现效率、促进公平的分配体系建设，着重处理好按劳分配主体与按资分配辅体的关系，从而高质量地推进财富与收入的合理分配，维护社会的公平正义，为全体人民迈向共同富裕奠定坚实的分配体系基石。

在我国社会主义市场经济中，按劳分配主体与按资分配辅体的关系是既对立又统一的辩证关系。按劳分配主体与按资分配辅体之间的统一性体现在，两者都是分配效率的实现方式。按劳分配既实现分配的短期效率，又实现分配的长期效率。作为公有制经济的基本分配方式，按劳分配原则将劳动者在生产经营中的劳动量作为分配的基本依据。一方面，它能够较充分地反映劳动者在生产经营中的劳动差别，以实现分配促进劳动者积极性的短期效率。另一方面，它能够保持劳动者报酬在初次分配中的较大份额，从根本上缓解生产的无限扩大和有支付能力的需求不断缩小之间的矛盾，以实现分配的长期效率。作为狭义的按要素产权分配的基本内容就是按资分配（不包括劳动要素），即把货币、房地产、技术、信息和知识等要素折合成和量化成一定量的资本或股本，再将资本所有者在生产经营单位的出资份额作为剩余价值及其转化形式的利润或收益分配的基本依据。作为广义的按要素产权分配，是包括劳动这一最重要的主体要素，是将劳动者在生产经营中的劳动量作为报酬分配的基本依据。它能够较准确地反映劳动者在生产经营中的劳动差别。

按劳分配主体与按资分配辅体之间的对立性体现在，两者在实现分配的公平方面存在根本性差异。公有制经济的市场型按劳分配，通过保持劳动者报酬在初次分配中的较大份额，能够较充分地反映劳动者在生产经营中的实质性贡献，从而较好地实现分配的公平。由于受到私有剩余价值规律的作用，按资分配侧重保持私有剩余价值在初次分配中的较大份额，而无法实现劳动者报酬在初次分配中的较大份额。从动态看，按资分配具有不断拉大资本所有者与劳动者之间收入分配差距的趋势，因而无法实现分配公平。

在现代化分配体系建设中，正确处理按劳分配主体与按资分配辅体的关系，就是要坚持和完善按劳分配为主体、多种分配方式并存的基本分配制度，以实现分配中公平与效率的和谐统一。首先，公有制生产单位（含公有控股的生产单位）要坚持和完善按劳分配原则。一方面，要从总体上合理确定积累与消费之间的比例，以保持劳动者报酬在初次分配中的较大份额；另一方面，要科学区分并充分反映劳动者的劳动差别，尤其要充分反映科研劳动、管理劳动和高技能劳动在生产中的贡献。其次，要坚持和完善按要素产权分配的体制机制。一方面，要依法保障国内外企业出资人的合理产权利益；另一方面，要依法保障国内外私有制企业（含私有控股企业）劳动者获取合理劳动报酬与享有劳动福利的权利。最后，要坚持和完善政府对财富和收入的再分配调节制度。一方面，政府要不断完善为经济发展托底的社会公平保障体系；另一方面，政府要完善税收等制度调节过高的收入（流量）和财富（存量），通过完善社会保障制度和转移支付制度来提高低收入群体的收入，并通过完善法律制度来取缔非法收入。

（原载于《学术研究》，2018 年第 12 期，第一作者为高建昆）

第二章

中国经济新常态

▶ 中国经济发展进入新常态,这是中国经济向形态更高级、分工更优化、结构更合理阶段演进的必经过程。要在新常态下保持经济中高速增长,必须依靠改革。

第一节　中国经济新常态下的价值导向

一、中国经济新常态的内涵及基本特征

在中国经济领域,"新常态"一词被用来描述近年来中国经济新呈现出来的稳定发展态势。2014年12月召开的中央经济工作会议指出,这一发展态势主要有如下四个实质性特征。[①]

一是经济增长速度从高速转为中高速。2002—2011年,我国国内生产总值的增长速度一直保持在9%以上。[②]其中,6个年份的国内生产总值增速在10%以上,而2007的国内生产总值增速最高,达14.2%。但是,2012年以来,国内生产总值增速一直低于8%。2014年前三个季度的国内生产总值增速分别为7.4%、7.5%和7.3%。

二是经济发展方式从规模速度型粗放增长转向质量效率型集约增长。2014年前三季度,单位国内生产总值能耗同比下降4.6%。

三是经济结构从增量扩能为主转向调整存量、做优增量并存的深度调整。首先,产业结构在孕育新的突破。2013年第三产业增加值占

---

① 中央经济工作会议在北京举行[N].人民日报,2014-12-12.
② 如无特别说明,本节引用的统计数据均来自国家统计局网站 http://data.stats.gov.cn。

国内生产总值的比重第一次超过第二产业；2014年前三季度，第三产业增加值占国内生产总值的比重为46.7%，比2013年同期提高1.2个百分点，高于第二产业2.5个百分点。其次，需求结构呈现积极的新变化。2014年前三季度，最终消费支出对国内生产总值增长的贡献率为48.5%，比2013年同期提高2.7个百分点，而且比资本形成总额增速的贡献要高7个百分点左右。再次，收入分配结构有所改善。2014年前三季度，农村居民人均现金收入实际增长快于城镇居民人均可支配收入2.8个百分点，城乡居民人均收入倍差2.59，比2013年同期缩小0.05。最后，区域结构有所改善。2014年前三季度，东部、中部和西部地区投资的同比增长速度分别为14.9%、17.8%和17.9%；东部、中部和西部地区规模以上工业增加值的同比增长速度分别为8.0%、8.5%和10.6%。

四是经济增长的驱动力由要素驱动、投资驱动等传统增长点转向以创新驱动为代表的新增长点。整个经济较为明显地向中高端迈进，而新产业、新业态、新产品保持较快的增长速度。2014年前三季度，高新技术产业和装备制造业增速分别为12.3%和11.1%，明显高于工业平均增速。

为了适应经济新常态，我国经济发展需要以正确的价值导向为引领。我国经济新常态既具有经济增量可观、经济结构不断优化升级、经济增长驱动力趋于多元、市场活力得到释放等新的发展机遇，又面临经济增长速度放缓、贫富差距较大、生态环境压力较大、外资控制我国产业增大、非公经济占比增大等一些潜在的风险与挑战。在经济新常态下，只有在正确价值导向的引领下，我国国民经济才能既把握新的发展机遇，又克服潜在的风险与挑战。在我国经济发展的新常态下，正确的价值导向就是与经济新常态相适应的经济发展的价值导向。其主要内容包括遵循经济规律的科学发展导向、遵循自然规律的可持续发展导向和遵循社会规律的包容性发展导向。

二、遵循经济规律的科学发展导向

（一）社会主义市场经济需遵循的主要经济规律

社会主义市场经济需遵循的客观发展规律是由一系列经济规律构成的经济规律系统。这些经济规律主要包括按比例发展规律、价值规律、剩余价值规律、国家调节规律。

1. 按比例发展规律

按比例发展规律（按比例分配社会劳动的规律）是生产与需要之间矛盾运动的规律。这一规律的内涵是，在生产与需要的矛盾运动中，各种产出与需要在使用价值结构上要保持动态的综合平衡，以实现在既定条件下靠最小的劳动消耗来取得最大的生产成果。马克思指出，"要想得到和各种不同的需要量相适应的产品量，就要付出各种不同的和一定数量的社会总劳动量"[①]。

按比例发展规律是贯穿于各个历史阶段的关于人类物质资料生产中资源配置的普遍规律。马克思指出，"整个社会内的分工，不论是否以商品交换为媒介，是各种社会经济形态所共有的"[②]。在我国社会主义市场经济中，按比例发展规律表现为有组织的生产单位内部分工与有规划、有管理的社会分工将结合。按比例发展规律通过与市场调节规

---

① 马克思，恩格斯. 马克思恩格斯全集［M］. 北京：人民出版社，1972：541.
② 同①，397–398.

律（或价值规律）、国家调节规律（或计划规律）的有机融合来实现。

2. 价值规律

价值规律的内涵是：商品的价值量由生产商品的社会必要劳动时间决定，商品交换按照价值量相等的原则进行。在商品经济中，价值规律通过竞争引起的交换价值（价值形式）的自发波动来实现按比例规律。

价值规律是按比例发展规律在商品经济阶段的实现方式，即商品经济中资源配置的一般规律。在简单商品经济中，由于交换价值还仅仅表现为生产者为本身生存而创造的使用价值的剩余部分，价值规律在资源配置中还没有占支配地位。而在社会化商品经济中，由于交换价值获得统治地位，价值规律在资源配置中发挥决定性作用。

市场调节规律（或价值规律）的功能强点主要体现在如下领域：一般资源短期的微观配置，教育、文化等非物质资源的辅助性配置，以及财富与收入分配的自发调节等。其功能强点主要包括资源短期配置功能、微观均衡功能、信号传递功能等。在这些领域，市场是通过价值规律的自发作用实现市场行为主体的短期利益和局部利益。在这些领域，包括商品的供给者与需求者在内的市场行为主体之间是平等的竞争关系。他们的市场行为以商品的价值量为基础，按等价交换原则，通过竞争机制、价格机制、供求机制等市场机制相互作用，从而实现资源在市场主体之间的配置。

市场调节规律（或价值规律）在资源配置中也具有功能弱点。首先，市场的局部利益驱动功能通过竞争机制对商品生产者利益的调节，具有偏离社会整体利益的功能弱点。一方面，市场的这种调节导致商品生产者之间的两极分化：持续处于竞争优势的商品生产者由于获利多而得以不断扩大生产规模,而持续处于竞争劣势的商品生产者则由于获利少、无利可图或亏损而生产萎缩,甚至退出生产。另一方面,市场的这种调节使商品生产者只以自身的局部利益最大化为目标,忽视环境保护、文化保护、公共健康等社会整体利益,更不愿投资于教育、卫生、基础研究等非营利性或低营利性的部门,从而导致负外部效应。其次,市场的技术创新功能通过竞争机制对商品生产者改进技术和管理的刺激与促进,同时具有阻碍技术进步的功能弱点。已经在技术上获取垄断地位的商品生产者,为了保持自己的技术优势,就会障碍技术在社会上的合理传播和使用。

3. 剩余价值规律

剩余价值规律的内涵是,在市场经济条件下,商品生产的投资者生产的直接目的是通过扩大和增加对剩余劳动的占有来追求尽可能多的剩余价值。[①] 剩余价值规律是资本主义和社会主义社会化商品经济的目的性普遍规律。

在资本主义私有制经济中,剩余价值规律具体化为私人剩余价值规律。生产资料的资本主义私人占有制决定了私人资本雇佣的劳动者创造的剩余价值被私人资本家占有。为了赚取尽可能多的剩余价值,私人资本所有者通过把剩余价值不断转化为资本,使资本积累规模和生产规模越来越大。私人资本积累强化和放大了以价值规律为核心的市场调节规律功能弱点。一方面,私人资本积累通过资本有机构成不断提高而形成的相对过剩人口,使较高的失业率成为资本主义的常态。另一方面,私人资本积累导致社会两极分化的不断加剧:一极是财富

---

① 程恩富. 现代政治经济学新编 [M]. 2 版. 上海: 上海财经大学出版社, 2000: 80.

在少数私人资本所有者手中的积累；另一极即在从事剩余价值生产的无产阶级"贫困、劳动折磨、受奴役、无知、粗野和道德堕落的积累"①。在以资本主义私有制为基础的市场经济中，价值规律等市场调节规律与私人剩余价值规律的共同作用，导致经济危机周期性爆发，从而造成社会资源的巨大浪费。

在社会主义公有制经济中，剩余价值规律具体化为公有剩余价值规律。生产资料的社会主义公有制决定了公有企业的劳动者创造的剩余价值为国家或集体所有。这些剩余价值的一部分作为利税上缴国家，其余部分转化为垫支资本，构成劳动者整体利益和长远利益的源泉。在国有独资的公有制经济（全民所有制经济）的分配中，总收益可分为国家财产收益、积累、劳动者报酬（消费）三个组成部分；在独资的集体经济的分配中，总收益可分为积累与消费（包括劳动者报酬和劳动者股份收益）两个组成部分；在以公有资本控股的不同所有制之间的相互持股形式和交叉持股形式中，总产品在分配上可分为股份收益（包括公有股份收益和私有股份收益）、积累、劳动者报酬三个组成部分。因此，社会主义公有制经济中的资本积累为消灭剥削、消除两极分化，从而实现劳动者的共同富裕奠定了基础。

4. 国家调节规律

国家调节规律的内涵是：国家运用经济、法律、行政、劝导等国家政权手段，自觉利用社会大生产发展的客观规律，根据社会生产的实际运行状况和发展态势，预先制订社会生产的总体规划，并科学合理地调节社会总劳动在各生产部门之间的分配。

---

① 马克思.资本论：第1卷［M］.北京：人民出版社，2004：743-744.

国家调节规律是按比例规律在受国家调节的社会化商品生产中的一种实现方式。马克思指出，在以共同生产为基础的社会中，"社会必须合理地分配自己的时间，才能实现符合社会全部需要的生产。因此，时间的节约，以及劳动时间在不同的生产部门之间有计划的分配，在共同生产的基础上仍然是首要的经济规律"①。在国家垄断资本主义阶段和社会主义初级阶段，由于国家的存在，对社会生产的总体规划和综合调节只能由国家来承担。

国家调节规律的功能强点主要体现在如下领域：一般资源短期配置的宏观调控与微观规制，地藏资源等特殊资源的直接配置，许多一般资源的长期配置，教育、文化等非物质资源的主导性配置，以及财富与收入分配的规划调节等。国家调节规律的功能强点主要包括宏观制衡功能、结构协调功能、竞争保护功能、效益优化功能和收入重分功能等。在这些领域，国家通过专业职能机构对资源的主动规划配置来实现长远利益和整体利益。

在具体实践过程中，国家调节资源配置可能会出现调节的偏好主观、调节的转换迟钝、调节的政策内耗、调节的动力匮乏等功能弱点。其中，调节的偏好主观，即调节行为背离经济发展的客观规律；调节的转换迟钝，即调节机构由于可能出现的可靠信息缺乏、决策程序复杂、决策时间较长、决策成本过大等因素而不能根据新情况及时调整调节方向和调节力度；调节的政策内耗，即调节的政策体系内部各政策之间没有相互配合而导致各项政策的功能相互抵销；调节的动力匮乏，即执行调节职能的国家工作人员可能从个人、本地区、本部门或

---

① 马克思，恩格斯. 马克思恩格斯全集：第46卷（上）[M]. 北京：人民出版社，1972：120.

本阶层的狭隘利益考虑，不愿意针对经济形势的变化实施自觉有效的调节。①

（二）经济新常态下的科学发展导向

经济新常态下的科学发展导向，就是经济发展要遵循社会主义市场经济的客观发展规律。这一导向要求，经济新常态下的我国经济发展要在坚持中国特色社会主义基本经济制度的前提下，将市场在一般资源配置中的决定性作用与政府在重要资源配置中的导向性（或主导型）作用有机结合起来。

1. 坚持中国特色社会主义基本经济制度

中国特色社会主义基本经济制度的核心是，公有制为主体、多种所有制经济共同发展。这一制度是新常态下经济实现科学发展的制度基石。

（1）坚持公有制为主体

在我国现阶段的经济中，广义的公有制经济既包括全民所有制和集体所有制的独资形式，又包括以公有资本控股的不同所有制之间的相互持股形式和交叉持股形式。

公有制经济的主体地位是新常态下经济实现科学发展的根本保证。

第一，公有制企业在初次分配领域能够通过避免贫富的严重分化来保障经济的平稳运行。一方面，公有制企业要通过确定利润、积累与劳动者报酬之间的适当比例来确保劳动报酬在初次分配中的合理比重，促进劳动报酬增长与劳动生产率提高同步。另一方面，公有制企

---

① 程恩富. 构建以市场调节为基础、以国家调节为主导的新型调节机制［J］. 财经研究，1990（12）.

业要通过具体收入分配机制的完善来降低劳动者之间报酬差距的不合理性，促进初次分配领域的相对平等（共同富裕）。① 因此，公有制经济在整个国民经济中的主体地位，从根本上缓解了生产的无限扩大和有支付能力的需求不断缩小之间的矛盾，从而避免经济危机的周期性爆发，确保经济健康、稳定的发展。

第二，公有制企业为国家矫正价值规律和市场调节规律的功能弱点提供了必要保障和财力支撑。一方面，与私有企业和私有垄断公司的反国家调控特点不同，公有制企业一般愿意服从和配合国家对经济的整体性调控。另一方面，公有制经济是国家为以熨平经济波动而调节经济的重要财力来源。改革以来，我国国有经济上缴利税一直占国家财政收入相当部分。2014年前三季度，中央企业累计上交税费总额1.5万亿元，同比增长5.6%；累计实现利润总额1.1万亿元，同比增长6.6%。②

第三，公有制经济通过填补其他所有制的投资空白，来弥补价值规律和市场调节规律的严重不足，促进经济全面而均衡的发展。价值规律（或市场调节规律）有效发挥作用的领域主要集中在资金回收周期较短、风险较小、利润率较高（一般在短期高于平均利润率）的经济领域。在这些领域，公有制经济可以与其他所有制经济实现公平的商业竞争。而一些对国计民生极为重要，但因资金回收周期长、风险高、利润率低（甚至低于平均利润率）、涉及国家核心安全而不适合其他所有制的领域，只能由公有制经济来运营。在这些领域，公有制企

---

① 程恩富，马俊峰，朱安东. 发展成果全民共享［对话价值观（6）·（平等篇）］[N].人民日报，2014-09-15.
② 央企前三季度实现利润1.1万亿[N].人民日报，2014-10-17.

业并不完全以本企业利润最大化为目标,而是以社会利益最大化为经营目标。

(2)坚持公有制为主体前提下的多种所有制经济共同发展

公有制为主体前提下的多种所有制经济共同发展,是中国特色社会主义基本经济制度的一个重要方面,也是新常态下经济实现科学发展的重要体现。

首先,公有制为主体前提下的多种所有制经济共同发展,可以激发经济新常态下的市场活力。多种所有制经济进行平等竞争的经济领域主要是价值规律(或市场调节规律)能够有效发挥作用的领域,即资金回收周期较短、风险较小、利润率较高(一般在短期高于平均利润率)的经济领域。在这些领域,公有制生产单位与其他所有制的生产单位展开公平的商业竞争,从而激发市场的竞争活力。

其次,公有制为主体前提下的多种所有制经济共同发展,能够通过降低私人剩余价值规律的负面作用而有效缓解经济发展的剧烈波动。在自我雇佣的个体经济中,尽管由于劳动者在生产中提供的劳动数量与质量存在一定的差别,但劳动者之间一般不会出现严重的贫富两极分化。但是,在存在资本雇佣关系的中资或外资私有经济中,由于资本所有者生产的根本目标是追求尽可能多的剩余价值,私有剩余价值规律在初次分配中占支配地位,而私有剩余价值规律的作用构成了经济剧烈波动的风险基础。一方面,这一规律通过资本积累过程不断强化资本所有者与劳动者之间贫富分化的趋势,从而加剧生产的无限扩大和有支付能力的需求不断缩小之间的矛盾。另一方面,非公经济的偷税漏税情况比较严重,从而削弱了国家改善民生、矫正价值规律等市场调节规律功能弱点的财力基础。而公有制经济与非公有制经济的竞争与合作能够有效遏制私人剩余价值规律的负面作用。一方面，公有制经济在初次分配的按劳分配原则对非公有制的分配具有示范作用。另一方面，在公有资本控股的混合所有制经济中，公有股份能够通过企业经营的有效参与来防止私有制经济的偷税漏税情况。

因此，在当前发展混合所有制过程中，坚持和巩固公有制为主体、多种所有制经济共同发展的基本经济制度，是新常态下经济实现科学发展的根本制度保障。在我国经济发展方式转变中逐渐形成的现代服务业和战略性新兴产业中，在循环经济的发展中，以及在城乡区域发展的协调互动中，都要坚持公有资本控股制为主体的混合所有制，而绝不是非公资本单向持股或控股公有资本的私有化。

2．坚持市场作用与政府作用的有机结合

市场在一般资源配置中的决定性作用与政府在重要资源配置中的导向性（或主导型）作用有机结合，是在经济新常态下按比例发展规律的基本实现方式。

首先，市场与政府的有机结合，形成在功能上良性互补、效应上协同、机制上背反的有机整体，从而实现按比例发展规律。市场通过价值规律等市场调节规律对资源配置的自发调节而实现商品生产者之间的短期利益和局部利益；而政府通过专业职能机构主动运用国家调节规律来规划配置资源以实现整个社会的长远利益和整体利益。

其次，政府的经济调节要遵循包括价值规律等市场调节规律在内的客观经济规律系统。一是政府的经济调节要以经济发展状况及时、准确、充分的调研为基础。二是政府的经济调节职能结构内部要形成及时、有效的决策协调机制，避免各种政策之间的功能冲突。三是国家调节过程要接受专门机构的监督与管理。在做出调节决策之前，国家专门机构要组织相关利益主体的决策前听证;在调节决策执行过程中,国家专门机构要对决策的执行状况进行监督;在调节决策执行结束后,国家专门机构要进行调节绩效评估。

因此,经济新常态的科学发展,需要坚持市场在一般资源配置中的决定性作用与政府在重要资源配置中的导向性(或主导型)作用的有机结合。我国既要在微观领域通过政府的简政放权、充分发挥市场在资源配置中的决定性作用来激发各类市场主体的活力、增强创新驱动的动力、构建现代产业体系以及培育开放型经济发展新优势,又要充分发挥政府在科技进步、劳动者素质提高、管理创新、节约资源和循环经济以及城乡区域发展等宏观领域对资源的长远性、整体性规划配置作用。

三、遵循自然规律的可持续发展导向

(一)经济发展需遵循的自然规律

经济发展需遵循的自然规律主要是人与自然之间和谐发展的客观规律。这一规律的核心内涵是:人类源于自然,从属于自然,依存于自然,又受制于自然。

首先,人类源于自然,从属于自然。人类是自然界长期发展的产物。人类自从诞生以来始终作为自然界的一部分,在与自然界相互作用、相互融合的实践中获得持续的生存和发展。

其次,人类依存于自然。自人类有史以来,自然资源一直是人口系统与自然系统相互作用的基本纽带。人类只有依靠从自然界获取的自然资源才能获得生存和发展。一是人类不断从自然界直接获取物质生活资料。二是在物质生活资料生产的实践中,自然资源不断作为劳动对象和劳动工具进入物质生产领域,从而成为人类"无机的身体"[①]。

最后,人类的活动受制于自然界。在一定的生产力条件下,自然界对人类活动的承载能力是有限度的。一方面,人类所能获取的自然资源非常有限。另一方面,人类赖以生存的生态环境对人类活动的容纳能力同样非常有限。工业革命以来,人类的经济活动不仅加大了对自然系统中资源的索取,而且加重了环境污染负荷。当人类活动没有损害到自然环境的恢复力与稳定性时,人类与自然界能够和谐共处。而当人类经济活动的深度与广度超过自然系统的承载能力时,自然界就要对人类"进行报复"[②]。半个多世纪以来,人类与自然系统之间的关系日趋紧张,出现了自然资源耗竭、能源短缺、环境污染等一系列威胁人类自身生存与发展的严重问题。我国的经济新常态也受到资源环境的约束。在经济新常态下,我国能源资源和生态环境的承载能力已经达到或接近上限。

(二)经济新常态下的可持续发展导向

经济新常态下的可持续发展导向,就是经济发展要遵循人与自然之间矛盾运动的客观发展规律。这一导向要求,经济新常态下的我国经济发展牢固树立人与自然和谐发展的生态文明理念,依靠生态文明制度来推动形成绿色低碳循环的发展新方式,促进经济发展方式从规

[①] 马克思.1844年经济学哲学手稿[M].3版.北京:人民出版社,2000:56-57.
[②] 马克思,恩格斯.马克思恩格斯选集:第4卷[M].2版.北京:人民出版社,1995:38.

模速度型粗放增长转向质量效率型集约增长,从而实现生态环境良好的发展目标。

1. 牢固树立人与自然和谐发展的生态文明理念

生态文明理念的核心是人与自然和谐发展。生态文明即人类遵循人与人、人与自然、人与社会之间和谐协调的客观规律而获得的物质文明与精神文明成果的总和。生态文明理念强调,人类在进行经济、政治、文化、社会等各方面建设的全过程中,始终要尊重自然、顺应自然、保护自然。

新常态下的我国经济发展要牢固树立人与自然和谐发展的生态文明理念。一是要不断深化对自然界规律的认识和理解。这是遵循自然规律的前提。正如马克思所强调的,"我们一天天地学会更加正确地理解自然规律,学会认识对自然界的惯常行程的干涉所引起的比较近或比较远的影响"①。二是要树立善待自然、顺应自然的理念。正如恩格斯指出的,"我们必须时时记住:我们统治自然界,决不像征服者统治异民族一样,决不像站在自然界以外的人一样"②。三是要树立保护自然的理念。正如习近平指出的,"保护生态环境就是保护生产力、改善生态环境就是发展生产力""决不以牺牲环境为代价去换取一时的经济增长"③。

2. 依靠生态文明制度推动可持续发展

遵循自然规律的可持续发展,必须依靠生态文明制度。正如恩格

---

① 恩格斯. 自然辩证法 [M]. 北京:人民出版社,1971:521.
② 马克思,恩格斯. 马克思恩格斯全集:第20卷 [M]. 北京:人民出版社,1972:519.
③ 习近平. 坚持节约资源和保护环境基本国策 努力走向社会主义生态文明新时代 [N]. 人民日报,2013–05–25.

斯所深刻指出的，解决生态问题"单是依靠认识是不够的。这还需要对我们现有的生产方式，以及和这种生产方式连在一起的我们今天的整个社会制度实行完全的变革"①。只有将人与自然和谐发展的生态文明理念转化为有强制力和约束力的制度和法律，才能对人们的活动形成有效的制约，最终实现"人类同自然的和解"②。

首先，立法机构要建立健全以自然资源产权法律制度为核心的生态文明制度体系。一是要建立健全自然资源的产权法律制度。这一法律制度应在坚持自然资源资产全民所有制的基础上，由专业职能部门统一行使全民所有自然资源资产所有权人职责③。二是完善国土空间开发保护、生态补偿、环境治理、生态修复、举报监督等方面的法律制度。

其次，各级政府要建立健全包括生态环境评价在内的行政绩效考核制度。传统的经济发展观把发展的内涵仅仅理解为经济的增长。以这一发展观为指导的行政绩效考核中以GDP论英雄，导致资源的过度消耗和生态环境的破坏。新常态下我国经济发展，必须建立以可持续发展为导向的行政绩效评价体系，不以GDP论英雄，把资源消耗、环境损害、生态效益纳入行政绩效考核之中。

---

① 马克思，恩格斯. 马克思恩格斯全集：第20卷[M]. 北京：人民出版社，1972：521.
② 马克思，恩格斯. 马克思恩格斯全集：第1卷[M]. 北京：人民出版社，1956：603.
③ 习近平. 关于《中共中央关于全面深化改革若干重大问题的决定》的说明[N]. 人民日报，2013–11–16.

四、遵循社会规律的包容性发展导向

（一）经济发展需遵循的社会规律

经济发展需遵循的社会规律是由一系列规律构成的社会规律系统。广义的社会规律主要包括生产关系一定要适合生产力状况的规律、上层建筑一定要适合经济基础状况的规律等。狭义的社会规律存在于社会组织、社会管理、社会协调、社会保障等方面，均有规律可循。社会和谐发展规律是其中之一。

社会和谐发展规律的核心是社会成员的关系融洽，这就在大的社会方面涉及，人民群众既是发展的主体，又是发展的目的。社会发展是合目的性与合规律性相统一的过程。社会规律需要通过人民群众有目的的创造性活动来体现。在人类社会发展中，人民群众是历史和社会活动的创造者。人民群众不仅是物质财富和精神财富的创造者，也是社会变革的决定力量。但是，在以私有制为主体的社会中，社会发展的成果主要被占有生产资料的剥削阶级攫取，而作为人民群众主体部分的广大劳动群众及其知识分子，只能获得社会发展成果中极小的一部分。在以公有制为主体的社会主义社会，社会发展的成果理应主要由人民群众共享，这在我国目前的改革发展中具有必须改善和加强的现实性，而这又与包容性发展导向紧密相连。

（二）经济新常态下的包容性发展导向

1. 包容性发展的内涵

包容性发展概念由包容性增长的概念演变而来。包容性增长概念是对具有包容性的经济增长状态的概括。亚洲发展银行和世界银行从减贫角度促进和推动了这一概念的形成和发展。亚洲发展银行提出，包容性增长的含义为倡导机会平等的增长，即贫困人口应享有平等的社会经济和政治权利，参与经济增长并做出贡献，并在分享增长成果时不会面临权利缺失、体制障碍和社会歧视。世界银行发布的《2016年世界发展报告：公平与发展》认为，最好的减贫政策需要建立包容性的制度，提供广泛的机会，而不是将增长政策和公平政策割裂开来。

包容性发展概念是对包容性增长概念的扩展与深化。2008年世界银行增长与发展委员会发表的《增长报告：可持续增长与包容性增长的战略》提出，要以实现可持续和包容性的发展为目标。中国较早接受了包容性增长的理念，并通过包容性发展概念，将包容性增长理念由经济领域拓展到社会整体领域。中国提出，发展必须是遵循经济规律的科学发展，必须是遵循自然规律的可持续发展，必须是遵循社会规律的包容性发展。这一理念将经济发展、自然持续与社会进步紧密结合起来。①

在社会整体领域，包容性发展的本质内涵是，包括弱势群体在内的全体社会成员在平等的条件下参与包括经济建设在内的社会整体建设，并公平地分享社会发展的成果。

2．包容性发展导向

遵循社会规律的包容性发展导向，本质上要求公平与效率之间的和谐统一。经济发展中的公平与效率是既对立又统一的矛盾关系。从经济发展的最终目标看，不断增强经济的长期发展后劲必然要求经济发展中公平与效率的统一，即一个社会的经济既要通过社会全体成员

---

① 王新建，唐灵魁."包容性增长"研究综述［J］．管理学刊，2011（1）．

在平等条件下的共同参与来实现持续健康的发展，又要使社会全体成员公平地分享社会发展的成果。但是，经济发展中公平与效率存在对立的一面：效率原则可能侧重强调单个经济行为主体的短期利益与局部利益，而公平原则侧重强调社会经济的长期效益与整体效益。因此，经济发展中的公平与效率存在某种意义上的对立和冲突的一面，从而并不必然具有包容性。

经济新常态下的包容性发展，或者说社会和谐规律的实现，需要有相应体制机制的良好保障。其中，最为关键的是两大体制机制。

一是按劳分配为主体的分配制度。公有制经济通过按劳分配来实现经济发展的包容性。根据按劳分配原则，公有制生产单位对劳动者创造的总产品进行各项必要的扣除后，将剩余的部分作为个人消费部分按劳动者在生产中提供的劳动数量和质量进行分配，从而在公有制生产单位内部实现劳动者之间的劳动平等与报酬平等。公有制经济排除了任何人凭借对生产资料的占有不劳而获地获取社会产品的可能，从而为实现按劳分配奠定了基础。而劳动平等与报酬平等是包容性在社会整体领域的根本体现。

二是包容性发展提供底线保障的基本公共服务体系。基本公共服务是由政府主导提供的，与经济社会发展水平和阶段相适应，旨在保障全体公民生存和发展基本需求的公共服务。[1] 广义的基本公共服务不仅涵盖教育、就业、社会保障、医疗卫生、计划生育、住房保障、文化体育等民生需求领域，而且涵盖与人民生活环境紧密关联的交通、通信、公用设施、环境保护等领域，以及保障安全需要的公共安全、

---

[1] 摘自《国家基本公共服务体系"十二五"规划》，中央政府门户网站：http://www.gov.cn。

消费安全和国防安全等领域。在我国经济新常态下的包容性发展中，基本公共服务的总体规划以基本公共服务均等化为主要目标，这一目标的核心是机会均等。

总之，为了主动适应经济新常态，我国经济发展需要以正确的价值导向为引领。在经济新常态下，只有坚持遵循经济规律的科学发展导向，遵循自然规律的可持续发展导向以及遵循社会规律的包容性发展导向，我国国民经济才能既把握新的发展机遇，又克服潜在的风险与挑战。

（原载于《探索》，2015年第1期，第一作者为高建昆）

第二节　中国经济新常态重在提质增效

近年来,中国经济进入新常态,其实质在于形态更高级、分工更复杂、结构更合理。在当前和今后一个时期,我国经济发展必须坚持和准确把握"认识新常态、适应新常态、引领新常态"这一大逻辑,从而更好地应对国内外复杂环境,早日实现全面建成小康社会的宏伟目标。

经济总体保持中高速增长是我国经济新常态的基本特征之一。2002—2014年,我国国内生产总值都保持在7%以上的增速,但总体呈逐年递减的趋势,这说明经济转向新常态是一个渐进的过程。2012年以来,虽然我国宏观经济的增长速度明显放缓,但增长量仍然接近或超过先前水平,经济总量仍然位居世界第二位。同时,这种新常态包含了GDP指标无法直接反映的质量指标和效益指标的常态性变化。比如,经济发展方式从规模速度型粗放增长转向质量效率型集约增长,经济结构从增量扩能为主转向调整存量、做优增量并存的深度调整。在需求结构方面,将内需作为拉动经济增长的决定性力量,经济发展动力由要素驱动、投资驱动等传统增长点转向以创新驱动为代表的新增长点,等等。

在新常态下，科学技术的创新成为经济发展的第一驱动力。特别是自主知识产权战略，成为以科技创新驱动经济发展的核心内容。只有在重要领域进行核心技术的自主创新，我国才能真正实现国家的富强和安全。正如习近平同志所指出的，实施创新驱动发展战略，根本在于增强自主创新能力。因此，在经济新常态下，我国要以自主知识产权战略为重点加速推进创新型国家建设。一方面，通过创新成果转化，不断培育和形成新的经济增长点。另一方面，充分发挥政府、企业、科研院校和劳动者在人力资本质量提高、科技进步等方面的积极作用。同时，积极为提高产业自主创新能力营造宽松适宜的政策环境。

通过转产、兼并重组等方式化解过剩产能，是新常态下经济提质增效的内在要求。推动产业结构合理化和高级化，重点在化解产能过剩的同时促进产业间协调发展。过去的大规模投资使很多行业的生产能力严重过剩，导致企业效益下滑、亏损甚至破产，而粗放型生产技术也会引起严重的环境污染。优化产业结构还必须遵循产业分工的形成规律，使各产业之间密切联系、相互支撑。因此，新常态的产业发展不能片面发展某一产业，而应该促进第一、二、三产业及其内部各分支产业之间的协调与平衡。在产业技术水平提升上，农业部门应通过加强农业支持保护、提升农业技术服务水平，提高农业的生产效率和可持续性；工业部门应通过技术创新改造现有生产能力，推进工业生产从粗放型模式向集约型模式转变；服务业部门则应通过不断提升服务质量和能力，既有助于改善人民生活，又有助于提升劳动生产率。

保护生态环境和高效利用自然资源是新常态下经济发展的应有之义。由于我国过去的规模速度型粗放增长方式，使得能源、资源和生态环境的承载能力已经达到或接近上限。新常态下的经济发展，就是要实现经济发展与生态环境保护的和谐统一。一是完善和执行环境保护的相关法律法规。2014年新修订的《环境保护法》，全面强化了政府、企业、公众的责任、权力（利）与义务。二是建立健全包括生态环境评价在内的各级政府行政绩效考核制度。这种新的行政绩效评价体系，必须以可持续发展为导向，不以GDP论英雄，把资源消耗、环境损害、生态效益纳入行政绩效考核之中。

区域经济的协调发展，是新常态下整体提高经济发展质量的内在要求。这对于实现产业结构升级、生态环境保护、生产要素流动、人民生活水平提高等发展目标，具有全局性战略意义。一是统筹协调各经济区的区域发展战略。目前我国已启动"一带一路"、京津冀协同发展、长江经济带以及西部大开发、东北老工业基地振兴等一批重点区域发展战略。新常态下的经济发展要从全局角度促进这些战略的有机融合，推进经济区之间的优势互补与良性互动。二是要根据我国主体功能区规划统筹协调、分类指导各区域国土空间的开发。新常态下的经济发展要依据各经济区域的主体功能区定位，推进当地经济发展与人口调节和国土空间开发的有机结合，从而实现区域经济的可持续发展。

从改善民生就是发展的战略高度来谋划财富和收入分配、就业、医疗、住房、教育、社会保障等领域发展，是新常态下经济发展的根本价值导向。这与社会主义经济发展的根本目的是内在统一的。经济新常态下谋划六大领域发展，就是要健全和完善相应的体制机制。其中最为关键的，一是按劳分配为主体的分配制度体系。如坚持和完善公有制经济中的按劳分配制度，以确保劳动报酬在初次分配中的合理比重，促进劳动报酬增长与劳动生产率的同步提高；坚持和完善政府对财富和收入的调节制度。在初次分配领域，政府要完善相关法律法规，科学调节收入和财富的分配。在再分配领域，政府应通过完善税收制度来调节高收入群体的过高收入，通过完善转移支付制度来提高低收入群体的收入，并通过完善法律制度来取缔非法收入。二是以服务均等化为主要目标，在就业、医疗、住房、教育、社会保障等领域提供底线保障的基本公共服务体系，真正做到机会均等。

重点发展公有资本控股的混合所有制，是新常态下做大做强做优国有企业的根本途径。这能够在公有制为主体的前提下，在企业内部形成公有股份与非公有股份相互监督、相互激励、有机融合的利益共同体。同时，还能够有效缓解经济发展的剧烈波动。一是要防止国有资产流失。当前一些国有企业存在着以改革为名，打着建立现代企业制度的旗号，贱卖贵买，予取予求，侵吞国有资产等现象。这必须通过立法，强化包括企业内部监督、出资人监督和审计、纪检巡视监督以及社会监督在内的全面覆盖、分工明确、协同配合、制约有力的国有资产监督体系。二是通过双向参股或控股来发展混合所有制。既可以通过非公资本参股，也可以通过国有资本等公有资本控股非公资本来实现。三是要与科技发展趋势紧密结合。无论是亟待优化升级的传统产业，还是新兴产业和服务业，都要坚持发展公有资本控股制为主体的混合所有制，贯彻落实习近平同志就国有企业改革提出的"三个有利于"重要论断，即有利于国有资本保值增值，有利于提高国有经济竞争力，有利于放大国有资本功能。

使金融服务于实体经济，是新常态下经济平稳运行的前提条件。其中的关键就在于金融发展的速度和水平要与实体经济相适应。若发展滞后，就会阻碍实体经济的发展；反之，则会使金融风险不断积累，尤其在监管缺位的情况下最终导致金融危机和经济危机。这就要求，一是要防止外国资本在中国形成金融垄断，保障中国的经济自主权和国家安全。新常态下防止外资的金融垄断，要求我国在发展混合所有制的过程中，严格限定外国资本在商业金融机构的参股比例和参股条件。二是要谨慎对待并充分论证资本项目开放。资本项目管制是防止国家资本严重冲击国内经济发展的有效手段。资本项目开放的程度和速度要与国内资本市场的抗风险能力和金融监管部分的监管能力相适应。三是要加快对金融市场的全过程监管，特别是加强证券市场监管。这包括完善金融市场监管的法律制度体系，使法制建设与金融市场发展实践相适应；金融监管部门也要在监管人员素质、监管技术、监管机制等方面不断提升监管能力。

协同发挥好市场和政府的双重调节作用，是新常态下经济高效运行的基础。在资源配置中，政府与市场的配合旨在实现功能上的良性互补、效应上的协同、机制上的呼应。新常态下的经济发展，必须坚持市场在一般资源配置中的决定性作用与政府在重要资源配置中的导向性作用的有机结合。在市场能够有效发挥作用的领域，政府要通过简政放权，充分激发各类市场主体活力、增强创新驱动力、构建现代产业体系以及培育开放型经济发展新优势。而在关系国计民生的领域，以及某些市场失灵的领域，政府要充分发挥长远性、整体性资源配置作用，以化解新常态下的各类经济风险，促进国民经济的良性发展。

总之，进入2015年以来，中国经济初步表现出新常态阶段下提质增效的特征。在当前和今后一个时期，只有准确把握经济发展的大逻辑，努力做好以上几方面工作，我国经济才能既继续保持中高速增长，又不断提高经济发展的整体质量和效益。

(原载于《中国社会科学报》，2015年9月17日，第二作者为高建昆)

第三节　新常态下中国经济驱动转换中供与求的辩证关系

一、问题的提出

历经30多年的高速发展，中国经济成就显著，但近年经济增速越调控越慢，从2007年的14.2%一路下滑到2015年的6.9%。2015年以来，新批基建项目超过2万亿元人民币，5次降息降准，但经济颓势难改，其主要原因是：中国宏观经济中供需错配矛盾日益突出，现有供给结构固化而难以适应需求结构的迅速变化。中国发展处于新的重要战略机遇期，但其内涵发生了三个深刻变化：一是增长方面，世界经济增速在放缓，而中国经济规模在变大；二是供给方面，科技革命和产业变革正在酝酿、正在加快，而发达国家正在推进再工业化，其他发展中国家也在加快工业化；三是需求方面，过去中国的供给总量和国内需求以及用债务支撑的国际需求之和，总体是均衡的，而发达国家正在纷纷去债务化，市场在缩小。这表明中国经济矛盾的主要方面正在由需求侧转向供给侧，面临的主要不是短期、周期性和外部的冲击，而是中长期、结构性和内部的压力。因此，习近平总书记

2016年1月30日在中央政治局集体学习时强调："要在适度扩大总需求的同时，着力推进供给侧结构性改革，重点是去产能、去库存、去杠杆、降成本、补短板，增强供给结构对需求变化的适应性和灵活性，推动我国社会生产力水平实现整体跃升。"①这标志着中国宏观经济政策从强调需求侧管理转向强调供给侧结构性改革，经济工作从注重短期经济增长转向注重可持续发展。金海年提出新供给的经济增长理论，认为长期增长的决定性因素在于供给侧的制度供给，从供给侧研究供求均衡问题是推动经济增长的关键。②通过驱动转换和结构优化来矫正供需结构错配和要素配置扭曲，向经济形态更高级、分工更复杂、结构更合理演变，这是适应和引领中国经济发展新常态的必然要求和重大创新。但人们对新常态下的宏观经济政策格局的理解，仍然不够清晰。贾康、苏京春从传统经济学理论微观起点和宏观起点分析框架视角的缺失出发，论述了作为经济学理论"新框架"的专业化与经济组织视角，以及"新供给"经济学的特征。③值得指出的是，目前学术界的研究几乎一边倒向"供给侧"研究，甚至出现有如"中国抛弃凯恩斯主义，拥抱供给主义"等一类的错误认识，因此，亟待明确"需求侧"与"供给侧"两大动力为何结合、如何结合。

供与求，何者为经济驱动矛盾的主要方面，是经济学说史上一个古老而又崭新的课题。长期以来，中国采用凯恩斯的需求管理政策调

---

① 习近平在中共中央政治局第三十次集体学习时强调：准确把握和抓好我国发展战略重点 扎实把"十三五"发展蓝图变为现实［N］.人民日报，2016-01-31
② 金海年.新供给经济增长理论：中国改革开放经济表现的解读与展望［J］.财政研究，2014（11）.
③ 贾康，苏京春.经济学的"新框架"与"新供给"：创新中的重要联通和"集大成"境界追求［J］.财政研究，2015（1）.

控经济，其经典解释是，西方经济理论与国内学界主流派观点都认为中国存在有效需求不足，需要继续振兴"需求侧"，这显然源于凯恩斯主义。而因为凯恩斯主义本身固有的内在矛盾，其处方未必能完全医治中国经济病症。实际上，中国经济既存在有效需求不足的问题，更存在有效供给不良的问题，如中低端产能过剩，高端产品供给不足。前者更多地作为经济现象存在，后者则更多地作为经济本质存在。不少经济学家认为，经济衰退不是需求薄弱，而是有效供给不足。而在新古典经济学框架中，供给三要素是劳动、投资和索洛余值。该理论框架对各国经济增速的解释力很强，但是，该模型仍然忽视需求，因而不具备可操作性。

供给学派既忽略需求，又忽略经济结构调整，还忽略了中国社会转型对消费需求的冲击以及对消费预期的影响。消费预期变化，既可能导致通胀的产生，又可能引发物价下降乃至通缩，这也是经济自由主义学者严重忽略的一个问题。况且，供给学派所力主的减税，可能刺激储蓄和投资，也可能刺激闲暇和消费，实际影响难以确定。在实际操作中，供给学派强调削减税率尤其是边际税率以弱化税收的累进性，其结果可能只会产生主要给富人减税的政策效应，而且，减税若是单纯为了刺激投资，将导致总需求快速增长，可能致使通胀率攀升。

综上所述，无论是需求拉动供给的国家干预主义，还是供给创造需求的经济自由主义，都不能全面有效地解决中国当前经济运行的有效需求不足和产能过剩并存的问题。面对复杂形势和繁重任务，必须重新审视供与求作为市场经济互动变量在经济可持续发展驱动体系中的辩证关系，重构供给侧与需求侧之间的辩证关系，坚持两点论与重点论的统一，并强调供给侧这一重点，整体协同推进供求关系。

二、供给学派的"供给创造需求"

(一) 萨伊定律的供给决定论

经济学史可视为一部经济自由主义(或"看不见的手")与国家干预主义(或"看得见的手")两种不同经济学的思想萌芽、成型、纷争、协调并共生发展的历史。这两只"手"何者为主,取决于不同时期的供求关系。纵观经济史,供给不足的情况一直延续到20世纪初。在这一漫长人类社会历史中产生的经济思想和经济学说,都把经济理论和政策的重心放在发展生产上,供给决定论占据主导地位。以斯密为代表的古典经济学、以萨伊为代表的庸俗经济学和以马歇尔为代表的新古典经济学都强调以供给为中心,需求是供给的函数,都认为供给是推动资本主义商品生产发展的主要方面。这些理论更多的是论述如何提高劳动生产率、如何进行资本积累以增加财富等。19世纪法国著名经济学家萨伊提出著名的"萨伊定律":有生产就会有消费,总供求必定是相等的,即使有局部的供求失衡,也会因价格机制的调解而达到均衡。该思想在后来的西方经济学中长期占据统治地位。萨伊定律虽是经济自由主义的初级形式,却是新古典的"市场自动出清"思想的集中体现。萨伊定律的致命缺陷在于,忽略人们对具体物质财富需求的有限性,以及这种有限性与个人货币财富需要无限性的矛盾,忽略需要、需求的特性,忽略收入水平和收入分配对需求的影响。换言之,其主要错误在于,把供给创造需求的作用绝对化,根本否定有效需求不足的存在。而流传甚广的产品生命周期理论也恰恰表明具体产品的需求是有限的,资本主义经济频繁发生的生产过剩危机给萨伊定律造成了重大冲击。

(二)供给经济学对萨伊定律的复活

供给经济学被不少人看成是对萨伊定律的复活,这说明两者有一定的相似之处。一是产生前提相似。萨伊定律产生的前提是工业品供不应求;供给经济学产生的前提是高科技新产品供不应求,尽管传统产品是严重过剩的。二是立足点相似。两者都从供给角度探讨如何促进社会经济发展。

在经济驱动领域,供给学派是典型的经济自由主义。该学派坚持萨伊定律:"供给会自动创造需求",即既强调市场机制的作用,又强调政府政策对资本、劳动力的供给效应。供给经济学主要观点包括:一是经济增长的唯一源泉是"供给";二是供给增加的途径是经济刺激;三是刺激经济的主要手段是减税;四是经济刺激的外部条件是有效、有限的政府干预,即反对过多、过细的政府干预和过大的社会福利支出,强调发挥企业和市场的核心作用,同时反对国家控制货币发行量,主张采取相对紧缩的货币政策,使货币供给量增长与长期经济增长潜力相适应。

供给学派最重要、最精彩之处是对经济刺激与经济增长关系的分析。该学派把每一个人都看作有理性、能对经济利益刺激做出灵敏反应的"经济人",因而应让市场自由调节经济活动,通过改变利益刺激促进经济增长。供给学派全部经济理论的精髓、政策主张的核心、基本环节和最有效的手段是通过减税提高全要素生产率。

萨伊定律和供给经济学虽有不少共同点,但两者的区别仍然明显。首先,萨伊认为,供给等于需求,不会出现生产过剩;而供给经济学认为,供给与需求常常是背离的。其次,萨伊认为,资本主义市场经济具有内在的稳定性,供求能够自发调节平衡,不需要外部的强度干预；而供给经济学认为，国家适当干预是必要的，通过减税能够刺激供给。

（三）供给经济学理论的政策实践

供给学派的基本思想出现于20世纪70年代初，由于凯恩斯主义政策失灵，该思想附和者甚多，最后被冠以供给经济学。顾名思义，该思想是与凯恩斯主义的"需求经济学"是直接对立的。该学派的代表人物有罗伯特·蒙代尔、阿瑟·拉弗等，在20世纪80年代初成为官方经济学，是"里根经济学"的主要理论基础。1981年初，里根就任美国总统后，宣布政府的首要任务是摆脱滞胀局面，提出经济复兴计划，包括：减免个税和企业税以刺激工作、储蓄和投资；削减社会福利支出以减少预算赤字；取消或放宽管理企业的法规以鼓励企业积极扩大经营和投资；紧缩货币以抑制通胀；反对用提高利率的办法来解决通胀问题。在里根总统执政8年间，靠供给经济学支持的供给管理，在促进美国经济发展方面成效明显，使其基本摆脱滞涨局面。这奠定了美国长达25年的经济繁荣，但负面影响不小。大规模减税，使里根执政时期累计财政赤字比此前的历届美国总统所累积的财政赤字总额还要多。

供给学派的政策充分反映了经济自由主义，表现在以下三个方面。一是提高劳动生产率是核心。通过制度创新、技术创新、管理创新等，提高满足市场需要的有效供给能力，即提高竞争力和经济效益，增加投资和消费需求。二是发挥市场机制的作用是手段。三是创造一个有利于生产率提高和产业集群的良好环境是政府本职。

2008年美国爆发"次贷危机"，进而引发全球金融危机，直接导致经济学界对新供给经济学的质疑,与此同时,也导致了对凯恩斯主义需求管理思路的再次质疑。在此次金融危机救市政策的关键选项上,美国断然摆脱"华盛顿共识",从"供给侧"进行足以影响全局"区别对待"的政策操作与结构性调整,明确对本国宏观经济进行强有力的"供给管理",而不限于货币总量调节或需求侧调节。在2008年金融危机后,美国明确提出要保持在创新能力等方面的竞争力,集中力量在清洁能源、生物技术等关键领域增加研发投资,以获得在全球持续的领先地位,促使美国在2009年第四季度以后产能利用率逐步回升,特别是金属制品、计算机和电子设备制造业,产能利用率分别回升至83%和80.1%,这些方面的产能利用率均高于过去40年的平均水平;而汽车产业产能利用率也从2009年53%的低谷回升至74%。

(四)新供给经济学的兴起与"供给侧"调控思想

供给经济学的发展历经"古典派"与"新古典派"两个阶段。这个学派遭受过以凯恩斯和萨缪尔森为代表的第一代凯恩斯主义的批评,后由于新供给经济学的兴起,出现供给思想的首次复辟,接着又迎来第二代凯恩斯主义浪潮,切实表现"供给侧"调控思想对自由主义第二次否定。

这两轮"否定之否定"的经济思想发展中的螺旋式上升,表明供给学派早已不是萨伊定律的简单复活,而是先由萨伊定律强调的完全自由放任的经济,发展到供给学派阶段,此时该学派已具有一定宏观理论倾向,即认为经济政策在短期内具有经济动力的功能,而从长期看,政策是无效的。该学派继而发展到供给管理阶段,该时期思想已具有制度经济学色彩,倾向于采用更多的宏观供给管理手段来实现政府职能。目前供给侧研究发展到研究更全面、更高度的制度安排及转轨与经济增长的关系，已不仅是政策手段的研究。在此次浪潮中所展现的新凯恩斯主义，已在很大程度上带有重要的供给思想要素，为后危机时代基于美国和多国"供给管理"的反思，以及"破"与"立"结合的新供给经济学的理性回归提供铺垫。

新供给经济学绝非摒弃需求管理，而是强调供给管理与需求管理的结合，并纳入制度经济学成果等的兼收并蓄式的建设性包容组合。一是，经济学基本框架要求强化供给侧的分析和认知，这虽源于萨伊古典自由主义，但是在新时代、新经济、新兴市场的背景下被赋予弥补片面注重需求管理之缺陷的新思想。二是，经济驱动要求强调市场、政府各显神通，并主张考虑第三部门主体与这两者的良性互动，即形成有效供给响应和引导需求。

总之，供给学派只是在批判和否定凯恩斯有效需求理论和需求管理政策的基础上提出供给管理的政策主张。该学派否定凯恩斯定律，重新肯定萨伊定律，再次重视市场调节的基础性作用，让市场机制自行调节经济。该学派还认为，解决凯恩斯政策所造成的滞胀问题，不是"需求创造供给"，而是"供给创造需求""供给在先，需求在后，生产在先，消费在后"。若从静态上看，供给学派若摒弃了忽视需求也具有能动的反作用这一缺陷外，它的许多观点还是有道理的。

供给经济学的缺陷在于抹杀生产和消费间的矛盾，否认制度是经济供给潜力的决定因素，否认资本主义社会基本矛盾。由于供给学派过分强调减税而忽视对其他经济理论的系统研究，其减税主张缺乏科学理论依据。供给学派仍然不够成熟，至今仍缺乏严密、明确、完整的经济学体系，在许多方面逻辑混乱甚至自相矛盾。

三、国家干预主义的"需求拉动供给"

国家干预主义是以凯恩斯主义为代表。凯恩斯继承发展了马尔萨斯的有效需求理论和孟德维尔的节俭悖论,从而确立了有效需求基本理论体系。马尔萨斯通过对需求与供给的明确划分,把经济学的关注点从供给侧转向需求侧。他将需求划分为需求程度和需求强度,并在此基础上率先提出"有效需求"概念和需求管理思想。正基于此,凯恩斯倡导了经济学革命。凯恩斯还吸收后来维克塞尔关于央行应调节利率的论点。维克塞尔曾提出,价格整体上涨或下降是由于银行利息率低于或高于自然利息率。因此,银行在物价上涨时,应该提高利息率,反之则降低利息率。① 这种"投资引诱"之说就成为凯恩斯有效需求理论的一个重要方面。面对生产严重过剩的经济危机,凯恩斯把供给学派提出的"生产在先、消费在后"的关系颠覆为"需求在先、供给在后"。

(一)国家干预主义的基本理论

凯恩斯从整个经济体系的总量分析入手,提出了有效需求理论。有效需求是指商品总供给价格和商品的总需求价格达到均衡的总需求。资本主义经济一般总是有效需求不足,失业是常态。凯恩斯运用三大心理定律来论证市场的总需求不足进而导致失业产生,从而构成对市场机制的完美性和萨伊定律的直接否定。其基本思想:一是消费倾向递减的心理规律导致消费需求不足;二是边际效率递减的心理规律导

---

① 周志太. 外国经济学说史 [M]. 合肥:中国科技大学出版社,2012:247–250.

致投资需求不足；三是货币偏好的心理规律也导致投资需求不足。凯恩斯有效需求理论革掉了传统经济学的理论基础——萨伊定律的命，并表述为与萨伊定律完全相反的命题：需求创造它自身的供给，即凯恩斯定律。

在凯恩斯的有效需求理论中，投资需求起着决定作用，即投资波动是导致有效需求不足和经济波动的主要原因。凯恩斯提出，消费倾向短期内是相对稳定的，扩大就业，就必须增加投资，这可以产生乘数效应。他认为，一个投资可以引起数个投资，从而一级一级地扩大就业，自然也就扩大需求。他还认为，有效供给对生产乃至有效需求具有乘数效应，是经济体自生能力的内在要求，并认为一个经济体可以通过向市场提供有效供给而获得生存发展，从而能够创造相应需求。

凯恩斯认为，决定投资乘数的大小有两个因素：一是投资项目的产业关联度，二是边际消费倾向。边际消费倾向越大，乘数就越大；反之则越小。因为富人比穷人具有更高的储蓄倾向，因而消费函数将取决于收入分配的差距。鉴于低收入者边际消费倾向较大，凯恩斯主张通过收入再分配，增加消费倾向，来放大乘数效应。由于消费倾向稳定，它对国民收入的影响是通过边际消费倾向影响投资乘数来实现的。增加消费者和企业可支配收入，提高全社会消费需求水平和投资需求水平，在收入乘数和投资乘数的作用下，国民收入会成倍地增加，实现经济增长和就业也会增加。因此，凯恩斯认为，一个国家的总就业量决定于"有效需求"，扩大就业的唯一办法是增加需求，为此，政府必须干预经济。凯恩斯主张以政府投资取代微弱的个人投资，让储蓄积累的购买力彻底地转化为投资，扩大社会需求。他写道："希望国家多负起直接投资之责。"①

(二)国家干预主义的需求管理政策

在西方国家干预和新自由主义两大思潮中,凯恩斯主义的最大贡献之一是指出了完全市场调节的局限性,分析了国家对经济进行宏观干预和调节的必要性、重要性。凯恩斯提出以需求管理为主要特征的国家干预主义政策,对稳定资本主义经济是有一定积极作用的。凯恩斯提出增加社会消费与投资来增加总需求、解决失业问题主张也有合理之处。有效需求不足,即有效需求中消费需求和投资需求两个变量互为因果的逻辑关系出现无序性,从而出现非均衡,导致总需求小于总供给。这时,系统外因素,诸如政府政策等应发挥积极作用,以扩大内需,从而在不同程度上改变有效需求不足。成功的政府投资,才能激发人们对未来发展的信心和预期。他的理论便由传统西方经济学关注资源配置问题而转变为关注国民收入和就业决定问题。

凯恩斯不仅强调投资需求对有效需求的影响,而且千方百计地鼓励超前消费。他的思想对美国的生活模式和政府政策都产生了较大影响。美国居民个人储蓄在 2005 年甚至出现负数。美国政府还经常采取赤字财政政策和膨胀性货币政策来扩大政府开支、增加有效需求、扩大生产、促进就业。

凯恩斯理论明确需求管理在宏观经济管理中的核心地位。该理论认为,当需求萎缩时政府应减税,同时增加财政支出,并增加货币供给,降低利率,提高投资边际效率以鼓励投资。当需求过旺时政府应

---

① 凯恩斯. 就业、利息和货币通论 [M]. 北京: 商务印书馆, 1999: 167.

通过增税、减少财政支出或减少货币供给、提高利率等措施以压缩需求。即便经济处在上升阶段，凯恩斯理论认为也应扩大财政赤字支出以刺激更大的需求，促使经济更快增长。

凯恩斯主义在二战后长达30多年中风靡整个西方世界，成为各国政府制定经济政策的主要理论依据。可以说，美国是推行凯恩斯主义最为彻底的国家之一。然而需求管理政策并没有也不可能从根本上解决资本主义固有的基本矛盾。整个20世纪60年代，美国几乎连年出现赤字，而且规模还在不断扩大。需求管理政策陷入顾此失彼、进退两难的困境：刺激需求则会使通胀更恶化，而紧缩需求又会使生产更萎缩，甚至制造一次又一次暴涨暴跌的股市大泡沫，从而放大金融风险。针对凯恩斯主义的弊端，供应学派提出通过提高生产力，而不是通过刺激社会需求来促进经济增长的主张。供给学派就是在反对凯恩斯主义的声浪中崛起的。

四、供给论与需求论的比较

（一）供给管理与需求管理的区别和各自的地位

供给管理和需求管理虽都是宏观经济管理的重要手段，但存在着诸多区别。时效性上，需求管理适合短期管理，而供给管理往往需要较长的时间才能发挥作用；针对性上，需求管理更加注重调节总量，而供给管理适合结构管理；政策手段上，需求管理使用的主要是财政支出和货币政策，而供给管理使用税收、行政和法制管理等手段。

当然，有些政策既有需求管理特性，又有供给管理特性，如减税，既可减轻企业负担，系供给管理；也可降低产品价格，系需求管理。

但这两种管理间的理论界限仍然明显，一些政策虽同时兼有需求管理和供给管理的属性，但侧重点有所不同。比较而言，货币政策更重视总量管理，具有浓厚的需求管理色彩。而财政支出政策在刺激经济增长时需求管理特性较明显，但在经济发展较平稳时期，要通过各种的转移支付来调整各个地区、各个产业、各个不同的社会阶层间的利益关系，从而影响生产的发展，这些财政政策又是供给管理的重要手段。

从市场化程度与这两类管理的关系看，发达国家往往更重视需求管理，政府对经济活动直接干预的程度相对较低，要求市场体制在资源配置中发挥更大作用；而转轨经济国家由于市场经济还不完善，既要通过供给管理不断地创新和改革激发市场经济的活力，又要通过政府完善市场经济体制，优化资源配置，以提高经济效益，促进经济增长。中国仍然处于转轨中，以公有制为主体的社会主义市场经济在很大程度上也决定了宏观经济活动对政府行为的依赖，这就决定了供给管理在今后相当长的一段时期内，将在中国宏观经济管理中发挥更积极的作用。

（二）凯恩斯主义与供给学派的区别

凯恩斯有效需求不足论建立在三个基本心理因素之上，强调的都是经济预期或心理因素，这对经济影响虽是客观存在的，但具有唯心主义特性。凯恩斯的后继者们的分析则更为深入，诸如从市场作用的内在机制和内在过程分析市场作用的缺陷，得出微调、相机抉择、摩擦性和结构性失业等理论。凯恩斯理论和供给经济学有其适用条件，即无论是西方有效供给理论，还是有效需求理论都是建立在完全市场经济条件之上的：一是市场机制健全，二是市场主体独立，三是商品供给有效。这三个条件中国尚不完全具备。可见，基于市场经济条件下的供求一般原理无疑更适合分析中国的情况。

凯恩斯和供给学派都主张减税。但凯恩斯提出，依据不同经济风向交替使用增税和减税手段是暂时的对策，而供给学派则推崇大规模、持久的减税政策。当然，这可能是两者面对的经济形势有所不同。凯恩斯面对的是经济衰退和失业，因此，凯恩斯主义主张采取减税政策，来增加个人和企业的可支配收入，以扩大需求，促进经济增长和扩大就业；作为凯恩斯主义反对派出现的供给学派，面临的是经济增长、就业，还有通胀问题。这两派产生的经济时代不同，政策目标自然也不同，供给学派的减税政策多了一个经济目标，即要同时解决通胀问题。

凯恩斯主义侧重于政策对市场主体的需求效应，供给学派则强调政策对市场主体的供给效应。这些效应大小还受到体制和制度的影响。

五、供给侧与需求侧的统一性

（一）凯恩斯主义与供给经济学的统一性

供给经济学是现代经济自由主义政策的理论基础，而凯恩斯的有效需求不足论则是国家干预主义的理论基础。凯恩斯虽然否定萨伊定律，但否定的只是萨伊所坚持的总需求和总供给会自动实现平衡的结论。在凯恩斯这里，只要政府进行干预，总供求就有可能平衡。

凯恩斯主义是在供给过度而需求不足条件下产生的，新供给经济学是由于凯恩斯主义过分强调需求而影响供给的正常发展才出现的。经济发展是供求双方不断进行创造性互动的结果。供给侧和需求侧的各自政策如同一把剪刀的两翼，必须相互配合使用而非替代彼此，以适应经济发展不同阶段的要求。经济发展到一定程度就需要对供与求进行综合管理，这就产生供给经济学和凯恩斯主义的融合。凯恩斯需求理论与供给经济学似乎截然对立，但实质上都是供给拉上需求论。凯恩斯"扩大有效需求"的主张和做法，本质是增加投资、振兴供给，以求充分就业、扩大需求，因而仍属于供给经济学体系。凯恩斯虽批判萨伊定律，但并没有根本否定萨伊定律。著名经济学家高鸿业先生早就深刻地指出，"仅仅给萨伊定律加上一个条件，即只要执行正确的宏观经济政策，使投资等于充分就业下的储蓄，萨伊定律是可以成立的"。[①]

凯恩斯的主张，除采用通胀、鼓励消费等政策之外，他的扩大有效需求的根本途径与萨伊的供给创造需求的途径基本上是一致的。但在解决途径上，凯恩斯与萨伊不同，凯恩斯主张扩大需求，鼓励消费，反对节省。这两个理论往往各执一端，互为反动：萨伊主张发展供给解决供给过剩问题，凯恩斯却主张扩大需求解决供给过剩问题。需指出的是，凯恩斯在分析导致有效需求不足的主客观诸多因素时，完全忽略了有效供给不足这个因素，把供给看作是完美无缺的，从而把市场萧条症结全部归咎于有效需求不足的一面，在发展动力上，局限在需求拉动。总之，在西方经济学界，这两者均是孤立地研究供求关系问题，片面性凸显，科学性缺失。

美国经济学家索洛和丹尼森自开创经济增长因素分析方法以来，大多数研究者都是从供给方面定量分析经济增长。无论是古典经济学

---

① 高鸿业.《就业、利息和货币通论》译者导读［M］. 北京：商务印书馆，1999：12.

还是当前流行的主流经济增长理论，供给方面研究占据主流，它们都认为资本增加和技术进步是经济增长的决定性因素。而内生增长理论主要将各国的全要素生产率（TFP）差异视为经济增长的主要决定因素。它们的大多数文献都将 TFP 产生差异的原因归结为供给效率的差异。但这些因素并不能完全解释各国间存在的增长差异，还必须考虑需求要素对经济增长的影响。值得指出的是，具有较大影响的刘易斯关于资本积累越多越有利于就业的观点，不仅忽视了需求和收入的制约作用，而且忽视了市场供求的互动性，忽视了收入分配水平和结构以及平均化程度对供求的制约作用。实际上，"供给调节"与"需求调节"在各自适应时期均有重大影响，两者互为一体，共同影响经济增长。

理论上，供给与需求何者为主并不存在冲突或矛盾，仅仅是因为所处经济发展阶段不同。在经济欠发达阶段，不存在需求问题，或需求问题不突出，供给自然成为压倒一切的课题。目前，强调供给调节正是源于有效供给不足造成中国非均衡发展。

随着经济的不断发展，总需求及需求结构均发生一系列变化，经济学家逐渐认识到：需求也是经济增长的重要因素。收入水平提高、需求总量上升、需求结构规律性变动等对经济的长期增长都具有重要作用。长期看，经济增长离不开供给因素的支撑，但同时也会受需求因素变化的影响。纪明通过分析多个国家经济发展实践得出，需求结构演进逻辑反映经济增长需求动力演进逻辑。需求结构合理化和需求结构高级化的推进能够有效地抑制经济波动。[1] 纪明还认为，政府应充

---

① 纪明. 需求结构演进逻辑及中国经济持续均衡增长 [J]. 社会科学, 2013 (2): 44–45.

分考虑需求结构合理化和需求结构高级化影响经济增长和经济波动机制的异同,在努力创造需求结构高级化经济环境的同时,应更多地考虑需求结构合理化。①

凯恩斯坚持理性经济人假设,创立总量分析法。但是,他沉迷于仅仅从数量关系上研究总量是否相等,而忽略对资本主义经济内在结构的深刻分析。他重总量分析,轻结构分析;重需求分析,轻供给分析;重短期分析,轻长期分析。由于凯恩斯仅注重短期利益,而对长期利益、经济增长和环境保护等问题重视不足,所以并未形成成熟的理论体系。而马克思理论正好克服了凯恩斯国民收入理论上的这些不足。马克思社会资本再生产理论,既重总量分析,又重结构分析;既包含总量问题,又包含结构问题;既重需求分析,又重供给分析;既重短期分析,又重长期分析。马克思深刻揭示出,供与求表面上看来是商品在市场上的转手或让渡,实则是买者与卖者、生产者与消费者之间的关系。社会化大生产要求按比例分配社会劳动,供求间存在一个内在的比例关系,这些都是马克思价值生产和价值实现平衡的思想体现。当这两方面的社会必要劳动时间相等时,价值生产和价值实现就达到平衡,这是供求平衡的本质要求。

总之,无论是凯恩斯主义还是供给经济学,都有很大的局限性,只能作为参考借鉴,不能用以指导中国现在的改革和发展。由以上分析可得,需要合理借鉴他们的需求分析和供给分析的理论和方法,更需要采用与时俱进的马克思主义政治经济学的理论和方法,从生产关系促进生产力的要求、从供求的相互关系方面进行综合分析。

---

① 纪明,刘志彪. 中国需求结构演进对经济增长及经济波动的影响[J]. 经济科学,2014(1):10—22.

（二）马克思主义经济学供与求的统一性

马克思在《资本论》第 3 卷第 10 章提出第二种含义的社会必要劳动时间。只有耗费在某种商品总量上的社会劳动量同这种商品的社会需要量相适应，[①]供求才会平衡，这种商品才会按照它的市场价值来进行买卖。当市场供给超过了市场需求时，产品过剩，市场价格就会降低到市场价值以下。目前的产能过剩，就是违背第二含义社会必要劳动时间的要求。供求失衡可以是需求量不变，而供给量变得过大或过小，这时就会产生过剩或短缺；或者是供给量不变，而需求量变得过大或过小，如目前对优质商品的需求变大，而对劣质商品需求变小。也就是说，供求不平衡可能是由于供给量的变化引起的，也可能是由于需求量的变化引起的。供求关系不仅调节资源在不同生产条件的企业间的分配比例，也调节资源在部门间的配置。因此，供给侧改革必须坚持市场导向，即坚持最终需求导向。

马克思指出，"给需求和供给这两个概念下一般的定义，真正的困难在于，它们好像只是同义反复"[②]；供求只是一个问题的两个方面，都由生产产生。处于对立地位的供求彼此很难分清：在不同的角度说，供给即需求，需求即供给。增加供给的生产活动，同时也增加了对生产要素的需求；增加对劳动的需求，同时也增加了对消费资料的需求。因此，生产中的生产需求也可以说是供给。供给与需求问题的实质是生产与消费的问题，是社会再生产的实现问题，归根到底体现出按比例分配社会劳动的规律。

---

① 马克思.资本论：第 3 卷 [M].北京：人民出版社，1975：717.
② 马克思，恩格斯.马克思恩格斯全集：第 30 卷 [M].2 版.北京：人民出版社，1995：33-34.

马克思从生产一般出发，指出生产与消费的同一性。一是生产直接是消费，消费直接也是生产。二是生产中介着消费，没有生产，消费就没有对象；没有消费，生产就没有目的，产品只能是可能性的产品，而不是现实的产品。三是每一方都由于自己的实现才能够创造对方。生产创造出消费的对象、消费的方式、消费的动力。[①]"生产是实际的起点"，因而，生产也是居于支配地位的要素。[②]同时，"没有消费，也就没有生产，因为如果没有消费，生产就没有目的。"[③]

马克思还阐述了生产、消费、分配、交换的关系。马克思指出："它们构成一个总体的各个环节，一个统一体内部的差别……因此，一定的生产决定一定的消费、分配、交换和这些不同要素相互间的一定关系。……不同要素之间存在着相互作用。每一个有机整体都是这样。"[④]

在经济运行过程中，生产与消费之间存在着互动关系，但这种互动关系并非对称的。在马克思看来，有效供给决定和创造需求。"生产决定着消费：是由于生产为消费创造材料，生产决定消费的方式，是由于生产靠它起初当作对象生产出来的产品在消费者身上引起需要"[⑤]。生产力水平的提高决定着消费水平的提高，生产力水平与消费水平正相关。但消费对生产也有反作用，二者是辩证的关系。总之，生产与消费表现为相互决定，既对立又统一的辩证关系。供给增长最终需要

[①] 马克思. 马克思恩格斯选集：第 2 卷 [M]. 2 版. 北京：人民出版社，1995：10.

[②] 同①，97。

[③] 同①，681。

[④] 中共中央马克思恩格斯列宁斯大林著作编译局. 马克思恩格斯文集：第 8 卷 [M]. 北京：人民出版社，2009：23.

[⑤] 同①，10。

消费需求的增长实现，其自身不可能成为经济真正和持久的拉动力量。供给不会独立于需求而存在，需求亦不会抛开供给而独自发挥作用。需求对供给的促进作用主要表现在：当某种消费品的需求增加时，会直接引起生产这种消费品的生产部门供给增加，从而引发生产资料部门投资增加，最终引起总投资增加。而当投资增加时，有一部分投资转移到劳动者报酬上，即劳动者可支配收入增加，从而带来个人消费需求增长，促进消费扩张。需求的无限性与供给的有限性使需求大于供给成为永恒的社会现象，这给供给理论发展提供了无限广阔的空间。市场需求是一种持有货币才有购买力的需求，需求的无限性就转变为市场需求的有限性。经济运行的常态是非充分就业均衡，供给的绝对有限性转变为相对无限性，市场总供给大于市场总需求，市场经济体制的常态必然是需求不足。

但是，生产与消费这两者又是相互转化的。首先，"生产决定着消费"：生产为消费活动提供消费对象；生产决定消费方式、新的生产方式。社会再生产上，生产是"实际的起点"，因而是"居于支配地位的要素"。生产对消费品、消费方式和消费者的创造作用，要求在经济新常态下以供给创新带动和创造需求；要求着力加强供给侧结构性改革，加大推进经济结构改革的力度，提高供给体系质量和效率，实现经济结构转型升级。

其次，"消费生产着生产"：一方面，生产的产品只有在消费中才能实现它的使用价值和价值；另一方面，消费还创造出"生产的动力"。消费对生产的巨大反作用要求在强化供给侧改革的同时，还要注意从需求侧对供给侧的反作用角度，为供给侧结构性改革寻找目标、方向和动力，以扩大有效需求"倒逼"供给结构改革，通过新的需求结构确立有效投资和有效供给范围，从供给侧与需求侧两侧共同发力，最终实现结构转型升级。

供求这一矛盾中，矛盾的主要方面是供给，供给的水平和方式决定需求的水平和方式。供给能创造需求，也能抑制需求。有效供给与有效需求是同一事物的两个方面。适应和引导需求的供给是有效供给，其特性为：一是产品价值量须由社会必要劳动量决定，并由此价值量或经过竞争形成的生产价格决定市场价格；二是各部门提供的产品总量必须符合社会需要的规模；三是有效供给意味着获得需求的供给，有效需求则首先意味着"有支付能力的需求"。总之，有需求才有供给，有供给才有需求，必须统筹兼顾供求两个方面，供求两端调控，两端发力，互补互动。

马克思认为，商品的供求矛盾是失衡和相对平衡的统一。供求平衡是相对、偶然的，而供求失衡才是绝对的，是一般常态。供求由失衡到均衡要通过竞争来实现。国家根据社会对各种商品的需要，前瞻性地指导社会总劳动分配，促进供求平衡。

供给侧决定需求侧，这决定了经济增长的速度和方向。供给侧通过以下途径影响需求侧演变：生产要素结构变化会影响收入结构，进而可能改变收入需求弹性，导致需求量及其结构的变化。萨伊提出的"供给自动地为自己创造需求"[①]，其错误在于他没有区分科技创新带来的供给和一般性供给。技术创新产生新产品，甚至开创一个崭新的产业，这会引发新偏好，形成新需求。

需求侧演变也会通过以下途径影响供给侧演变。第一，偏好演变

---

① 周志太. 外国经济学说史 [M]. 合肥：中国科技大学出版社，2012：146–147.

会对技术进步产生影响。偏好决定消费需求,构成技术的市场选择环境,决定各种技术收益,直接影响技术选择和扩散。第二,需求结构变化也会促使供给侧变化,而需求结构的变化又会引起要素结构的变化,从而影响整个供给结构演变。供给侧演变包括供给结构(要素和产出结构)和技术进步,需求侧演变包括需求结构和偏好演变。在经济演变中,供给侧和需求侧相互影响、共同影响经济增长的速度和质量;制度系统影响供给侧演变和需求侧演变,并对两者共同演变产生深刻影响。经济持续增长的动力机制是供给侧、需求侧和制度协同演变,具体表现为供给结构、需求结构动态有效匹配和协同升级,而制度改革是促进供给结构和需求结构协同升级的深层次动力机制。

实现供求平衡,既需要合理增加需求、扩大内需、优化需求结构,同时也要减少过剩产能、增加有效供给、优化供给结构,二者均不容忽视、不可偏废。但是,两者地位仍然不同。供给更多涉及长期、结构、质量问题,需求更多涉及短期、总量、经济稳定问题,但仍然不能由此断言供给重于需求。供给在一定情况下虽可创造新需求,但是,无论是生产与需求一般关系,还是社会主义生产目的要求,需求都是目的,供给只是手段,手段服务于目的,也就是供给服务于需求。

(三)中国过剩经济的应对:供与求的统一性

中国的生产过剩既有需求原因,又有供给原因。无论是在理论上还是在实践中,片面强调需求侧或过于强调供给侧,均有失偏颇。理论上,扩张和紧缩的宏观政策各有利弊,供给侧政策和需求侧政策各有千秋,应权衡选择。实践上,目前,供给侧改革虽长期看好,但短期内,有些改革可能会抑制需求,应优先推行那些短期就能增加需求的改革措施，暂缓推行那些短期可能是抑制需求的改革。具体说来，要选好项目，以补短板、破解基础设施瓶颈的有效投资为主，以便短期创造需求；在长期来看，选项目则需从提高劳动生产力和竞争力角度来考虑，增加附加值，降低交易费用，增加税收。这样的投资不但不会挤占消费，还可以增加居民收入、扩大消费。

"三驾马车"是消费、出口和投资，即需求侧，与其相对的是供给侧，即生产要素的供给和有效利用。程恩富教授提出供给侧的"新三驾马车"：科技创新、结构优化和要素质量提高三大驱动。这实质是通过科技教育进步和产业结构优化，提高要素的质量与其使用效率。这不但要求改革科技教育，提高教育质量和科技水平，提高要素质量，实现全国统一的社保、医疗和失业救济等服务，促进劳动力跨地区、跨行业自由流动；还要求政府建设市场经济体制，发挥市场配置资源的决定性作用，实现产业结构优化。随着发展阶段转换，高质量、高品质的需求迅速攀升，需求结构也会相应发生根本性变化。任何需求管理都必然牵动供给的"神经"，而任何促进或限制供给的措施也都不可能不触动需求的"脉搏"。需求决定供给：一是需求结构变化决定产业结构调整方向；二是需求偏好相似决定产业结构调整进程。其实，供给侧改革最终也是在创造新的需求，而且这种新需求更具可持续性。供给决定需求，是指科技进步带来产品质量和产品档次提高，有效供给增加，实现产业结构转型升级。

由于所处发展阶段不同，西方发达国家长期处于生产过剩的发达阶段，对总需求理解较好；而中国长期处于生产落后的短缺阶段，作为发展中国家对总供给理解较好。所以，从西方发达经济体的实践理解总需求，从发展中国家的实践理解总供给，二者综合起来，再抽象掉各自的特异性之后，就可以形成一个统一的总供求模型和一套完整、具有相当普适性的宏观经济理论，为宏观经济学的进一步发展提供一个方向。将西方国家的需求管理和中国供给管理的经验结合起来，可形成一套同时包括需求管理和供给管理的全新的宏观调控体系，实现宏观调控从只有需求管理的一维空间，进入结合使用需求管理和供给管理的二维空间的转变。因此，引入供给管理并不意味着要放弃需求管理，需求管理仍是宏观调控的重要手段。二者的结合能够解决现实世界中存在的多数问题，同时实现多目标管理。

（四）中国过剩经济的应对：供与求的相互转化性

就"三农"问题而言，"三农"问题突出，供给侧的办法最为根本，即推进农业经营结构由小农经济转变为规模经营。依据新劳动力迁移理论，农村富余劳动力向非农产业转移是人力资源的再配置过程，能够显著提高农业边际劳动生产力，有效加强农业这一短板，从而推动国民经济增长。农业劳动力流出，农业边际生产率上升，直到劳动的边际收益等于现行工资的水平，二元经济即变成一元经济。事实证明，1982—1997年中国劳动力配置对经济增长的贡献率达20%。改革以来，由于工资差额和没有强制规定上社保，农民工为工业经济和城镇经济积累发展资金达11.6万亿元。[①]农民工收入回流农村，提高了农村家庭的支付能力和投资创业能力。规模农业不仅给工业化带来充足的劳动力，还能带来农地生产率和农业劳动生产率的提高，促进农产品质量提高，并实现物价稳定、经济增长、财政收入增加和实际利率

---

① 周志太.多维视角下的农民增收问题研究［J］.科学社会主义，2013（1）：108-111.

降低，从而增加投资，扩大就业，增加居民收入，扩大消费需求。市场扩大，又反过来促进工业发展，并同时促进科技创新，提升经济增长质量。这是供给侧向需求侧的转化、两者协同促进经济发展的案例。

就产能过剩而言，煤炭、电力和钢铁过剩严重，需求侧的办法最为便捷，即顺应市场经济的规律，降低电价。电是需求弹性很大的商品，电价下降，电的消费相应增加，并增加家用电器需求，从而带动钢铁需求增加，导致相关行业的效益转好。其结果是：一是扩大就业，进而扩大消费需求，实现社会主义生产目的，形成经济发展的良性循环；二是有关行业能够投入更多的资金用于研发和职工培训，发展有关行业，带动国民经济发展，与此对应，就业相应扩大，消费增加。这是需求侧向供给侧的转化、两者协同促进经济发展的案例。

（原载于《当代经济研究》，2016年第3期，第一作者为周志太）

第三章 中国五大发展新理念

> 五大发展理念是对我们在推动经济发展中获得的感性认识的升华,也是对我们推动经济发展实践的理论总结。我们要坚持用新的发展理念来引领和推动我国经济发展,开创经济发展新局面。

第一节 用五大发展新理念引领经济新常态

中共十八届五中全会首次提出了创新、协调、绿色、开放、共享的发展理念,开启了关系我国发展全局的一场意义深远的变革。虽然这五大理念在过去的工作中都有所体现,但在目前的经济新常态方针下,理念的内涵有了重要的发展。十八大以后,以习近平同志为核心的党中央立足于我国改革开放事业新的发展阶段,提出了新常态这一新的执政方针,指出新常态的特征就是从高速增长转为中高速增长,经济结构不断优化升级,发展动力从要素驱动、投资驱动转向创新驱动。2015年12月的中央经济工作会议仍然重申要认识新常态、适应新常态、引领新常态,因此理论工作者要重点研究经济新常态下五大发展理念的相应内涵和关键节点。

一、创新发展

创新有广义和狭义之分。党的十八届五中全会提出,坚持创新发展,必须把创新摆在国家发展全局的核心位置,不断推进理论创新、制度创新、科技创新、文化创新等各方面创新,让创新贯穿党和国家一切工作，让创新在全社会蔚然成风。这里的创新主要指广义的创新。

科技创新就是狭义的创新。不管是广义还是狭义的创新，都十分重要，但由于篇幅限制，这里重点讨论科技的自主创新问题。

当前，特别要强调以科技创新为动力来突破经济发展"瓶颈"。动力不足是当下制约我国经济发展的"瓶颈"，突破"瓶颈"唯有创新。用创新培植发展新动力，就是要按照十八届三中全会的要求，发挥科技创新在全面创新中的引领作用，加强基础研究，强化原始创新、集成创新和引进消化吸收再创新。我国以往的发展基本上靠要素投入、低成本劳动力拉动，属于典型的数量规模型粗放式发展。粗放式发展造成产能严重过剩，资源环境约束，创新能力不足，经济大而不强。今天靠要素投入已难以为继，凭低劳动力成本竞争的时代已经过去，单靠传统需求侧的"三驾马车"拉动明显不够。当下必须着力进行供给侧的"新三驾马车"（要素质量、结构优化和科技创新）的改革发展。可见，经济发展对创新的需求比过去任何时期都要强烈而紧迫。只有创新才能从根本上突破发展动力不足的"瓶颈"制约。将创新驱动发展作为我国面向未来的一项重大战略，一方面，需要着力推动科技创新与经济社会发展紧密结合，让企业真正成为技术创新的主体。另一方面，政府在关系国计民生和产业命脉的领域要积极作为，加强支持和协调，总体确定技术方向和路线，用好国家科技重大专项和重大工程等抓手，集中力量抢占制高点。实施创新驱动发展战略关键在于增强自主创新能力，努力掌握关键核心技术。①

改革开放以来比较流行的一个错误观点和政策，就是强调市场换

---

① 程恩富.习近平的十大经济战略思想［J］.当代社科视野，2014（1）.

技术，强调所谓造不如买、买不如租。实践证明，这个战略是不成功的。一个明显失败的例子是轿车工业的对外开放，更为失败的例子是大飞机工业。20世纪80年代初我国大飞机研发已经相当成熟，飞机制造厂也建立了，但一搞开放，领导层力排众议让"运十"大飞机下马。前几年在上海搞了商飞公司，大飞机研发和生产才又上马，足足推迟了约30年。如此折腾的原因在于误读开放，以为开放就不要自主创新了，以为通过合资合作能换来核心技术。与错误观点反向而行的成功案例是高铁的研发和生产。当时铁道部主动设法打破西方几家大公司的技术垄断，成为中国制造的一张"国际名片"。

错误的政策往往源于错误的理论导向。吴敬琏先生认为制度重于技术，①这种不分时点的表述，是背离经济学和哲学常识的。我们知道，生产力中最重要的是由人掌握的技术，而制度是生产关系和上层建筑的问题。如果笼统地说制度重于技术，那就是说生产关系、上层建筑总是比生产力重要，显然是不对的。

我国经济开放分为几个阶段。第一阶段是强调"引进来"的单一战略，单纯追求对外国的资本和技术等引进。第二阶段强调"引进来和走出去"并重的战略，在继续追求"引进来"的同时，实施中国企业"走出去"投资的举措。1998年，江泽民认为，今后应当"引进来"和"走出去"并重。此后中央贯彻进出并重战略，开放进入第二阶段。第三阶段强调"自主创新"的新战略，实施自主知识产权和创新型国家的举措。②十六大以后，时常有材料上报跨国公司实行"斩首行动"，

---

① 吴敬琏. 制度重于技术：发展中国高新技术产业 [M]. 北京：中国发展出版社，2002.

② 程恩富，侯为民. 转变对外经济发展方式的"新开放策论" [J]. 当代经济研究，2011（4）.

党中央便强调自主创新,后来国务院搞了一个机械工业振兴计划。

但学术界和政界仍然有不同意见,林毅夫先生提出要防止陷入"自主创新陷阱",认为自主创新的成本收益有时候不合算,不如引进技术。[①] 针对越来越多的跨国公司在华设立研发机构,《光明日报》曾发文认为这是带动我国企业技术进步的良好机遇,中国的技术创新有了希望。人们不禁要问:西方跨国公司难道是来帮助我国掌握核心技术的?事实上,它们只是利用我们相对廉价的优秀人力资源,开发出一些适合中国的技术和产品,然后高价卖给我们,最终会制约我们的核心技术发展。20世纪30年代有一个日本教授曾经写文章说,日本应该发展"殖民地科技",强调殖民地科技如果完全不发展,宗主国也会受到不利影响,但发展时要保持15年左右的技术差距。现在发达国家虽然没有公开这样提,而实际上是只做不说。所以,十六大以后提出自主创新,十七大报告提出建设创新型国家,十八大以后提出创新驱动战略,都是非常正确的。

2000年以后我提出了自主知识产权优势理论,[②] 指出除了要发挥动态比较优势和综合竞争优势之外,还必须重点培育和发挥第三种优势,即知识产权优势。前两种优势理论各有缺陷。比较优势理论暗含着各个经济体所具有的资源禀赋保持不变的特征,实践中容易导致"比较优势陷阱",即原来只在国际产业链低端具有比较优势的经济体永远陷在低端,产业结构难以向中高端迈进。美国迈克尔·波特提出的竞争

[①] 自主创新是动力还是陷阱 [EB/OL]. [2015-11-01]. http://news.xinhuanet.com/fortune/2005-11/01/content_3711603.htm.

[②] 程恩富,丁晓钦. 构建知识产权优势理论与战略——兼论比较优势和竞争优势理论 [J]. 当代经济研究,2003(9).

优势则因强调多因素的影响，没能抓住问题的关键。所以我提出第三种优势的理论和战略，即自主知识产权优势理论和战略。显然，这一理论和战略的主要实现途径就是自主创新。因此，十八届五中全会把创新作为五大发展理念之首，继续建设创新型国家，提升经济的内生增长水平，说明自主知识产权优势理论和战略与党中央思路高度一致。

二、协调发展

在十八届五中全会公报中提到的五大发展新理念中，协调发展具有非常重要的理论和政策意义。从问题导向进行深一步思考，针对当前我国经济社会发展的难题及其对策，有必要确立协调发展的十大新理念和新举措。

一是协调经济与社会发展。整个国民经济的发展应稳中有进、又好又快，但发展经济的出发点和归宿点是改善民生，因而"改善民生就是发展"的价值导向，与社会主义经济发展的根本目的是内在统一的。当前，必须从改善民生就是发展的战略高度来谋划财富和收入分配、就业、医疗、住房、教育、社会保障六大领域的社会发展，是新常态下协调经济发展与社会发展的主要内容。

二是协调速度与效益发展。综观全球经济增长，1%~3%是低速度，4%~6%是中速度，7%~9%是高速度，10%以上是超高速度，因而我国进入经济新常态的标志之一是高速度转向中高速度，这是客观规律与政策掌控共同作用的状态。为了协调速度与效益的关系，就必须注重经济发展方式，使其从规模速度型粗放增长转向质量效率型集约增长，经济结构从增量扩能为主转向调整存量、做优增量并存的深度调整，经济发展动力由要素驱动、投资驱动等传统增长点转向以创新驱动为代表的新增长点，以及产业结构的不断合理化和高级化。

三是协调区域之间发展。其关键主要如下：第一，统筹协调各经济区的区域发展战略。目前，我国除了继续发展长三角、珠三角和中部经济区以外，已实施"一带一路"、京津冀协同发展、长江经济带、西部大开发、东北老工业基地振兴等一批重点区域发展战略。第二，根据我国主体功能区规划统筹协调、分类指导各区域国土空间的开发，要从全局角度促进这些战略的有机融合，推进经济区和主体功能区之间的优势互补与良性互动。

四是协调城乡之间发展。当下我国城市与农村的经济社会发展差距相对较大，因而尽快进行农村的公共设施建设、中小学义务教育建设、乡镇企业建设以及城乡一体化和城镇化建设，是协调城乡发展的关键。新型城镇化建设应讲究城乡两利和实效，而非单纯追求农村人口进城。

五是协调人与自然发展。要处理好经济建设、人口增长与自然资源利用、生态环境保护的关系。在每个家庭可以生养二孩的新政下，预计将比一孩制多出 1 亿左右的人口总量，这会加剧已经严重恶化的生态环境和资源匮乏的格局，因而必须加大保护和修缮生态环境的力度，加大高效利用自然资源的力度，其中包括推行一些约束性指标。

六是协调公有与私有发展。在严格遵照《宪法》和党中央一系列文件关于坚持和巩固以公有制为主体、多种所有制共同发展的大框架下，要认真贯彻毫不动摇地同时发展公有制经济和非公有制经济的原则，坚决落实习近平总书记和党中央关于国有企业改革要有利于提高活力、竞争力和放大国有资本功能的"三个有利于"，以及做强做优做大国有企业的总方针，重点发展以公有资本控股为主的混合所有制经济，而非单纯发展壮大中外私有制经济或以民营经济为主体。

七是协调先富与共富发展。其核心是完善按劳分配为主体、多种分配方式并存的分配制度体系。首先，坚持和完善公有制经济中的按劳分配制度。其次，坚持和完善政府对财富和收入的调节制度。在初次分配领域，政府要通过对收入分配的相关法律法规的完善和执行，科学调节收入和财富的分配。在再分配领域，政府通过完善税收制度来调节高收入群体的过高收入，通过完善转移支付制度来提高低收入群体的收入，并通过完善法律制度来取缔非法收入。

八是协调物质与精神发展。全面建设小康社会既包括不断提高物质生产和消费水平，也包括文化生产和消费水平，而后者就涉及社会主义核心价值体系和核心价值观的培育与提升，即社会主义市场经济条件下优质精神、进步精神、健康精神等大众化和主流化问题；涉及以马列主义及其中国化理论为灵魂的思想文化软实力增强和国际竞争问题。可见，这一协调意义非凡。

九是协调技术与制度发展。技术属于生产力的范畴，制度属于生产关系和上层建筑的范畴，不宜抽象地永恒认定"制度重于技术"，如同不能简单地说生产关系和上层建筑重于生产力一样。必须重视习近平总书记关于"创新是发展的第一动力"的论断，协调以科技为引领的生产力体系与改革生产关系和上层建筑为内容的制度体系二者的互动发展。

十是协调对内与对外发展。应确立对外开放的目的是为了更好地发展国内的理念，力避采取为开放而开放，甚至弊大于利的开放措施。目前，我国公有与私有企业应加强联合，逐步夺回被外资不断控制的众多产业部门,包括大众化网站。金融发展要确立服务实体经济和民富国强的思路,要防止外国资本在中国形成金融垄断,谨慎对待并充分论证资本项目开放的问题,加快金融市场的事先、事中和事后全过程监管,特别是加强以有效治理股灾的股市监管法制和能力建设。

三、绿色发展

有一种观点认为,国内外马克思主义者把生态环境恶化主要归因于资本主义制度,这是不对的。难道中国的环境恶化是资本主义导致的吗?我认为,从全球范围看,生态环境的恶化是资本主义制度导致的,中外左翼学者分析得对。对中国来说,主要是思想观念、制度安排、政策和相应的技术没有跟上。其中,构建中国特色社会主义生态制度的体系是当务之急和关键。

首先,政府统一的规划管理制度是生态治理的核心要件。政府是生态制度建设的主导者,良好的生态制度首先需要政府的长远规划和科学管理。完善和落实包括规划环评、政绩考评、资源核算、生态管理等方面和环节在内的政府规划管理制度已刻不容缓。例如,要建立严格的环境保护管理制度体系,要建立体现生态文明建设状况的经济社会发展评价考核体系,要建立和完善生态环境责任追究制度。其中,必须落实一把手负总责制、必要的生态保护一票否决制和终身追究制。对违背科学发展要求,造成资源环境生态严重破坏的要记录在案,实行终身追责,不得转任重要职务或提拔使用,已经调离的也要问责;对推动生态文明建设工作不力的,要及时诫勉谈话;对不顾生态环境约束而盲目决策并造成严重后果的,要严肃追究有关人员的领导责任;

对履职不力、监管不严、失职渎职的,要依纪依法追究有关人员的监管责任。①

其次,归属清晰的资产产权制度是生态保护的激励方式。归属清晰的资产产权制度通过市场交易,确定资产价格而发挥作用。充分发挥市场在一般资源配置中的决定性作用,可以使价格真实反映自然资源的稀缺程度,准确调节资源供求关系,节约利用资源,减少环境污染,从而推动资源配置效益最大化或效率最优化。不过,包括资产产权制度在内的生态市场机制在现实生活中并非总是有效。因为生态环境和自然资源是公共产品,而市场机制又具有利益个体性、时空局部性、力量分散性以及信息不对称等局限性,这就容易导致如下情况发生:资产的财产权并非总是能够明确确定,比如空气就很难具体分配和确定;在谈判人数过多、交易成本过高的情况下,已经明确的资产产权也并非总能转让;在信息不对称情况下,资产产权明确且能够自由转让也并非意味着资源配置的最优化。既然资产产权制度只是在一定条件下和一定范围内起到调节自然资源、改善生态环境的作用,那么就必须发挥好政府调节的主导性作用,而不可迷信市场化。充分发挥政府和市场在生态保护方面的双重作用和各自优势,可以有效避免以财产私有为基础,以市场经济为主体,政府只是"守夜人"的资本主义制度下所引发的对自然环境的破坏性影响,因而是中国特色社会主义制度优越性的一个集中体现。鉴于此,国家在继续推进自然资源产权交易市场建设的同时,还要健全和完善自然资源资产管理体制与用途管制制度。

---

① 中共中央国务院关于加快推进生态文明建设的意见[N].人民日报,2015-05-06.

再次，自然资源的有偿使用制度是生态开发的约束手段。长期以来，由于人们生态保护观念的缺乏，生态管理滞后，生态价值被忽略，造成有些城市资源被无偿使用，较低的排污费征收标准不能有效约束企业排污，因而使生态环境受到损害却得不到补偿和赔偿。为此，应通过完善和实施绿色税费制度、生态补偿制度和损害赔偿制度，贯彻"谁开发谁保护，谁破坏谁恢复，谁受益谁补偿"的公平原则，让动态经济发展中的先行者对其所产生的外部性予以补偿。例如，要积极推进环境保护税和资源使用费改革；要建立反映市场供求关系、资源稀缺程度、生态环境损害成本及修复效益的生态补偿制度；要构建责任明确、途径畅通、技术规范、保障有力、赔偿到位、修复有效的生态环境损害赔偿制度。特别需要强调的是，要通过建立生态环境损害赔偿磋商机制，完善相关诉讼规则，加强赔偿和修复的执行与监督，规范鉴定评估，切实有效赔偿因污染环境、破坏生态而导致的生态环境要素及功能的损害。[1]

最后，防治结合的从严治理制度是生态平衡的根本保障。面对资源约束下的经济转型和技术升级问题，需要改变因经济快速发展而滥用自然资源的生态稀缺局面，提高企业和居民的资源利用率，减少能源耗费，促进资源循环利用，把民众对生态资源的索取控制在合理范围内，国家则必须以防治结合的从严治理制度为治污之根本保障。具体言之，在预防环境污染方面，应对企业强化节能节地节水、环境、技术、安全等市场准入标准，对一切社会成员的行为设立空气、水、土壤、物种保护的最低环境影响标准。只有把资源损耗和生态成本纳

---

[1] 王尔德. 2018年全国推行生态环境损害赔偿制度改革［N］. 21世纪经济报道，2015–09–18.

入国民经济核算体系,才能使市场价格真实反映经济活动的环境代价,确定恰当的边际社会成本,刺激企业提高资源产出率。在治理环境方面,各级政府要承担主要的生态责任,履行生态职能,维护生态安全,转变经济发展方式,协调好经济发展和环境保护的关系。为此,要加大财政资金投入,统筹有关资金,对资源节约和循环利用、新能源和可再生能源开发利用、环境基础设施建设、生态修复与建设、先进适用技术研发示范等给予支持。企业要担任绿色发展的主体性角色,通过技术创新和管理创新节能减排,高效生产,兼顾实现经济效益、社会效益和生态效益,实行企业环境行为评级制度及差别化信贷配套政策,引导企业实行绿色化生产经营模式。生态组织要在生态公益宣传、环境损害评估以及应对环境紧急事件等方面独立发挥积极作用。公民个人则要转变消费观念和生活方式,制度化参与环境保护和环境监督,推动创造整洁、优美、和谐的生态环境和形成绿色、低碳、循环的科学生活方式。

四、开放发展

十八届五中全会提出,坚持开放发展,必须顺应我国经济深度融入世界经济的趋势,奉行互利共赢的开放战略,发展更高层次的开放型经济,积极参与全球经济治理和公共产品供给,提高我国在全球经济治理中的制度性话语权,构建广泛的利益共同体。开创对外开放新局面,必须丰富对外开放内涵,提高对外开放水平,协同推进战略互信、经贸合作、人文交流,努力形成深度融合的互利合作格局。2015年12月,中央经济工作会议指出,要继续抓好优化对外开放区域布局、推进外贸优进优出、积极利用外资、加强国际产能和装备制造合作、加快自贸区及投资协定谈判、积极参与全球经济治理等工作。要抓好"一带一路"建设落实，发挥好亚投行、丝路基金等机构的融资支撑作用，抓好重大标志性工程落地。

目前，贯彻党中央关于"发展更高层次的开放型经济"的关键，是要建立起"低损耗、高效益、双向互动、自主创新"的"精益型"对外开放模式，统筹国内经济发展与对外开放的关系，促进国民经济持续健康发展。① 例如，要推进高水平双向开放，首先要以实施自主知识产权战略为重点，加速创新型国家建设，参与国际分工要从较低端向中高端迈进，积极提升对外经济开放的质量。不仅要落实"中国制造2025"，而且要参照德国"工业4.0"的精神，超前规划我国产业。不能每一个产业都搞后发优势，在高铁方面我们就搞了先发优势，很成功。自主创新需要长期不间断的投入，长期积累，过去我们在这方面做得不够，科技研发费用投入太低，2014年科技研发经费占比只有2.1%。这个比例不要说跟发达国家比，甚至连印度都比不上。

其次，要借鉴日本经验，根据每个产业的自主创新能力来具体确定该产业对外开放的程度和速度，从而为该产业提高自主创新能力营造较为宽松的环境。日本的产业是一个一个开放的，这个经验来自德国。在19世纪经济学家李斯特的历史学派影响下，德国迅速起飞，采取的措施就是先保护，先不对英国开放，通过内部竞争提高技术，等产业水平接近英国，或者互有长短，然后才开放互利。过去美国经常与日本谈判，要求日本开放，日本就是不开，磨了10年，产业和技术

---

① 程恩富，尹栾玉.加快转变对外经济发展方式须实现"五个控制和提升"［J］.经济学动态，2009（4）.

上去了才宣布开放。韩国也大致如此,现在日本和韩国的经济民族主义比我们还强。与其更多地学习美国,不如更多地学习二战后的日本和韩国。

最后,金融开放发展要确立服务于实体经济和民富国强的思路,这是新常态下经济平稳运行的前提条件。服务于实体经济是金融的基本职能。这一职能正常发挥作用的条件是金融发展的速度和水平与实体经济相适应。金融业开放发展滞后于实体经济,就会阻碍实体经济的发展;金融业开放发展超前于实体经济,则会使金融风险不断积累,在金融监管缺位的情况下最终将导致金融危机和经济危机。

新常态下金融发展服务于实体经济和民富国强,需重点做好以下几方面工作。一是要防止外国资本在中国形成金融垄断。外国资本在中国的金融垄断,不仅会攫取大量的金融垄断利润,而且会使中国失去经济自主权和国家安全的屏障。新常态下防止外资的金融垄断,要求我国在发展混合所有制的过程中,通过法律严格限定外国资本在商业金融机构的参股比例和参股条件。二是要谨慎对待并充分论证资本项目开放的问题。资本项目管制是防止国家资本严重冲击国内经济发展的有效手段。资本项目开放的程度和速度要与国内资本市场的抗风险能力和金融监管部分的监管能力相适应。三是加快金融市场的事先、事中和事后全过程和全方位监管,特别是加强以有效治理股灾的股市监管法制和能力建设。一方面,人大要完善金融市场监管的法律制度体系,使法制建设与金融市场发展实践相适应;另一方面,金融监管部门要在监管人员素质、监管技术、监管机制等方面不断提高监管能力。四是人民币"入篮"(指特别提款权,SDR)后,金融改革仍应基于国家安全原则,以加强自主型高层次开放。人民币入篮不等于要立即开放资本项目。基于"三元悖论",资本自由流动与汇率稳定和货币政策存在着"钟摆效应",即保证三个宏观经济政策目标中的一个目标实现的同时,另外两个可以实现一定程度的摆动。倘若高度重视蒙代尔、克鲁格曼、斯蒂格利茨、梯诺尔四位诺奖得主和林毅夫、余永定、郎咸平三位海归国际金融专家以及著名教授方兴起等人均一致反对立即开放我国资本项目的科学理论和政策分析,现阶段我国应采取的政策选项是:保证货币政策有效性,在汇率制度弹性和资本流动程度之间进行摆动。具体说来,保证货币政策有效性的同时,实现有管理的浮动汇率制度配合有管制的资本流动。

五、共享发展

十八届五中全会公报提出,坚持共享发展,必须坚持发展为了人民、发展依靠人民、发展成果由人民共享,做出更有效的制度安排,使全体人民在共建共享发展中有更多获得感,增强发展动力,增进人民团结,朝着共同富裕方向稳步前进。缩小收入差距,坚持居民收入增长和经济增长同步、劳动报酬提高和劳动生产率提高同步,健全科学的工资水平决定机制、正常增长机制、支付保障机制,完善最低工资增长机制,完善市场评价要素贡献并按贡献分配的机制。坚持共享发展,主要涉及民生和共同富裕的问题,其中分配问题最为突出。我国现在财产和收入的分配差距都比较大,基尼系数超过美国;1%最富家庭已拥有我国家庭财产的三分之一,已与美国相同。要注意的是,贫富分化的第一指标不是收入。收入只是财富的流量,而关键是财富的存量,即家庭净资产。家庭净资产才是衡量贫富分化的首要指标。

据 2015 年 10 月 17 日《参考消息》报道，最新"胡润财富报告"说，中国亿万富翁人数已经超过美国。这份追踪财富状况的调查报告说，中国经济虽然放缓，但是 2015 年亿万富翁人数增加了 242 人，达到 596 人。相比之下，美国亿万富翁人数为 537 人。上述中国亿万富豪人数不包括港澳台地区。最近十几年来，党中央文件一直强调要"缩小收入差距"，但在学界和政界一直有争议，甚至有文章说"富豪是经济引擎，也应是社会楷模"。一种极其流行的错误观点认为，目前贫富差距问题不是首要问题，不是非公经济的大规模发展导致的，而"中等收入陷阱"才是需要担心的问题。这是必须认真辨析的前沿问题。2007 年，世界银行在其发表的《东亚复兴：关于经济增长的观点》报告中，用不到一页的篇幅匆匆提出了"中等收入陷阱"一词，但并未给出明确的概念。该报告只是描述了陷入"中等收入陷阱"后的若干表现：缺乏规模经济、经济大幅波动或基本停滞、陷入增长困境等。这就提供了模糊的空间，甚至是有意为之。值得关注的是，也有个别学风严谨的西方人士，通过独立的研究，不认同"中等收入陷阱"概念。例如，有一项研究通过考察 1960 年和 2009 年人均收入长期变化的数据，发现希腊、中国香港特别行政区、中国大陆、爱尔兰、日本、波多黎各、韩国、塞舌尔、新加坡、西班牙和中国台湾均不在所谓的"中等收入陷阱"之中，只有葡萄牙和塞浦路斯在 2009 年仍被列入中等收入国家，但并未见到什么进入"陷阱"的迹象，因而他们认为根本不存在什么"中等收入陷阱"。①

---

① 阮哈明，玛雅·艾登，戴维·布尔曼. 不存在中等收入陷阱［EB/OL］，［2015–10–28］. http://blogs.worldbank.org/futuredevelopment/there–nomiddle–income–trap/2014–12–05/.

首先，拉美地区陷入所谓"中等收入陷阱"的真实原因，是由于新自由主义泛滥造成的恶果。新自由主义是古典自由主义的一个极端发展，主张完全市场化、去国家调控化，在凯恩斯主义失效后得势。其次，在31个低收入国家中，除了朝鲜，全部实行了资本主义，而且多数是非洲国家。资本主义国家所标榜的所谓自身制度的优越性，并没有在这些国家得到体现，相反，却说明了低收入资本主义国家也会存在严重的问题。以非洲国家为例，它们或多或少都与资本主义制度有关，如整体思想观念落后、政治不稳定、国内外冲突不断、粮食短缺、公共卫生事业缺乏、教育供给严重不足、就业问题突出，等等。最后，高收入国家没有进入陷阱吗？以美国为首的西方高收入国家已发生长达8年的金融危机、经济危机、财政危机，发生在前几年的"占领华尔街"运动所提出的"1%与99%"对立的贫富分化局面，发生频频向外进行经济政治军事霸权扩张的事件，这些均表明美国、欧盟和日本已进入高收入的陷阱。

当前，要真正落实十八届五中全会强调的共享和共同富裕的新理念，关键之一在于壮大和完善按劳分配为主体的所有制基础，必须毫不动摇地巩固和发展公有制经济，包括国有经济和多种形式的集体经济、合作经济。公有经济是消灭剥削、消除两极分化、实现共同富裕的经济基础，是发展现代社会化生产力的市场主体，也是限制非公经济剥削、提高劳动财富和劳动收入的重要途径。多年来的事实表明，公有制和按劳分配的主体地位日渐削弱，劳动收入的占比不断下降，归根到底是由于公有经济的主体地位被旁落（被卖掉、被吞占）。要重点发展以公有制为主体和公有资本控股的混合所有制，这是具有全局性最重要的意义。关键之二在于构建国家主导型劳动者维权机制。目前我国大多数劳动者在非公企业就业，加不加工资主要由老板说了算，政府干预的空间很小。西方政府是站在雇主阶级的立场上主要靠事后调节来协调劳资关系。作为人民政府而非"中性政府"的社会主义政府应汲取西方的教训，应当站在雇员阶级的立场上，主要在事前采取主动、积极的措施协调劳动关系或劳资关系。过去在联邦德国企业董事会中的雇员比例制和收入共决机制下，工会依据企业劳动生产率提高来谈判雇员收入的合理增长；在日本，企业依据职工工龄的增加而提高收入等措施，都可以为我国政府借鉴和利用。如果政府严格检查落实法定劳动时间和《劳动合同法》，劳动者利益完全可以得到保障。我国政府至少应当像当年英国政府一样向企业派出工厂视察员，对于侵犯职工利益的行为直接进行起诉。这是主动协调劳资关系和维护社会稳定的积极措施。如果各级政府等候劳资冲突，事后再去协调，那就陷于被动，也难以体现人民政府的劳动阶级性质，与从严全面依法治国的积极进取精神并不吻合。

（原载于《南京财经大学学报》，2016年第1期）

第二节 以创新为第一动力推动经济社会发展

《中共中央关于制定国民经济和社会发展第十三个五年规划的建议》指出:"实现'十三五'时期发展目标,破解发展难题,厚植发展优势,必须牢固树立创新、协调、绿色、开放、共享的发展理念。"[①]贯彻落实党的十八届五中全会精神,最重要的是要深刻把握和坚持践行全会提出的五大发展理念,用新的发展理念指引发展方向,破解发展难题,增强发展动力,拓展发展空间。"创新"居五大发展新理念之首,本节将从什么是创新、为什么要创新、怎样创新等方面进行论述。

一、深化对创新理念科学内涵和重要性的认识

党的十八届五中全会提出的创新发展理念,不同于一般技术层面的创新,也不只是科技经济领域的创新,它是中国共产党引领经济社会发展的重要指导思想,是指导国家发展全局的核心理念,涵盖理论创新、制度创新、科技创新、文化创新等各方面,事关全面建成小康

[①] 中共中央关于制定国民经济和社会发展第十三个五年规划的建议[M].北京:人民出版社,2015:8.

社会和中华民族伟大复兴目标的实现。深刻领会和全面把握党的十八届五中全会提出的创新发展理念，必须充分认识创新理念的科学内涵和特殊重要性。

（一）深化对创新理念科学内涵的认识

坚持和践行创新理念，首先要正确把握创新理念的科学内涵。作为中国共产党领导发展的指导思想和居国家发展全局核心位置的创新理念，无论是内涵还是外延，都不同于一般意义上的创新。从内涵看，创新理念主要包括三个方面：一是以技术创新为先导的科技经济创新；二是以体制、机制创新为载体的制度创新；三是以思维方式、观念理念创新为主要内容的思想创新。从外延看，创新理念既包括生产力、生产关系创新，也涵盖经济基础、上层建筑、意识形态创新；既包括生产方式、消费方式创新，也涵盖思维方式、社会治理方式创新。

（二）深化对创新理念重要性的认识

习近平多次反复强调创新理念的特殊重要性和重大意义。他说，"创新是引领发展的第一动力""我国经济社会发展要突破瓶颈制约、解决深层次矛盾和问题，我们国家要走在世界发展前列，根本出路在于创新。"[①]"抓创新就是抓发展，谋创新就是谋未来。不创新就要落后，创新慢了也要落后。"[②]党的十八届五中全会明确提出："坚持创新发展，必须把创新摆在国家发展全局的核心位置，不断推进理论创新、制度

---

① 习近平. 实现实实在在没有水分的增长——关于促进经济持续健康发展 [N]. 人民日报，2014–07–07.

② 习近平. 谋创新就是谋未来 [EB/OL]. [2015–07–19]. http://news.xinhuanet.com/ttgg/2015–07/19/c_1115970819.htm.

创新、科技创新、文化创新等各方面创新，让创新贯穿党和国家一切工作，让创新在全社会蔚然成风。"

首先，创新理念是党引领发展的重要指导思想。引领新时期经济社会发展，需要新的发展理念。如果理念陈旧落后，跟不上时代发展要求，势必妨碍发展全局，影响发展效果，即使是付出最大努力，也是事倍功半，收效甚微。习近平强调指出："发展理念是发展行动的先导，是管全局、管根本、管方向、管长远的东西，是发展思路、发展方向、发展着力点的集中体现。发展理念搞对了，目标任务就好定了，政策举措也就跟着好定了。"[①] 党的十八届五中全会提出的新的发展理念，是党指导新时期经济社会发展的重要指导思想和行动指南。"创新"居五大发展新理念之首，各级党委政府要从党的指导思想的认识高度把握创新理念的特殊重要性，把创新理念作为推动本地区、本部门、本单位发展的指导思想和行动指南，把创新理念贯穿发展全过程，以创新理念推动和引领发展。

其次，创新是引领国家发展全局的核心理念。党的十八届五中全会明确提出，"必须把创新摆在国家发展全局的核心位置"。习近平强调："这五大发展理念，是'十三五'乃至更长时期我国发展思路、发展方向、发展着力点的集中体现，也是改革开放30多年来我国发展经验的集中体现，反映出我们党对我国发展规律的新认识。"[②] 创新发展并非一般的方针政策，而是高居国家发展全局核心位置的理念，事关国家现代化建设的兴衰成败。"创新是一个民族进步的灵魂，是一个国家

---

① 习近平.关于《中共中央关于制定国民经济和社会发展第十三个五年规划的建议》的说明［N］.人民日报，2015-11-04.

② 同①.

兴旺发达的不竭动力，也是中华民族最鲜明的民族禀赋。"[1]创新对于整个国家现代化战略而言，事关当下，影响长远，关乎全局。当下，创新关系缓解经济下行压力，提振经济发展；近期，创新关乎2020年全面建成小康社会目标的实现；长远，创新决定第二个百年能否基本实现国家现代化。创新驱动发展需要有战略性眼光和全局思维，不仅要看到技术的演进规律，也要看到技术和产业的互动。实际上，创新驱动发展不仅需要高技术和中低技术产业协同创新与发展，也需要在创新驱动和对外直接投资（FDI）、企业规模之间达到一种平衡关系。因此，需要进行长远规划、全面布局和配套政策。[2]

最后，创新是推动经济社会发展的第一动力。习近平说："创新是引领发展的第一动力。"党的十八届五中全会提出的创新理念，实质是解决发展动力问题。经济社会的发展首先要有强大的动力。俗话说，"火车跑得快，全靠车头带"。动力是引领经济社会发展的"火车头"。目前我国经济社会发展的"瓶颈"是老动力不足、新动力缺乏，迫切需要通过创新解决动力不足和动力创新问题，给经济社会可持续发展注入强大动力。当前我国经济发展，既要面对国内经济"三期叠加"、结构转型的艰巨任务，又要面对世界科技激烈竞争的巨大压力。应对国内外严峻形势，根本出路在创新。只有紧紧抓住创新这个发展第一动力，才能化解"三期叠加"风险，破解产能过剩难题，实现经济结构转型升级，跟上世界科技革命步伐。只有把创新作为推动发展的第一要务，以创新转换老动力，用创新培育新动力，使老动力焕发新活

---

[1] 江泽民. 江泽民文选：第3卷[M]. 北京：人民出版社，2006：64.
[2] 王伟光，马胜利，姜博. 高技术产业创新驱动中低技术产业增长的影响因素研究[J]. 中国工业经济，2015（3）.

力，让新动力层出不穷，以增强引领经济社会发展动力。

二、以科技创新为动力引领经济新常态发展

创新是引领经济新常态的第一动力。当下走出经济发展困境的根本出路在创新，实现经济可持续发展的根本动力也在创新。习近平说："新常态下，我国经济发展表现出速度变化、结构优化、动力转换三大特点，增长速度要从高速转向中高速，发展方式要从规模速度型转向质量效率型，经济结构调整要从增量扩能为主转向调整存量、做优增量并举，发展动力要从主要依靠资源和低成本劳动力等要素投入转向创新驱动。"[1] 新常态要有新动力。在经济新常态下实现经济复兴之梦，主要路径还是在于提质增效。[2] 只有适应新常态，把握新常态，引领新常态，才能积极转换动力，培植新动力。我国现行经济发展的主要问题是动力疲软，动力不足，缺乏新动力引领，动力不足已成为制约经济发展的瓶颈。

（一）以科技创新为动力突破经济发展瓶颈

动力不足是当下制约我国经济发展的瓶颈，突破瓶颈唯有创新。用创新培植发展新动力，就是要按照十八届三中全会的要求，"发挥科技创新在全面创新中的引领作用，加强基础研究，强化原始创新、集

---

[1] 习近平. 关于《中共中央关于制定国民经济和社会发展第十三个五年规划的建议》的说明［N］. 人民日报，2015-11-04.

[2] 王丰. "新常态"下实现"中国梦"的经济路径与动力源泉［J］. 海派经济学，2015（3）.

成创新和引进消化吸收再创新"①。科学技术是第一生产力，也是推动经济社会发展的第一动力。科技经济创新主要培育发展新动力，拓展发展新空间，构建产业新体系，大力推进农业现代化。我国以往的发展基本上靠要素投入、低成本劳动力拉动，属于典型的数量规模型粗放式发展。粗放式发展造成产能严重过剩，资源环境约束，创新能力不足，经济大而不强。今天靠要素投入已难以为继，凭低劳动力成本竞争的时代已经过去，单靠传统需求侧的"三驾马车"拉动明显不够，而应着力实施"科技创新、要素质量、结构优化"的供给侧"新三驾马车"。当下经济发展对创新的需求比过去任何时期都要强烈而紧迫。经济发展根本出路在创新，前途在创新，关键在创新。只有创新才能从根本上突破发展动力不足的瓶颈制约。将创新驱动发展作为我国面向未来的一项重大战略，一方面，需要着力推动科技创新与经济社会发展紧密结合，让市场真正成为配置创新资源的力量，让企业真正成为技术创新的主体。另一方面，政府在关系国计民生和产业命脉的领域要积极作为，加强支持和协调，总体确定技术方向和路线，用好国家科技重大专项和重大工程等抓手，集中力量抢占制高点。实施创新驱动发展战略关键在于增强自主创新能力，努力掌握关键核心技术。②

（二）以科技创新为动力领跑新一轮世界科技革命和产业变革

经过新中国成立60多年，尤其是改革开放30多年以来的快速发展，我国科技落后的面貌得到了根本改观，科技创新实力在世界的影

---

① 中共中央关于制定国民经济和社会发展第十三个五年规划的建议[N].人民日报，2015–10–29.
② 程恩富.习近平的十大经济战略思想[J].当代社科视野，2014（1）.

响和地位已步入以跟踪为主转向跟踪和并跑、领跑并存的新阶段。跟踪主要靠学习借鉴与模仿，并跑、领跑则要靠创新，要有原创、首创。没有创新就没有资格并跑、领跑，非但如此，还有可能错失世界新技术革命发展机遇，拉大同发达国家科技经济发展差距。从国际发展环境看，新一轮科技革命和产业变革蓄势待发。我国要在世界科技竞争中占有一席之地，发挥并跑、领跑作用，就必须大力推进科技创新，多出原创、首创科技创新成果，以科技创新为动力增强我国在世界科技发展中并跑、领跑的实力。

三、以体制机制创新为动力推动国家治理体系现代化

国家治理体系现代化与创新是社会文明进步的重要标志和动力。"国家治理体系是在党领导下管理国家的制度体系，包括经济、政治、文化、社会、生态文明和党的建设等各领域体制机制、法律法规安排，也就是一整套紧密相连、相互协调的国家制度。"[1]推进国家治理体系现代化，必须高度重视体制机制创新。国家治理体系既负有推动科技经济与思想观念创新的使命和责任，也有与时俱进、自我创新的要求和任务；既要充分发挥国家治理体系推动科技经济与思想观念创新的重要作用，又要重视国家治理体系自身的现代化和创新。

（一）以国家治理体系创新推动科技经济与思想观念创新

科技经济与思想观念创新需要科学合理的国家治理体系推动。虽

---

[1] 范逢春.创新社会治理要实现"五个转变"[N].光明日报，2014-07-20.

然现行国家治理体系发挥了重要作用,但与全面推动科技经济与思想观念创新的要求还存在较大差距。由于国家治理体系的体制机制不健全、不完善,妨碍、耽误甚至扼杀科技经济与思想观念创新的现象时有发生。如有的创新由于体制机制不健全卡在"最先一公里"上无法开启,有的创新由于体制机制不顺畅被搁置在"最后一公里"上无法推进,有的创新由于体制机制的缺陷胎死腹中。要让创新在全社会蔚然成风,首要是要以体制机制创新为动力,推动国家治理体系创新和现代化,用体制机制创新为推动社会创新扫清障碍,开辟道路,提供保障。从国家治理体系层面激发社会创新活力,培植社会创新动力,开拓社会创新空间,搭建社会创新舞台,疏通社会创新渠道。

(二)国家治理体系要与时俱进自我创新

国家治理体系要在科技经济与思想观念创新上发挥助推作用,最重要的是国家治理体系要通过自我创新提高现代化水平。

首先,推进国家治理体系创新和现代化要精简机构,下放权力。我国国家治理体系的主要弊端是机构过于庞大、权力过于集中、办事效率低下。推进国家治理体系现代化,要下决心精简机构,推行大部制。长期以来,政府机构设置职能交叉,分工过细,重复设置,机构庞大,相互掣肘,严重影响办事效率,不利于激发社会创新活力。推进国家治理体系现代化关键在政府瘦身和转变职能。瘦身重在建设精干政府、高效政府、强势政府、权威政府;转变职能重在强化政府的服务职能、监管功能、决策引导权威,建设服务型政府。该政府管的事要抓住不放,管严管细一竿子管到底,不需要政府管不该管的事坚决放手不管;该政府集中的权力要高度集中和强化,把权力用好、用到位,该下放的权力要坚决下放,还权于社会,还权于企业,还权于民众。通过合理设置政府机构和政府职能,提高国家治理体系现代化水平,优化社会政治资源配置,激发社会创新活力。需要指出的是,市场经济具有促进创新驱动的内在功能强点,但也可能催生投机主义,导致创新动力不足,即创新驱动的"市场失灵"。①

其次,推进国家治理体系现代化要坚持社会主义方向。推进国家治理体系现代化要立足于国情,坚持社会主义方向,不能照搬照抄西方模式。西方发达国家在国家治理体系建设上积累了丰富经验,形成了较成熟的国家治理制度体系,其中不乏反映社会治理共同规律的人类文明成果。我们在推进国家治理体系现代化和创新过程中,应该大胆学习和借鉴西方社会治理先进的、有益的经验和做法,以提高国家治理体系现代化水平。但绝对不能照搬照抄,更不能崇洋媚外,全盘西化,必须从国情出发,坚持社会主义方向。即使是西方先进有益的经验和做法,也要有所选择,加以改造消化,而不能简单移植和嫁接。推进国家治理体系创新和现代化要警惕"西化"陷阱,防止有人打着推进国家治理体系创新和现代化的幌子,兜售"三权分立""多党制""议会制""军队国家化"等私货,反对党对国家和军队的领导,反对人民代表大会制度,动摇国家的根本政治制度,改变国家的社会主义性质。

四、以思维方式、思想观念创新为动力推动思想解放

思想解放是推动创新的前提,创新需要思想解放。只有解放思想,

---

① 陈波.论创新驱动的内涵特征与实现条件——以"中国梦"的实现为视角[J].复旦大学学报:哲学社会科学版,2014(4).

才可能在创新上敢想、敢干、敢闯、敢冒、敢试。没有思想解放,不仅创新迈不开步,而且人们创新的积极性和潜力有可能被人为压抑甚至扼杀。坚持和践行党的十八届五中全会提出的创新理念,需要以思维方式、思想观念创新为动力进一步推动思想解放。

(一)用思维方式、思想观念创新推进思想解放

思维方式、思想观念创新同思想解放相辅相成,互为条件。思维方式、思想观念创新,既是思想解放的标志和题中应有之意,也是推动思想解放的动力,没有思想解放就很难做到思维方式、思想观念创新。推进经济社会和思想创新,需要破除思维定式和传统观念,克服习惯思维和主观偏见,打破习惯势力的束缚,创新思维方式和思想观念。在思想禁锢、思想僵化、思想保守的社会环境下,创新非常艰难,也很难产生新观念、新理念、新思维。

坚持和践行党的十八届五中提出的创新理念,必须进一步解放思想,以解放思想为先导推动创新发展。改革开放30多年来,我们在解放思想上取得了巨大成就,但对于今天还要不要继续解放思想,人们的认识并不一致。有的人认为,经过30多年的改革,思想解放得差不多了,现在主要是统一思想、稳定思想了;有的人认为,解放思想不能没完没了,有的人甚至认为解放思想过头了,到了该收的时候了。受此影响,一些人在解放思想上程度不同地出现了激情消退、斗志松懈、思想疲劳等现象,[①]这对于思维方式和思想观念的创新极为不利。

---

① 谭劲松.思想解放无止境,解放思想有原则[J].观察与思考,2015(4).

坚持和践行创新理念,需要深刻认识和把握思想解放无止境规律。人类的思想活动始终是同实践活动紧密结合在一起的,伴随着社会实践的发展进步而不断解放和创新。一方面,社会实践发展永无止境,决定了人类思想解放和创新永无止境。人类思想活动始终处在新思想不断取代旧思想,先进思想不断战胜、淘汰落后思想的自我解放、自我扬弃、自我超越、自我创新、自我发展、自我前进、自我提升的永续运动过程之中。人类思想活动永远不会停止和凝固。另一方面,人的思想活动具有相对独立性。一种新的思想和观念一经形成,就不会随着社会实践的改变而迅速改变,也不会随着与之相联系的社会实践的消失而立即退出历史舞台。人们一旦对某一事物形成了一定的看法、认识、观念、思想、理论,就会自觉不自觉地去坚持它、维护它、稳定它,这就是我们常说的思维定式。思维定式容易导致思想保守、思维僵化、思想禁锢、因循守旧、墨守成规。思维定式的存在和影响,使得人的思想活动对社会实践活动的反映具有迟钝性和滞后性。思维定式是妨碍思想解放和理论创新的最大障碍。社会发展和创新无止境,决定了解放思想没有终点、永无止境。思想解放是人类社会永续前进的永恒主题。[①]

(二)以思维方式、思想观念创新引导和带动社会创新

思维方式、思想观念理念创新是一切创新的先导。无论是科技经济创新,还是以体制机制创新为内容的国家治理体系创新,都源于思维方式、思想观念理念创新,都需要解放思想,敢于打破思维定式。

---

① 谭劲松.思想解放无业境,解放思想有原则[J].观察与思考,2015(4).

思维方式、思想观念理念创新要从以下方面入手。

首先，要培养自我超越的思维方式。自我超越就是永不满足，追求卓越。一个安于现状、不想超越、不敢超越的人，就没有创新冲动，无论从事什么工作，都是不可能创新的。唯有创新，才能超越自我。坚持和践行创新理念要培养自我超越的思维方式。

其次，要培养自我变革的思维方式。创新源于自我变革，只有创新才能实现自我变革，自我变革需要创新，二者相辅相成。人最容易按常规行事，按习惯思考，惧怕变革，墨守成规。这是妨碍创新的最大障碍，坚持和践行创新理念要培养自我变革的思维方式。

最后，要培养敢为天下先的思维方式。创新主要来自敢为天下先的精神动力。怎样才能做到"为天下先"？唯有创新，唯有树立人无我有、人有我新、人新我特的理念，才能抢占先机，走在前列，占领制高点，引领发展方向。不创新不仅难为天下先，而且会落后于时代，被滚滚向前的时代潮流淘汰。知足常乐、小富即安、甘居中游、惧怕出头、不敢冒尖的思维方式，是不会去思考创新的。

五、在全社会营造创新氛围和创新条件

坚持和践行党的十八届五中全会提出的创新理念，就是要在全社会营造创新氛围，培植创新土壤，打造创新国家和创新社会。要按照党的十八届五中全会要求，"把发展基点放在创新上，形成促进创新的体制架构，塑造更多依靠创新驱动、更多发挥先发优势的引领型发展"。明确创新不仅是对科技工作者的要求，更是对全党、全社会提出的紧迫任务，使创新不仅成为生产力发展的第一动力，而且成为推动

整个社会进步的原动力。以全面创新、全方位创新、全领域创新、全员创新理念推动大众创业、万众创新,使创新成为科技进步之源、社会发展之源、时代活力之源。

(一)培养创新人才和培育具有创新意识的劳动者

人才是创新之本。要使创新成为推动社会发展的第一动力,最重要的是要培育创新人才,培育具有创新意识的劳动者。我国之所以创新动力不足,根本原因是缺乏创新人才,尤其是重大创新的领军人才。劳动者缺乏创新意识和创新积极性,坚持和践行党的十八届五中全会提出的创新理念,要从培养劳动者创新意识和创新人才入手。

首先,重视高层次创新人才的培养和引进。推动社会创新,尤其是科技创新,需要有高层次的创新人才。一方面,要高度重视已有高层次人才的培养、提高,充分发挥他们在创新中的引领和骨干作用。另一方面,要注重高层次人才尤其是领军人才的引进。当今世界高端创新人才济济,国际人才市场竞争激烈。我们要通过优惠政策去吸引国外优秀人才,尤其是海外华人和留学生中的优秀人才。要处理好培养和引进的关系,不能顾此失彼,要两条腿走路,要双管齐下、两手抓。对于高层次创新人才,无论是自己培养的还是引进的都要一视同仁,都要重视和尊重,为他们搭建工作平台,帮他们解决工作学习生活困难,给他们提供优厚待遇,用事业吸引人,用待遇留住人,用感情温暖人,让所有创新人才有用武之地、无后顾之忧,使他们的创新积极性得到充分发挥,聪明才智得到充分利用。

其次,要培养和激励劳动者创新思维和创新积极性。广大劳动者是大众创业、万众创新的主力军。坚持和践行创新理念,基础在培养和提高劳动者创新意识，提升劳动者的创新素质和创新能力。一要激励就业在岗劳动者的创新积极性。各级党委政府要按照中央鼓励"大众创业、万众创新"的要求，通过政策支持、舆论引导、物质鼓励等途径，支持和保护劳动者创业创新积极性，激发创业创新活力，挖掘创业创新潜力，让敢于创业创新之人先富起来，得到国家和社会的尊重。二要重视职业技术教育、高等教育创新意识和创新人才的培养。我国每年有上千万青年学生进入中高等学校，他们是劳动后备大军。中高等学校要按照中央"大众创业、万众创新"的战略要求，重视和加强对广大青年学生创业创新意识的培养，提高他们创业创新能力，使他们走上劳动岗位后能扛起创业创新大旗，成为未来创业创新生力军。鼓励他们成为未来创新突破的探索者、创业创新的践行者、世界创新潮流的弄潮者。三是创新教育要从娃娃抓起，从小培养学生的问题意识、创新意识，注入和培植创新基因，从根本上变应试教育为创新教育，把培养学生创新意识和探索精神贯穿教育教学始终，使教育真正服务服从于国家创业创新。

（二）强化社会创新激励

创新需要激励，激励是推动创新的动力。坚持和践行党的十八届五中全会提出的创新理念，要努力健全完善社会创新激励机制，把全社会的创新潜力激发出来，创新积极性调动起来，创新智慧发挥出来，使创新在全社会蔚然成风。党的十八届五中全会要求："加快形成有利于创新发展的市场环境、产权制度、投融资体制、分配制度、人才培养引进使用机制。""激发企业家精神，依法保护企业家财产权和创新收益。"① 实践表明,原始创新是当前世界各国经济发展的决定性因素,最能体现国家的综合国力。要保持原始创新的持续动力,不仅需要激发科研人员的兴趣、好奇心、学术竞争等内在动力,更要重视需求牵引、国家政策推动和激励等外在动力,共同推动原始创新的持续发展。② 一方面,政府和企业要在工资待遇、奖金、税收、成果转让等方面健全完善创新激励机制。厚待创新,重奖创新,让创新成果得到应有奖励,让创新人才得到丰厚回报。使敢于创新、善于创新的人收入多起来,生活好起来,率先富起来。另一方面,要使勇于创新、善于创新的人得到社会尊重和褒扬,使创新人才成为各行业学习的榜样,根据他们创新贡献的大小授予相应荣誉称号,予以重用提拔。让大众创新积极性迸发,让各类人才创新智慧如泉喷涌,让全社会创新活力四射。

(三)营造推动社会创新的舆论氛围和社会环境

创新需要社会环境和舆论氛围,需要培育孕育创新的土壤。坚持和践行党的十八届五中全会提出的创新理念,要通过舆论宣传、文化熏陶、政策引导,在全社会厚植创新沃土,营造创新氛围,努力培植创新光荣、创新可敬、创新致富,推崇创新、敬重创新、羡慕创新、勇于创新、积极创新的社会风尚。

首先,要营造推动大众创业创新的社会环境。思想重视程度有多高,工作支持力度就有多大,创新取得的成效就有多大。认识不到位,

---

① 中共中央关于制定国民经济和社会发展第十三个五年规划的建议[N].人民日报,2015-10-29.
② 于绥生.原始创新的持续动力问题研究[J].管理学刊,2015(5).

思想不重视，创新就很难取得成效。各级党委政府，既要从科技经济层面去重视创新、抓创新，从增加资金投入上支持创新，更要从党引领发展指导思想高度重视创新，从国家发展战略高度推动创新。不仅要加大对创新的财政投入和物质支持，而且要从政策法规、体制机制等制度安排上支持保障创新，更要从思想认识、领导精力上重视创新，把创新发展提上党委政府工作重要议程，贯穿党委政府工作全过程。在全社会形成创业创新人才脱颖而出的局面，使人人都有创业创新出彩的机会，个个都有展示创业创新才华的平台。

其次，要营造推动大众创业创新的舆论氛围。坚持和践行党的十八届五中全会提出的创新发展理念，要努力做好舆论宣传工作，通过宣传教育，使创业创新成为一种文化、一种思想舆论、一种社会风尚。在全社会形成崇尚创业创新、褒扬创业创新、敬重创业创新、支持创业创新、积极投身创业创新的强大舆论和社会风尚。

（四）健全完善推动和保障创新的体制机制

科技经济创新和理念观念创新，需要科学、文明、民主的现代化制度推动和保障。社会只有建立在科学、文明、民主的制度之上，才能形成既有自由又有纪律、既团结紧张又严肃活泼的政治局面。也只有这样的社会制度安排，社会成员才会心情舒畅，畅所欲言，敢想敢说敢干，解放思想，求新创新，不断进取，与时俱进。在民主严重缺乏的社会制度下，人人自危，个个谨小慎微、担惊受怕，担心因言治罪，必然是一言堂、家长制，万马齐喑、思想禁锢、社会沉闷、缺乏活力。历史和现实表明，社会只有建立在科学、文明、民主的制度之上，才能解放思想，只有思想解放才能引发观念理念创新和科技经济创新。当人们的思想不敢越雷池半步时，何来思想解放，又怎能奢谈观念理念创新。

综上所述，坚持和践行党的十八届五中全会提出的创新理念，要深刻把握创新是引领发展的第一动力，创新是激发社会活力的第一要素，把创新摆在国家发展全局的核心位置，作为贯穿党和国家工作的主线，在全社会形成崇尚创新、鼓励创新、支持创新、践行创新的舆论环境和社会风尚，让创新之风吹遍大江南北，使创新之光普照中华大地，让万众创新的星星之火在全国形成燎原之势，为中华民族伟大复兴注入强劲的发展动力。

（原载于《马克思主义与现实》，2016年第1期，第二作者为谭劲松）

第三节　共享发展是中国特色社会主义政治经济学的新话语

2016年5月17日,习近平总书记在哲学社会科学工作座谈会上指出:"对国外的理论、概念、话语、方法,要有分析、有鉴别,适用的就拿来用,不适用的就不要生搬硬套……发挥我国哲学社会科学作用,要注意加强话语体系建设。在解读中国实践、构建中国理论上,我们应该最有发言权。"①这就指明了一个十分正确而又极其重要的理论创新原则。习近平总书记提出的共享发展新理念,突出发展的根本目的是为了人民,发展的力量是依靠人民,发展的成果由人民共享,就是具有中国特色社会主义政治经济学的新话语、新概念和新理论,迫切需要在与西方相关话语的比较中深度阐发和积极传播。

一、共享发展新理念的形成

共享发展新理念早就蕴含在习近平总书记系列重要讲话中。2013

---

① 习近平.习近平在哲学社会科学工作座谈会上的讲话[N].人民日报,2016-05-19.

年3月他就提出:"生活在我们伟大祖国和伟大时代的中国人民,共同享有人生出彩的机会,共同享有梦想成真的机会,共同享有同祖国和时代一起成长与进步的机会。"党的十八届五中全会将"共享"融入"创新、协调、绿色、开放"四大发展理念,是首次全面系统地对共享发展进行阐述。十八届五中全会提出以"坚持共享发展,必须坚持发展为了人民、发展依靠人民、发展成果由人民共享,作出更有效的制度安排,使全体人民在共建共享发展中有更多获得感,增强发展动力,增进人民团结,朝着共同富裕方向稳步前进"为核心思想的共享发展理念,明确了我国以人民为中心的发展价值取向,揭示了经济社会发展的出发点和落脚点,成为习近平总书记治国理政思想中经济发展思想的一个结晶和升华。

当下中国已进入经济中高速增长的新常态、全面深化改革和经济治理的深水区,共享发展理念突出发展的根本目的是为了人民,发展的力量是依靠人民,发展的成果由人民共享,为我国经济社会建设指明正确方向。

二、"分享经济"与"共享经济"的区别

西方经济学有"分享经济"这一概念,但要将之与近年网上热议的同音异义概念区分开来。后者是指利用闲散资源,通过高效率信息发布平台为消费者提供低价商品或服务的一种商业模式,这种分享实质是以赢利为目的而非公益的,与其他市场交易行为本质上并无二异。西方经济学中的"分享经济",是指20世纪80年代美国经济学家为解决国内滞胀问题提出的将工资与企业利润关联的理论。该理论认为,

固定工资只能应对正常经济环境。在固定工资模式下，当经济受到意外冲击时，只能解雇员工，这就会造成需求不足，国家为创造就业采取积极货币政策又会导致通胀。将工资与利润挂钩，经济萧条期可自动减少工资成本，避免裁员与滞胀；经济繁荣期可以激励员工以更高效率工作，增加总体收益。受"分享经济"理论影响，美国不少公司纷纷实施以员工持股为主的分享计划，截至2012年已有1 100万工人参与该计划，分享利润8 700亿美元，这是具有进步意义的。

看似都是劳动人民参与新价值的分配，然而，习近平总书记提出的"共享经济"与西方经济理论中的"分享经济"有着重要区别。首先，两者建立在不同的产权主体和分配主体的基础上。"共享经济"与以公有制为主体、多种所有制共同发展的基本产权制度和以按劳分配为主体、多种分配方式并存的基本分配制度相联系，其共享主要通过占主体的公有制企业来实现，即由每个劳动者共同占有和使用生产资料，劳动报酬实行按劳分配，企业内部贫富差别不大，而占辅体的非公有制企业则通过劳资两利的国民收入初次分配和再分配，也能在一定程度实现共享。而"分享经济"与以私有制和按资分配为主体的基本产权制度和分配制度相联系，其分享主要通过占主体的私有制企业来实现，即生产资料为私人占有，在资本家的支配下由工人使用，按股分配利润，从而形成股份较少的大量工人获利较少的分享格局。

其次，两者具有不同的目的。"共享经济"是贯彻以人民为中心的发展思路，促进全民共同享受发展成果，全民共同增加主人公幸福感，全民以共同提高富裕水平为最终目的；"分享经济"则是以延缓经济危机为动机和手段，少量分股分利给工人，以便实现资本家的长期利润最大化。

三、"分享经济"与资本修复

"分享经济"实质是资本主义社会进行资本修复的一种外在表现形式。资本修复是指资本家通过各种手段恢复利润率。资本带来增殖价值的同时，由于其逐利本性，也造成了大量经济、生态和社会问题，这些问题积累到一定程度会以金融和经济危机的形式爆发，造成经济衰退、人民失业、贫富分化、环境恶化等危及制度存在的后果。要缓和这些矛盾，维持资本主义经济社会体制运行，就必须对资本进行修复。

资本修复的方式多种多样，"分享经济"便是资本修复的手段之一。资本家通过将剩余价值的一部分以股权红利的形式分享给工人，使员工对企业更有归属感和责任心，从而提高工作效率，主动节约资源，最终为资本家带来较之不分享情况下更多的利润，也为工人带来更多收入和福利。

另外，提高工人收入，有助于提高其商品购买能力，从而刺激有效需求，实现资本的实物补偿和价值补偿，缓解因有效需求不足引起的经济结构失调，推迟经济危机爆发的时间，延长经济周期循环。况且，资本家将利润的一部分与工人分享，可以缩小二者之间的收入差距，甚至可以使工人领袖获得更多利润，从而削弱工会的反抗力量和谈判能力，缓和阶级矛盾。

但从长期看，经济危机都源于资本主义根本经济制度，是其生产社会化和生产资料资本主义私人占有这一基本矛盾的结果。"分享经济"只能缓和阶级矛盾，但失调还是会以一种慢性积累的方式增加，阶级矛盾也会随着财富差距不断拉大而逐渐尖锐。前几年波及80多个资本主义国家的"占领华尔街"运动中提出"1%与99%"之间的贫富对立，就表明了这一点。

四、"共享经济"：劳动与资本双重修复

经济运行过程中的劳动修复比资本修复更加重要。劳动修复是指劳动力再生产和劳动者技能的提高，包含劳动者生存和繁衍后代的初级修复、劳动者教育与培训的中级修复，以及劳动者全面发展的高级修复三个层次。劳动修复的因素包括劳动者的收入水平、生活条件、教育程度、个人发展、社会福利和政治权利等。在资本主义制度下，私人资本消费劳动的过程就是商品和私人剩余价值的生产过程，而劳动者只被看成生产的工具，其主体性不可能被真正确立，劳动无法实现真正的全面修复。

即使在"分享经济"进行资本修复的前提下，资本主义生产目的也决定了劳动修复的有限性。虽然"分享经济"提高了工人收入，但并没有改变资本主义生产追逐私人利润最大化的本性，生产资料和社会再生产领域均掌握在私人资本手中。首先，在经济繁荣时代，工人由于共享利润，其劳动的初级修复和一部分中级修复还能顺利进行；但在经济危机时，大量工人失业，生活水平下降，初级修复都无法得到保障。其次，随着技术进步、大机器和计算机的广泛运用，资本有机构成不断提高，会将更多的工人吸纳到资本主义生产体系中来。

与"分享经济"相反，"共享经济"不但具有"分享经济"所具备的全部资本修复功能，而且其主要目的和作用表现在劳动修复功能上。与"分享经济"的资本修复功能仅反映在分配领域不同，"共享经

济"对劳动的修复全面体现在生产、分配、交换、消费整个经济活动过程中。

第一，在公有企业的生产经营过程中，由于生产资料、生产技术和生产信息的充分互利共享，企业之间可以利用知识易传播性、规模报酬递增及边际成本递减等特性，打破资本主义私有和垄断人为制造的知识传播壁垒，最大限度地释放创新带来的增长红利，将经济蛋糕总体做得更大，为全民共同富裕奠定物质基础。

第二，根据"发展依靠人民"的理念，劳动人民在生产中处于管理者和主体地位，这有利于劳动人民实现其个人价值和全面发展，完成高级劳动修复，有利于劳动者在生产实践中积累工作经验和生产知识，通过"干中学"效应实现中级劳动修复。

第三，发展成果由人民共享，企业利润由劳动者与投资者共享，这充分表现为劳动者在公有企业和事业单位中按照劳动贡献参与分配，也表现在非公有制企业逐步提升劳资两利的国民收入初次分配和再分配方面。这与"分享经济"下资本家凭资本所有权获得绝大部分收益是不同的。公平合理的分配结构能够带来协调合理的生产结构，从而实现在做大蛋糕的同时分好蛋糕。

第四，在交换领域，不同交换主体之间的交易成本由于产品信息互利共享得到极大降低，变相降低生产成本，提高经济利润，提高劳动人民分配到的"共享经济"收益。

第五，国家合理安排经济利润，将一部分收益以税收形式集中，并运用在具有正外部性的公共产品上，如公园、医院、学校等。这既可使消费结构更加合理，又能保证教育、医疗和环境保护等高支出的产品被充分消费，进而全面完成劳动者的劳动修复过程。

简言之,"共享经济"理念下的公有资本修复和劳动修复摆脱了"分享经济"下两类修复相互矛盾的困境,成为互促互补和带动经济发展的两个引擎。以公有资本修复获得更多经济利润为基础,扩大社会经济利润总量,再以公平合理的分配制度将经济利润为全民共享,从而促进各级劳动修复的完成。与此同时,高效、完善的劳动修复坚定了全体劳动人民的主体意识和责任感,增加了他们的获得感和幸福感,提高了他们的劳动质量和劳动效率,进而促进经济加速发展,争取更多的经济利润,以完成资本修复。

(原载于《光明日报》,2016年7月6日,第一作者为丁晓钦)

第四节 协调发展是"十三五"规划纲要的关键

习近平总书记指出,新常态是一个客观状态,是我国经济发展到今天这个阶段必然会出现的一种状态,是一种内在必然性,我们要因势而谋、因势而动、因势而进。党的十八大以来,为了适应和引领经济新常态,解决经济社会发展中长期存在的不协调难题,坚持以人民为中心的发展思路,就必然要提出和落实协调发展的新理念。

一、协调发展理念蕴含着事物具有普遍联系的辩证思想

经济事物内部的各个部分是相互联系的,国民经济和整个社会都是一个相互联系的统一整体,需要认识其真实联系,依据固有联系来改善其状态,建立新的最佳联系。协调发展就是牢牢把握中国特色社会主义事业总体布局,正确处理发展中的重大关系,促进全社会的整体良性发展。我国长三角、珠三角、京津冀、中西部、长江带、东北区和"一带一路"等不同区域间及其内部,有着各种广泛的交互共生的联系,需要协调发展。国内区域协调的重点在于,塑造要素有序自由流动、主体功能约束有效、基本公共服务均等、资源环境可承载的

区域协调发展新格局。目前，我国区域发展不协调现象仍然存在，尤其是西部地区、革命老区、民族地区、边疆地区、贫困地区仍然是发展短板，要尽快补齐这些短板。协调政策应首先重点支持"最短板"的那一地区和领域。同时，不能让民族团结安定较好的地区"吃亏"，即支持的力度不宜低于不安定的地区。应让安定团结的民族地区首先富起来，发挥示范效应。要运用统计资料和客观事实来公开地宣传新中国成立特别是改革开放以来，全国整体对各个民族地区的多方支持（民族地区的收益），大大超过了民族地区对全国整体的自然资源支持（民族地区的支出或成本），因为民族团结安定有益于经济和生活水平的提高。

二、协调发展蕴含着对立统一两点论的辩证思想

习近平总书记强调，坚持社会主义市场经济改革方向，坚持辩证法、两点论。也就是说，要一分为二地看问题，坚持两分法，防止片面性。我们一贯强调物质文明和精神文明"两手抓，两手都要硬"，但两个文明发展不协调的问题依然存在，因而"十三五"规划纲要特别提出推动两个文明协调发展。全面建成小康社会，包括物质文明和精神文明的内涵，经济文化发展和城乡居民的物质文化生活等"硬文明"指标容易实现，但与人的价值观、诚信、伦理、信仰等相联系的精神文明或"软文明"提升程度则需要加强。两种文明是密切相关的，例如制造理论热点和销售假冒伪劣商品，涉及物品和物质文明，但首先还是人品和精神文明出了问题。应以党中央反腐败的决心和从严精神为典范，从思想舆论和行业规定两个方面狠抓商界的诚信、政界的作

风、媒体的文风、学界的学风、社区的民风、部队的军风等。要在各行各业普遍建立"软文明"的规章制度，从严实行奖惩办法。要大力宣传雷锋精神和新时代各行各业的精神文明标兵，并渗透到国民教育体系和党校教育体系之中。要善于把马克思主义及其中国化的人生观、价值观与我国传统文化的精华有机结合起来，知行合一地推动个人和群体的社会公德、职业道德和家庭伦理建设。各级党政部门要充分运用和完善已有的精神文明衡量指标体系，将其作为考核干部和所在单位与地区的约束性指标。只有这样，才能保证这项工作不流于形式、不走过场，取得扎扎实实、让广大群众有获得感的明显成效。

三、协调发展蕴含着量变和质变相互关系的辩证思想

经济等事物的变化发展，都是首先从量变开始的。用量变引起质变的道理看问题，就要坚持适度原则，重视量的积累，学会优化结构。目前，推动城乡协调发展的重点在于，逐步健全城乡发展一体化体制机制，健全农村基础设施投入长效机制，推动城镇公共服务向农村延伸，提高社会主义新农村建设水平。尤其是在推进以人为核心的新型城镇化的质与量及结构方面，有几个问题迫切需要关注和解决。一是城镇化质量亟须提升。我国常住人口城镇化率已超过50%，而实际户籍人口城镇化率不到40%。二是农业转移人口市民化服务亟须保障。被统计为城镇人口的大约2.4亿农民工及其随迁家属，未能在教育、就业、医疗、养老、保障性住房等方面享受城镇居民的基本公共服务。三是大、中、小城镇空间分布和结构亟须改善。东部、中西部的城市分布与资源环境承载能力不匹配，中小城市集聚产业和人口不足，大

城市则"大城市病"严重。四是城乡建设特色亟须加强。一些城市贪大求洋而导致建筑等"同城化",一些农村地区简单采用城市元素而导致乡土特色文化流失。解决这些问题的关键在于,要确立量变和质变相互关系的辩证思维,加强制度安排和分类指导,不急躁、不拖延,因地制宜,有序促进各具特色的新型城镇化;以人的城镇化为核心,尽快确保城镇基本公共服务常住人口全覆盖,大力加强新市民的职业教育培训;推动城镇化与信息化、工业化、绿色化、农业现代化、交通便捷化和生活高质化这"七化同步",促进城乡要素平等交换和公共资源均衡配置,协调新型工农关系和城乡关系;优化布局,集约高效地推进城镇化,提高国土空间利用效率。

简言之,我们要科学掌握和运用协调发展理念蕴含着的唯物辩证法思想,增强发展协调性和整体性,在协调发展中拓宽发展空间,在加强薄弱领域中增强发展后劲,推进经济、政治、文化、社会、生态文明五大领域建设和"四个全面"战略布局,不断开创治国理政的新局面。

(原载于《理论导报》,2017年第5期)

第四章

中国分配体制改革

▶ 人民的利益至高无上。坚持按劳分配原则,完善按要素分配的体制机制,促进收入分配更合理、更有序,才能让改革发展成果更多更公平惠及全体人民,最终实现全体人民共同富裕。

第一节　探析劳动收入分配问题

金融危机之后，我国政府出台的各项大力刺激经济增长政策仍然是以投资为主，国内需求的低迷是制约我国经济未来长期增长的瓶颈。与发达国家相比，我国消费支出的比例明显偏低。究其原因，居民收入偏低尤其是劳动收入份额的下降是制约消费增长的最主要因素。

一、关于我国居民劳动收入分配的现状

自从 20 世纪 90 年代以来我国劳动收入份额一直呈下降的趋势。李稻葵等人（2009）的研究表明，我国初次分配中劳动份额从 1992 年开始到 1996 年略有上升，然后逐步下降。1999 年，我国劳动收入份额比重约为 54%，但到 2006 年时已经下降到了 50% 以下。白重恩、钱震杰（2009）的研究表明，1978 年我国劳动收入份额约为 50%，此后十年略有上升，但自 1990 年以来缓慢下降，2004 年以来下降趋势尤为明显，2006 年这一数值已降至 47.31%。这些研究数据都表明，我国劳动收入份额已经下降到了历史最低水平。

另外一些学者的研究也表明我国劳动收入降低到了历史最低水平。

赵俊康（2006）的研究表明，从1996年到2003年，我国城乡就业人员增加了5 482万人，劳动报酬却从54.3%下降到了49.62%。除内蒙古、辽宁、浙江和山东外，27个省市的劳动报酬都有不同程度的下降。徐现祥、王海港（2008）的研究表明，1978—2002年我国初次分配中的收入分布不断向右平移，资本所得普遍增长，劳动收入不断下降。罗长远、张军（2009）研究发现，1995—2004年我国劳动报酬从51.4%下降到了41.6%。卓永良（2007）的研究表明，改革开放初期我国的劳动收入份额在不断上升，从1978年的42.1%上升到1983年的56.5%。但自1984年以来，我国劳动收入开始不断下滑，到2005年劳动收入份额已经下滑至38.2%。

虽然众多学者对我国劳动报酬占GDP的绝对份额度量存在很大差异，但近年来我国劳动收入份额下降到历史最低水平却是个不争的事实。综合学者们对我国劳动收入份额的估计可以得知，2002—2006年，我国劳动收入份额的乐观估计大概是50%，悲观估计是在40%左右。

与劳动收入份额下降相伴随的另外一个现象是，在逐渐缩减的收入份额中，其中的劳动收入分配差距也在逐年扩大。李实（2005）的研究表明，1995年至2002年，不论是从城镇居民、农村居民还是从全国居民数据来看，我国洛伦兹曲线都显著外移，说明我国收入差距都在不断拉大。王祖祥（2009）利用《中国统计年鉴》（1995—2005）的收入分配数据进行估算，发现目前我国城镇与农村两部门内部的基尼系数都不大，都没有超过0.34，但从2003年开始，我国的加总基尼系数已经超过了0.44，远远越过了警戒水平0.4。市场经济国家一般认为基尼系数在0.3~0.4之间，表示收入差距相对合理。而我国从

2000年以来，基尼系数一直在 0.41 以上，表明贫富差距的程度还在上升。

劳动收入份额和收入差距存在密切的关系。资本收入增长过快，劳动收入增长缓慢是造成国民收入差距的主要原因。正常情况下，收入差距是由于不同的劳动生产率造成的，更高的劳动生产率意味着更高的劳动报酬。或者从劳动生产率的反面资本生产率的角度也可以解释：资本生产率如果高于劳动生产率的增长，会导致在收入分配过程中，财富朝拥有资本的一方倾斜，从而减少劳动收入份额，同时也增加收入分配的不平等。工资性收入作为居民收入的最主要来源，其比重的下滑跟工资的增长缓慢有关，中国大概有 1 亿~1.5 亿的劳动人口处于未就业或未充分就业状态。这阻止了工资收入随着劳动生产率的提高而提高，进而导致了工资收入在国民收入中的占比持续下滑。

因此，劳动收入份额的下降导致资本收入以及政府收入比例的上升，这在一定程度上使得依靠赚取工资的居民与获得资本回报的居民，收入之间的差距进一步拉大。换言之，收入份额的下降是收入差距拉大的原因。

二、关于劳动收入差距拉大的原因

既然造成收入差距拉大的主要原因在于资本收入份额的提高和劳动收入份额的下降，那么找到劳动收入份额下降的原因，也就找到了收入差距拉大的原因。

20 世纪 90 年代以来，我国劳动收入份额的降低主要是我国所有制结构调整所致。劳动收入份额反映了劳动者在收入分配中的经济社会地位。该份额越低，说明劳动者的经济社会地位越低。统计资料显示，在我国不同类型的所有制经济中，非公经济中劳动收入份额一般较低，工人的平均工资也低。在相同情况下，公有经济的劳动收入份额要高，工人平均工资也高。在私有经济中，雇主为了追逐利润最大化，必然极力压低工资，使得劳动生产率提高的好处尽量为雇主和资本所得，从而随着劳动生产率的提高，劳动报酬占比必然越来越低。当前，中国在经济结构转型中强调更多地发展私有经济和对外招商引资，现存的国有和集体企业也大量被股份私有化，这必然会导致劳动报酬占比的下降。

从目前披露的数据和收入与所有制的经济学规律来看，劳动报酬占比下降，是公有制的比重在中国经济中的比重下降、政府和工会未能在市场经济充分发挥作用的客观结果。在其他条件不变的情况下，非公有制经济成分（含内资和外资）越大，劳动报酬占比往往越低。而在公有制经济内，工人通过职代会、工会等机构可以维护自己的权利，并且公有制经济的工资决定直接受政府管理，工人的社会保障和福利待遇比较完善。而在私营经济中，工资决定完全由资方决定。工人的发言权丧失，相应地社会保障待遇和福利待遇也被大大削减，而且私营经济部门没有合理的工资增长机制。这是我国劳动收入份额降低的主要原因。

此外，我国改革开放进程中劳动收入份额的下降还来自两个方面，一是农民工收入增长缓慢，二是城镇企业内部职工收入增长滞后于管理人员的工资增长。

改革开放以来，中国农民工数量越来越庞大，工资收入在农村居民家庭中的比重逐年提高。1984—1996年，我国农民工工资收入占农村居民家庭纯收入的比重从 17.17% 提高到 23.59%。① 到 2008 年，这一比重又进一步上升到 37.42%。上海市的这一比例最高，高达 70%，东部沿海地区普遍都在 40% 以上。虽然外出打工收入占农民家庭纯收入的比重越来越高，但由于没有最低工资政策的保护，农民工的工资增长缓慢。用人单位对农民工实行歧视政策，农民工工资增长幅度往往低于城市职工平均工资增长幅度，农民工的工资增长只是略高于农村居民家庭的经营性收入增长。由于农民工是中国非公经济新工人群体的重要组成部分，农民工工资收入增长缓慢成为国民收入中劳动收入份额不断降低的主要原因之一。

在企业内部，相比于企业管理人员，普通职工的劳动收入不断下降，企业内部工资差距不断拉大。根据全国总工会的调查，2002—2004 年我国企业职工工资低于当地社会平均工资的职工占 81.8%，低于社会平均工资一半的占 34.2%，低于当地最低工资标准的占 12.7%；相比于 1998—2001 年，低于当地社会平均工资一半的职工增加了 14.6 个百分点。这表明我国低收入劳动者比重扩大了。

三、关于扩大劳动收入份额和缩小收入分配差距的意义

李稻葵认为，西方国家 GDP 中的劳动份额变动普遍经历了一个 U 形曲线过程，即劳动收入份额先下降后上升。其实，这不是必然规律。我国劳动收入份额已经经历了十多年的下降阶段了，何时能转入上升阶段却面临很大的不确定性。但毫无疑问，扩大劳动收入份额、缩小

---

① 数据引自：万广华.经济发展与收入不均等：方法和证据［M］.上海：上海人民出版社，2006：209.

收入分配差距具有重要的经济意义。

(一) 刺激国内消费和拉动经济增长的需要

要提高我国的经济效率,必须转变经济增长方式。我国的经济增长一直以来都是靠高积累、高投资推动。在计划经济年代,高积累、高投资的主体是国家,而在向社会市场经济转轨的过程中,高积累、高投资的主体既有国有、集体企业,也有非公企业。在市场经济条件下,高积累、高投资表现为新增价值分配中,资本收入份额较高,而劳动收入份额较低,这必然会降低劳动收入份额,压缩国内消费,不能发挥出国内居民消费对经济的贡献。正因为我国长期实行高积累、高投资的发展战略,劳动收入份额在国民收入中的比重增长缓慢甚至下降,居民消费对经济增长的拉动作用有限。在我国的高积累、高投资的增长模式下,投资回报率很低,经济增长对人民群众的生活水平提高作用有限。

而如果能够逐步提高劳动收入份额、缩小收入分配差距,就能够使经济增长建立在依靠扩大内需的基础上,从而摒弃过去那种仅仅依靠投资与出口拉动经济增长的恶性循环,高投资、低回报率的增长模式就会得到一定程度的转变,未来我国经济的长期增长就有了非常坚实的国内消费基础。

(二) 促进产业结构和外贸结构升级的需要

中国劳动收入份额低,和我国出口导向型的外贸战略有重要关系。在改革开放过程中,沿海地区的招商引资过于偏重对外加工产业。由于我国有大量的农村剩余劳动力,国外企业纷纷把附加值低的加工业转入中国。这些产业对劳动技能要求也低。中国企业利用我国廉价的劳动力,进行对外加工,创业风险小,获利容易,因此外向型加工企业迅速发展。在改革开放初期,发展低技术、低工资的加工业并没有错,但很多企业在发展过程中没有长远眼光,不重视技术更新,不重视人才培养,不重视品牌创新,迷恋于低技术、低成本带来的利润。这种发展模式导致中国加工企业在国际产业链中只占据了非常低的附加值份额,也使得我国产业结构严重滞后于经济发展。

如果能提高劳动收入份额,势必增加以往一些制造业的生产成本,这种竞争机制将使很多企业不得不依靠通过引进先进的技术设备与人才,或者通过企业内部的技术创新来提高产业附加值以弥补由于工资收入增长所带来的成本上升。企业提高资本使用效率,逐渐转向附加值高的产品和产业,进而以实现劳动收入份额提高和产业结构升级相互促进、良性循环。这也是我国产业发展走出粗放型发展、进入集约化经营的重要条件。实现产业发展的这一转变有两方面的好处,一方面会提高内需对经济增长的带动作用,另一方面可以在很大程度上降低我国外贸依存度。当然,在这一过程中,政府必须推动教育的普及和劳动力质量的提高,为产业结构升级提供条件。

四、关于政府在缩小劳动收入差距过程中的作用

鉴于近几年我国劳动收入份额逐渐下滑所带来的弊端,适时提高劳动收入份额实属必要,政府在缩小劳动收入差距的过程中不能缺位,因为提高劳动收入份额、缩小劳动收入差距是深入落实科学发展观,发展成果要合理分享的需要;也是刺激国内消费和拉动经济增长的需

要；更是促进产业结构和外贸结构升级的需要。上述三者都不能离开政府的宏观调控。具体而言：

（一）壮大和完善按劳分配为主体的所有制基础

这是提高劳动收入份额的首要条件。所有制关系决定分配关系，要在全社会范围内维护和积极提高劳动收入的占比，就必须坚持按劳分配为主体，必须遵照十七大的要求毫不动摇地巩固和发展公有制经济，包括国有经济和多种形式的集体经济、合作经济。公有经济是消灭剥削、消除两极分化、实现共同富裕的经济基础，是发展现代社会化生产力的市场主体，也是限制非公经济剥削、提高劳动收入的重要途径和经济力量。多年来的事实表明，公有制和按劳分配的主体地位日渐削弱，劳动收入的占比不断下降，归根到底是由于公有经济的主体地位被旁落（被卖掉、被吞占）。应当总结这方面的教训，澄清种种贬低削弱公有经济的私有化思潮，真正下力气发展壮大和完善公有经济。这是深化收入分配制度改革的一个支点，对于尽快提高劳动收入份额具有最重要的意义。

（二）构建国家主导型劳动者维权机制

这是提高劳动收入份额的必要条件。目前我国70%以上的劳动者在非公企业就业，加不加工资主要由老板说了算，政府干预的空间很小。西方政府是站在雇主阶级的立场上主要靠事后调节来协调劳资关系。作为人民政府而非中性政府的社会主义政府汲取西方的教训，应当站在雇员阶级的立场上主要在事前，通过主动、积极措施协调劳动关系或劳资关系。过去在联邦德国企业董事会中的雇员比例制和收入共决机制下,工会依据企业劳动生产率提高来谈判雇员收入的合理增长;在日本,企业依据职工工龄的增加而提高收入等措施,都可以为我国政府借鉴利用。如果政府严格检查落实法定劳动时间和《劳动合同法》,劳动者的利益完全可以得到保障。我国政府至少应当像当年英国政府一样向企业派出工厂视察员,对于侵犯职工利益的行为直接进行起诉。

(三)政府相关部门严格实施最低工资制度

这是提高劳动收入份额的基础条件。劳资冲突的核心是利益分配冲突,市场经济条件下要有效缓解劳资冲突,必须建立劳、资、政三方协调机制。西方国家经过100多年的发展,已经建立起有效的劳、资、政三方协调机制,而这一机制在我国还处于建设、探索过程中。20世纪30年代以前,资本主义国家实行自由放任劳资关系模式,企业靠压低劳动成本进行竞争,劳动收入份额处于较低水平。20世纪上半叶,西方国家纷纷通过最低工资制度、劳动立法、集体谈判等措施,增强了劳工谈判能力,自由主义劳资关系模式被废弃,政府、企业和工会三方协调劳资关系模式被采纳,从而实现了劳动收入份额的不断提高。在三方合作劳资关系模式中,最低工资制度在提高劳动收入份额中发挥着重要的作用。在中国目前的情况下,只有通过严格实施最低工资制度,才能改善劳资分配,缓解劳资矛盾。最低工资制度能从两个方面提高劳动收入份额。

1. 最低工资制度有利于企业发展模式的强制性转变

改革开放以来,中国企业尤其是非公企业,一直走的是低工资、低技术发展模式。这种发展模式的后果是雇主受益,工人、社会受损。低技术、低成本发展模式下,工人无法分享社会发展的成果,社会要承担环境污染等成本。这种低成本发展模式对正常的市场竞争起着破坏作用。一些依赖低技术、低成本生存的企业，会采取各种办法延长工人的劳动时间，提高工人的劳动强度，降低工作场所的安全卫生标准。相比之下，那些守法经营的企业却要向工人支付相对高的工资，支付更高的工作安全成本。这就使得两类企业不能公平竞争。由于竞争规则不统一，中国的企业发展还处在丛林时代，效率高的企业虽然能在竞争中胜出，但劣质企业也并不淘汰，优劣并存，良莠不齐。

政府通过强制实施最低工资制度，可以淘汰劣质企业、促进公平竞争。政府强制实施的最低工资制度有利于在社会范围内形成合理的劳动力成本形成机制。市场并不会自发形成合理的劳动力成本决定机制。如果交由劳动力市场自发作用，劳动力成本往往会趋向生存工资。合理的劳动力成本形成机制是合理的产品价格形成机制的一部分。社会统一的企业会计核算准则、最低产品质量标准和最低劳工标准，是合理的价格形成机制的必要组成部分。合理的产品价格形成机制和合理的劳动力成本形成机制，对保护社会公众利益和保护劳动者利益都十分必要。要建立合理的劳动力成本形成机制，必须实行统一的周工作时间标准、工作场所最低安全健康标准。目前中国非公企业普遍存在加班过长而且不付加班工资的情况。如果不控制工人的周工作时间，最低工资标准形同虚设。价值规律要求企业降低成本，但企业降低成本的竞争，只有在不降低产品质量、不造成环境污染、不损害工人健康时才对社会有利。成本竞争必须以合理成本为底线，否则，降低成本只会导致企业拼人力成本、拼环境污染成本，破坏合理的价格形成机制。不断曝光的职业病、环境污染事件都是合理的价格形成机制被破坏的恶果。

2. 最低工资制度有利于实施第三方劳工监督，提高劳动收入份额

第三方劳工监督是通过企业、政府以外的独立机构，参照通行的劳工标准，对企业的劳工状况进行评估。目前，第三方劳工监督综合竞争力以国际劳工标准为参照依据。国际劳工标准是指国际劳工组织（ILO）通过的处理全球范围劳工事务的各种原则、规范、准则，它们形成了以国际劳工公约（Conventions，185项）和国际劳工建议书（Recommendations，195项）为核心的一整套国际劳工制度。

SA8000是受认可程度最广泛的国际劳工标准之一，该标准是一种基于《国际劳工组织宪章》《联合国儿童权利公约》《世界人权宣言》而制定的，以保护劳动环境和条件、劳工权利等为主要内容的社会责任标准认证体系。2001年12月12日，美国社会责任国际组织（Social Accountability International，简称SAI）发表了第一个标准的企业社会责任标准——SA8000：2001。这是第一个可用于第三方认证的社会责任国际标准，主要内容包括童工、强迫劳动、安全卫生、结社自由和集体谈判权、歧视、惩罚性措施、工作时间、工资报酬及管理体系九方面内容。目前，在全球范围内，越来越多的消费者开始关注其所购买的产品是否符合SA8000的标准，否则即使产品价格便宜也予以抵制，而且这种消费倾向在发达国家表现得尤为明显。

中国作为ILO的成员国，已经批准了24项国际劳工公约，面临着如何执行已批准的国际劳工公约及如何将国际劳工标准与国内劳工标准协调的问题。尽管SA8000的宗旨是好的，但关税在一般非关税壁垒不断被削减的今天，SA8000非常容易被贸易保护者利用，成为限制发展中国家劳动密集型产品出口的有力工具。中国目前和欧美等国家的贸易摩擦，在很大程度上是因劳工标准引起的。这里面既存在国

外社会对我国的误解,也存在我们自身的问题。一方面,中国确实有部分企业肆意践踏劳工标准,不遵守最低工资,成为血汗工厂的事实,但这种情况并不代表中国企业界的普遍情形。另一方面,我国政府没有运用合理的渠道和国外社会沟通,导致国外社会对我国劳工情况片面了解,产生了不信任情绪。国外企业利用本国公众对中国的猜疑,掀起反倾销,抵制中国产品,造成我国遵守国际劳工标准的企业也受到牵连。由于我国政府对 SA8000 的认识不足,国外认证机构不能在中国合法营业,而我国出口企业又属于国际大企业供应商,为了业务需要不得不接受国际劳工标准评估,中国企业不得不付出高昂的评估费,评估通过后又不宜在国内公开宣传,从而造成了很大浪费。有鉴于此,我国政府应采取开放心态,积极引进国际劳工评估。第三方评估认证不但可以大大降低我国受评估企业负担的评估费用,还可以推进第三方认证产业的发展。为保持评估认证的公正、透明,评估必须由中国境内评估企业进行。第三方劳工标准评估,可以和我国各地地方政府颁布的最低工资标准结合起来。由于第三方评估是企业基于自愿原则实施的,让优秀企业被公众知晓,让遵守劳动法规成为企业的品牌,就能强化最低工资制度和相关劳动法规在我国的执行。此外,在我国很多产业面临产能过剩的情况下,可以逐步提高最低工资标准,逐步加强执行力度,以便淘汰落后企业,实现优胜劣汰。

参考文献

[1] 程恩富. 关于当前劳动收入分配问题释疑——访著名经济学家、中国社科

院程恩富和余斌教授[J].管理学刊,2010(5).

[2] 周肇光.如何促进中国分配制度中公平与效率和谐发展[J].海派经济学季刊,2008(1).

[3] 白重恩,钱震杰.谁在挤占居民的收入——中国国民收入分配格局分析[J].中国社会科学,2009(5).

[4] 常凯.中国劳动关系报告——当代中国劳动关系的特点和趋势[M].北京:中国劳动社会保障出版社,2009:265.

[5] 朱妙宽,朱海平.从完善分配制度入手完善基本经济制度[J].海派经济学,2008(23).

[6] 龚刚,杨光.从功能性收入看中国收入分配的不平等[J].中国社会科学,2010(2).

[7] 罗长远,张军.经济发展中的劳动收入占比:基于中国产业数据的实证研究[J].中国社会科学,2009(4).

[8] 李稻葵,刘霖林,王红领.GDP中劳动份额演变的U型规律[J].经济研究,2009(1).

[9] 李实,魏众,丁赛.中国居民财产分布不均等及其原因的经验分析[J].经济研究,2005(6).

[10] 杨俊青,卫斌,等.山西非国有企业劳资关系问题调查研究[J].劳动经济评论,2008(12).

[11] 赵俊康.我国劳资分配比例分析[J].统计研究,2006(12).

[12] 赵小仕.转轨时期中国劳动关系调节机制研究[M].北京:经济科学出版社,2009.

(原载于《综合竞争力》,2010年第6期)

第二节　政府在功能收入分配和规模收入分配中的作用

一、功能收入分配和规模收入分配的基本概念

（一）功能收入分配与规模收入分配的区别

功能收入分配和规模收入分配是研究国民收入分配的两种基本方法。功能收入分配也被称为要素收入分配，它探讨各种生产要素与其收入所得的关系，是从收入来源的角度研究收入分配，关注的是资本和劳动的相对收入份额。规模收入分配也被称为个人收入分配或家户收入分配，它探讨不同个人和家庭的收入总额，关注的是不同阶层的人口或家庭得到的相对收入份额。功能收入分配主要关注国民收入的初次分配，而规模收入分配主要关注国民收入的最终分配。

历史上最早研究功能性收入分配的经济学家是亚当·斯密。斯密把全部收入划分为工资、利润和地租。工资收入的性质是劳动收入，利润和地租收入的性质是资本收入。继斯密之后，李嘉图、马克思等经济学家都坚持从功能收入角度研究收入分配。衡量功能收入分配的常用指标是劳动收入份额与资本收入份额。由于经济中存在很多复合收入，例如，农民的收入、城镇小业主的收入等都属于复合收入，如

何把复合收入分解为劳动收入和资本收入,在很大程度上会影响劳动收入份额和资本收入份额的计算。由于功能收入分配对收入性质的划分要涉及规范分析,因此强调实证分析的当代西方经济学把研究的重点从功能收入分配转向了规模收入分配。

帕累托是最早研究规模收入分配的经济学家。规模收入分配不区分收入的来源和性质,这种方法以家庭(或个人)为分析单位,按家庭收入总量,将所有家庭由低到高进行排序,分析不同家庭所占的比例。这种分析方法可以探讨某一阶层的人口或家庭的比重与其所得的收入份额之间的关系,以及什么因素决定个人或家庭的收入分配结构。衡量规模收入分配的常用指标有80/20分位法、5分位法、基尼系数法和泰勒系数法等。过去经济学家多用基尼系数法衡量规模收入分配,现在泰勒系数法也越来越流行。在基尼系数法中,离散行数据的基尼系数计算公式为 $g = \sum_{i=1}^{n} \frac{2i-n-1}{n^2} \frac{x_i}{u}$,基尼系数可以简单地看作是所有个体相对收入 $\frac{x_i}{u}$ 的加权加总,其中排在第 i 个位置的权重为 $\frac{2i-n-1}{n^2}$。而泰勒系数法通过计算人们的收入份额与人口份额之比,来考察现实收入分配离完全平等的偏离程度,其计算公式为 $T = \sum_{i=1}^{N} \frac{y_i}{Y} \log(\frac{y_i}{Y/N})$,其中 y_i 是第 i 个人的收入,Y 是总收入,N 是总人口。

(二)功能收入分配与规模收入分配的联系

功能收入分配和规模收入分配存在密切的联系。一般而言,功能收入分配差别越大,规模收入分配差别也越大;反之亦然。任何强化功能收入分配差距的措施都会影响规模收入分配格局。收入的功能分配决定着收入的规模分配。① 功能收入分配从收入来源角度研究收入分配，其分析原则是经济效率原则，而规模收入分配研究人口规模或家庭规模与收入规模的关系，其结果可以用来说明社会阶层流动状况，也可以说明不同的社会经济群体之间收入分配的形成和变化趋势。功能收入分配决定和影响规模分配，因为某一经济群体的人口所获得的收入份额在很大程度上取决于他们所占有的生产要素的多寡。

经济制度会影响功能收入分配和规模收入分配间的联系。按照新古典经济学的边际生产力理论，在一个完全竞争的市场环境中，功能收入分配会导致每种要素的所有者收入趋向均等化。但这并不符合现实。例如，在现实中，由于雇主与工会之间的集体讨价还价，垄断者和富有的地主从其个人利益出发对资本、土地和产品价格的操纵，都会使功能收入分配的理论产生很大的局限性。

无论是功能收入分配还是规模收入分配，都非常关注收入不平等的成因。收入不平等一般由两种原因所致，一种是财产性收入不平等，另一种是工资不平等。工资水平的降低会导致财产性收入上升，而财产性收入上升会加剧收入不平等，工资不平等上升也会导致收入不平等。在发展中国家，人们的收入差距往往是财产性收入不平等造成的，但在发达国家，工资不平等是收入不平等上升的主要原因。例如，在中国，劳动收入占国民收入的比重只有四成，收入不平等主要来源于资本收入的不平等。而在美国，劳动收入占国民收入的三分之二，劳动收入不平等对美国收入不平等的贡献率就会大大超过中国。弗里德曼（Friedman）认为，从总体而言，占美国收入三分之二的劳动性收

---

① 陈宗胜.经济发展中的收入分配［M］.上海：上海三联书店，1994：14–16.

入不平等的扩大是驱动美国收入不平等扩大的主要原因。在美国，工资不平等上升的主要原因是工人群体受过高等教育，掌握了先进技术的工人工资增长较快。但上述观点忽略了如下事实：在美国，劳动收入高的群体同时也是财产性收入的获得者。这说明劳动收入不平等和资本收入不平等会相互促进。工资不平等和财产不平等的共同作用，使得美国的国民收入差距不断拉大。

（三）功能收入分配、规模收入分配与国民产出最终使用的关系

功能收入分配和规模收入分配是研究国民收入分配的两种基本方法。近年来，越来越多的学者认识到，研究国民收入分配还应该有第三种视角，即国民产出最终使用。

国民产出最终使用 = 投资需求 + 消费需求　　　　　　　（1）

其中，投资需求 = 政府投资 + 企业投资 = ① + ③ + ⑤　　（2）

消费需求 = 政府消费 + 居民消费 = ② + ④ + ⑥　　　　（3）

在（2）式中，企业投资的来源是居民家庭，其中高收入家庭是企业投资的主体，因为企业的所有权往往掌握在少数高收入家庭手中。低收入家庭的投资需求也存在，但非常有限。

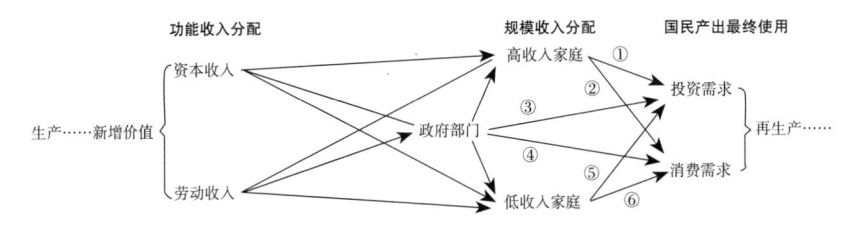

图 4-1　政府在功能收入分配和规模收入分配中的作用

在图 4–1 的关系中，功能收入分配和规模收入分配都将政府剔除在外。从功能收入分配角度讲，政府是生产中处于劳资之外的第三方，功能收入分配只考虑生产中资本和劳动力两大生产要素所有者的收益分割，政府不是生产要素的投资者，因而被排除在外。而规模收入分配以家户为分析单位，政府收入中的相当部分会以转移收入的形式分解到各个家庭，因而规模收入分配也把政府排除在外。从最终使用角度研究国民收入分配的优势在于，该方法能将政府在功能收入分配与规模收入分配之间的关系显现出来。

如图 4–1 所示，国民产出最终使用涉及三大经济主体：政府、企业、家庭。方福前利用我国统计年鉴中公布的"投入产出基本流量表"对我国国民产出最终使用中政府、企业和居民三大经济主体的比重进行了估计。[①]在现实经济中，按家庭收入从高到低排序是一个连续谱系。但在图 4–1 中，我们把居民家庭简化为高收入家庭和低收入家庭两类，假设高收入家庭是企业的主要所有者。把政府引入功能收入分配和规模收入分配，这两种收入分配将会通过政府的作用被联系在一起。

二、政府对功能收入分配和规模收入分配的影响

（一）政府对功能收入分配的影响

按照马克思的基本理论，单个商品价值为：

$$z = c + (v + m) \tag{4}$$

对国民经济而言，所有商品价值的总和可以写为：

---

① 方福前.政府消费与私人消费关系研究进展［J］.经济学动态，2009（12）.

$$\sum z_i + \sum c_i + (\sum v_i + \sum m_i) \quad (5)$$

但公式（5）要成立，必须有严格的条件，即所有产品都是最终产品，这样才会避免中间产品的重复计算。

公式（5）中存在两个部分，$\sum c_i$ 是不变资本部分，是存量；$\sum V_i + \sum m_i$ 是新增价值部分，是流量。在现行的国民经济统计中，GDP 是一个流量概念，它只包括商品价值总和中的第二部分，即 $\sum V_i + \sum m_i$。因此有：

$$GDP = \sum V_i + \sum m_i \quad (6)$$

由公式（6）也可知，GDP 可以划分为两个部分：劳动收入 $\sum V_i$ 和资本收入 $\sum m_i$。

现实中的国民收入分割远比上述理论分割要复杂。上述国民收入分割假定政府不存在。但在当代资本主义国家，政府支配的收入会占到 GDP 的 20%~40%。因此必须对政府收入进行分解。政府对功能收入分配的影响通过两条渠道实现。第一，政府可以通过劳动立法，调节劳资双方的谈判力量，进而调节附加价值在资本收入和劳动收入之间的分割。第二，政府可以通过对资本收入和劳动收入征税的税负分配，调节资本收入和劳动收入。对资本收入征税主要通过企业所得税实现，对劳动收入征税主要通过工资、薪金所得税实现。

假定政府收入全部来自税收，即政府没有资本收入，政府的税收按不同标准可以划分为两种类型：按征税对象，可以划分为对劳动收入征税和对资本收入征税；按征税方式，可以划分为直接税和间接税。在不同的征税方式下，国民收入的分割也不同。在现实经济中，政府的税收来源主要分为直接税和间接税，它们对资本收入有利还是对劳动收入有利必须依情况而定。在现实当中，每个家庭的收入都是复合收入——既有劳动收入，又有资本收入。一般而言，高收入家庭的收入以资本收入为主，低收入家庭的收入以劳动收入为主。在直接税条件下，如果个人收入所得税起征点高，累进所得税的边际税率高，则对高收入家庭不利，这相当于加重了资本收入的税负；如果个人所得税起征点低，累进所得税的边际税率低，则对低收入家庭不利，这相当于加重了劳动收入的税负。在间接税条件下，间接税对资本收入有利还是对劳动收入有利则更难以分析。在间接税中，针对奢侈品的消费税对高收入家庭不利，这相当于对资本收入征税，而增值税的税负分配是中性的。由于增值税的税收扭曲效应低，增值税成为越来越重要的间接税种。在增值税条件下，国民收入被分割为三部分，在不考虑政府收入到底来源于资本收入还是来源于劳动收入的前提下，就可以从微观商品价值角度出发，把商品价值公式修改为：

$$z=c+(v+m)=c+(v_t+m_t+t) \qquad (7)$$

其中 v_t 是税后劳动者报酬，m_t 是税后剩余价值，t 为政府税收收入。

国民经济中，所有商品的价值可以写为：

$$\sum z_i = \sum c_i + (\sum V_{ti} + \sum m_{ti} + \sum t_i) \qquad (8)$$

国民生产总值可以写为：

$$GDP = \sum V_{ti} + \sum m_{ti} + \sum t_i \qquad (9)$$

公式（9）中的三部分相对应的是：劳动收入、资本收入和政府收入。在一些文献中，劳动收入也被称为居民收入，而资本收入也被称为企业收入。

（二）政府对规模收入分配的影响

政府对最终收入分配的影响主要通过对支出活动的调节实现。政府支出规模和支出结构的变动都会影响到最终收入分配。

1. 政府支出规模对规模收入分配的影响

政府支出规模的变动会在一定程度上对居民支出和企业支出产生"挤出效应"。政府的消费需求会对居民部门的消费产生挤出效应；政府的投资需求会对企业部门的投资产生挤出效应。挤出效应是否是有害的，取决于政府支出的效率。在消费支出方面，如果政府支出购买公共产品，能够弥补居民部门公共品供给不足的缺陷，则政府的消费效率就高于居民部门的消费效率。在投资方面，如果政府投资能够弥补私人企业对大型、长期投资项目的不足，政府的投资效率就高于企业部门的投资效率。

这也意味着，政府和居民、和企业部门之间的关系必须是互补关系，而不是竞争关系。如果政府和居民、和企业部门之间的关系是竞争关系，则政府支出的效率就会是低下的。政府支出可能在消费领域产生"强迫消费""过度消费"。例如，政府可能通过行政摊派造成强制消费；政府部门的公款吃喝、公款旅游、公款养车的"三公消费"可能会造成过度消费。强制消费和过度消费会降低政府支出的效率。在投资领域，政府投资可能会通过垄断限制私人资本进入，从而赚取垄断利润，这也会导致政府投资效率低下。

2. 政府支出结构对规模收入分配的影响

政府支出可以分为投资性支出、消费性支出和保障性支出三种。政府为了经济建设的目的投资于基础设施、区域开发、生态保护、高科技研发等的支出，是投资性支出；政府为了维护公共管理机构正常运转产生的国防、公共安全、政府公共机构管理支出,则是消费性支出。消费性支出也被称为政府购买公共产品和公共服务支出;政府对落后地区的转移支付、支农支出、教育支出、医疗支出和社会保障支出,是保障性支出。保障性支出在政府支出中的比重越高,低收入者获得的转移支付越多,社会财富的分配也越公平。政府消费性支出增长过快时,可能会对居民消费(来自工资基金的消费)产生挤出效应。

三、我国财政收入与财政支出中,政府对功能收入分配与规模收入分配的作用机制

(一)我国国民收入统计中的功能收入与规模收入

我国的国民收入统计经历了从 MPS 体系(物质产品核算体系)到 SNA 体系(国民经济账户体系)的转变。我国在 1985 年实行 MPS 核算体系,1993 年开始正式实行 SNA 核算体系,中间是过渡阶段。MPS 体系比较关注功能收入分配,其计算公式为:

$$国民收入 = (工资 + 职工福利基金) + (利润 + 利息) \\ + 税金 + 其他 \quad (10)$$

SNA 体系比较关注国民产出的最终用途,其计算公式为:

$$国民收入 = 总消费 + 总投资 + 货物和服务净出口 \\ = (居民消费 + 社会消费) + (固定资产形成 + 存货 \\ 增加) + (货物和服务出口 - 货物和服务进口) \quad (11)$$

无论是 MPS 体系还是 SNA 体系,都无法直接获得规模收入分配的信息。规模收入分配只涉及家庭,不涉及企业与政府。规模收入分配假定企业和政府的收入最终都要归结为家庭收入。规模收入分配的计算往往通过基尼系数等衡量。以下将对我国功能收入分配、规模收入分配和国民产出最终使用三方面的现状进行分析。

1. 我国的功能收入分配

我国目前的国民收入统计采用收入法,将增加值分解为劳动者报酬、生产税净额、固定资产折旧和营业盈余。这种统计方法并不能直接看出劳动收入份额和资本收入份额。周明海、肖文、姚先国认为,在这种国民统计核算中,生产税净额既不属于劳动者收入,也不属于资本收入,税收份额的增加将低估劳动收入份额。要计算我国的劳动收入份额,还存在着个体经济劳动收入份额分解的困难。2004 年,我国统计中把个体劳动者收入全部视为劳动者报酬,此后将个体经济业主的劳动报酬和经营利润视为营业利润。[①]

上述计量困难会影响到我国劳动收入份额的绝对度量,但对劳动收入份额的相对度量影响并不显著。白重恩和钱震杰,以及卓勇良、周明海、肖文、姚先国等人的研究结果都表明,1978—1984 年我国劳动收入份额处于上升阶段,相对而言资本收入份额处于下降阶段;1984—2007 年劳动收入份额处于下降阶段,资本收入份额处于上升

---

① 周明海,肖文,姚先国.中国经济非均衡增长和国民收入分配失衡[J].中国工业经济,2010(6).

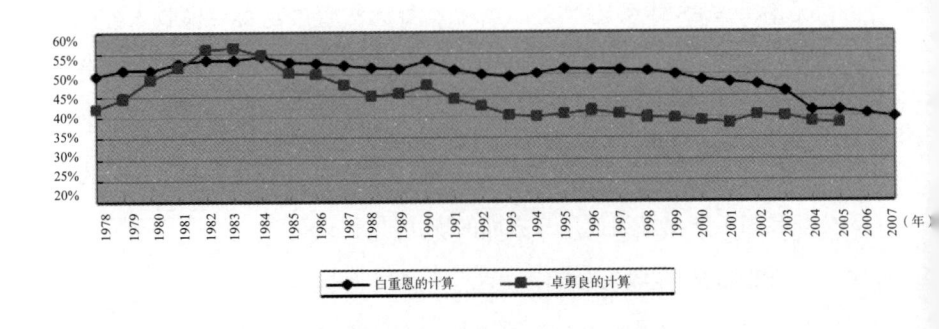

图 4-2 1978—2007 年我国劳动收入份额的变动

注：在白重恩的计算结果中，2007 年数据由刘社建等整理。

阶段。①

1984 年以来，我国劳动收入份额的下降从企业利润率的变化也能够得到证实。张杰等利用国家统计局 1999—2007 年的工业企业统计数据库建立多元回归模型。斯皮尔曼相关性系数矩阵结果显示，企业利润率和人均工资之间呈现出一种显著且稳定的负相关关系，这表明，在我国越是利润高的企业支付给员工的工资水平越低。这意味着企业利润是靠挤占员工工资来实现的，这似乎为中国企业微观层次"利润挤占工资"提供了检验事实。②

---

① 白重恩，钱震杰.国民收入的要素分配：统计数据背后的故事[J].经济研究，2009（3）.// 白重恩，钱震杰.谁在挤占居民的收入——中国国民收入分配格局分析[J].中国社会科学，2009（5）.// 卓勇良.关于劳动所得比重下降和资本所得比重上升的研究[J].浙江社会科学，2007（3）.// 周明海，肖文，姚先国.中国经济非均衡增长和国民收入分配失衡[J].中国工业经济，2010（6）.

② 张杰，黄泰岩.中国企业的工资变化趋势与决定机制研究[J].中国工业经济，2010（3）.

2. 我国的规模收入分配

王祖祥（2009）利用《中国统计年鉴》（1995—2005）的收入分配数据进行估算，发现目前我国城镇与农村两部门内部的基尼系数都不大，都没有超过 0.34，但从 2003 年开始，我国的加总基尼系数已经超过了 0.44，远远越过了警戒水平 0.4。王祖祥认为，城乡收入差距是我国不平等程度扩大的主要原因。农民工工资增长缓慢固然是城乡收入差距拉大的原因，但城乡收入差距拉大的最主要原因是城市居民资本收入（财产收入）增长迅速。改革开放以来，中国农民工数量越来越庞大，工资收入在农村居民家庭中的比重逐年提高。1984—1996 年，我国农民工工资收入占农村居民家庭纯收入的比重从 17.17% 提高到 23.59%。[①] 到 2008 年，这一比重又进一步上升到 37.42%。上海市的这一比例最高，高达 70%，东部沿海地区普遍都在 40% 以上。

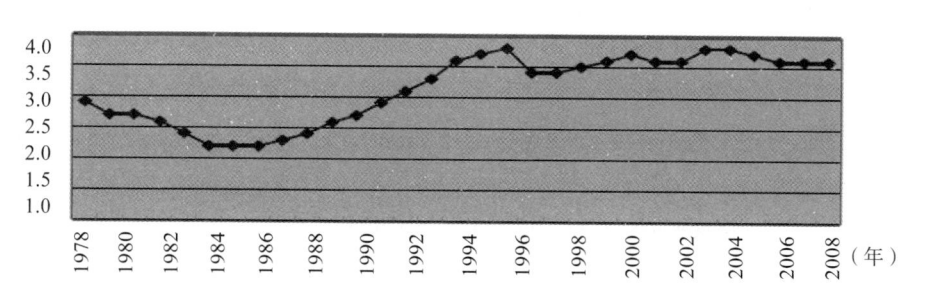

图 4-3 1978—2008 年我国城乡消费水平对比

数据来源：《中国统计年鉴 2009》。

图 4-3 反映了我国城乡居民消费水平对比的变化趋势。从中可以

[①] 数据引自：万广华. 经济发展与收入不均等：方法和证据 [M]. 上海：上海三联书店，2006：209.

看出，1984—1995 年，我国城乡居民消费水平差距急剧增大。自 20 世纪 90 年代中期以来，城市居民对农村居民的消费水平倍数一直维持在 3.5 倍以上。城乡收入差距的扩大，一是因为城市居民的劳动收入高于农村居民，二是因为城市居民的财产性收入也高于农村居民的财产性收入。

3. 我国的国民产出最终使用

我国现行的国民收入统计，按总值收入法，可以将国民收入划分为劳动者报酬、生产税净额、固定资产折旧和营业盈余；按支出法可以将国内生产总值划分为最终消费支出、资本形成总额、货物和服务净出口。这样就在功能收入分配和产出最终用途之间建立了联系。这种划分法可以计算出资本形成率（投资率）和最终消费率，其中最终消费支出可以分解为居民消费支出（农村、城市）和政府消费支出。图 4-4 是我国现行国民收入统计中的收入法和支出法的统计项目区别。

收入法 { 劳动者报酬 / 生产税净额 / 固定资产折旧 / 营业盈余 }　　支出法 { 最终消费支出 { 居民消费支出 / 政府消费支出 } / 资本形成总额 / 货物和服务净出口 }

图 4-4　我国统计年鉴中按支出法和收入法划分的国内生产总值构成

表 4-1 是用支出法衡量的我国国内生产总值构成。支出法衡量的优势是便于衡量最终需求的去向。最终消费、投资与净出口是国民收入的三大最终流向。

表4-1 1978—2008年我国国内生产总值构成（支出法）

年份	最终消费支出比重（%）	资本形成总额比重（%）	货物和服务净出口比重（%）	年份	最终消费支出比重（%）	资本形成总额比重（%）	货物和服务净出口比重（%）
1978	62.1	38.2	−0.3	1994	58.2	40.5	1.3
1979	64.4	36.1	−0.5	1995	58.1	40.3	1.6
1980	65.5	34.8	−0.3	1996	59.2	38.8	2.0
1981	67.1	32.5	0.3	1997	59.0	36.7	4.3
1982	66.5	31.9	1.6	1998	59.6	36.2	4.2
1983	66.4	32.8	0.8	1999	61.1	36.2	2.8
1984	65.8	34.2	0.0	2000	62.3	35.3	2.4
1985	66.0	38.1	−4.0	2001	61.4	36.5	2.1
1986	64.9	37.5	−2.4	2002	59.6	37.9	2.6
1987	63.6	36.3	0.1	2003	56.8	41.0	2.2
1988	63.9	37.0	−1.0	2004	54.3	43.2	2.5
1989	64.5	36.6	−1.1	2005	51.8	42.7	5.4
1990	62.5	34.9	2.6	2006	49.9	42.6	7.5
1991	62.4	34.8	2.7	2007	49.0	42.2	8.9
1992	62.4	36.6	1.0	2008	48.6	43.5	7.9
1993	59.3	42.6	−1.8				

数据来源：《中国统计年鉴》2009。

在国民收入的最终流向中，投资和消费是两大最重要的项目。从图4-5可以发现，1978—2008年我国投资率不断上升，而最终消费率却在不断下降。

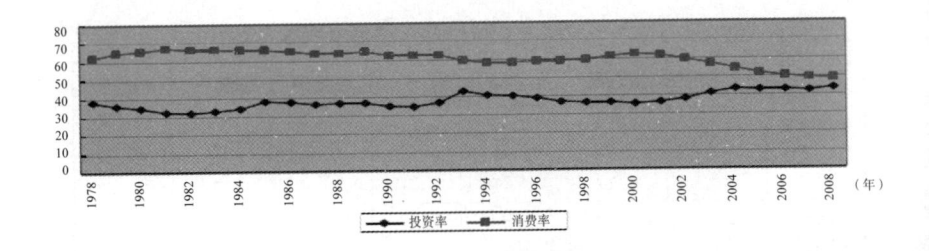

图 4-5　1978—2008 年我国的投资率和消费率

数据来源：《中国统计年鉴》2009。

以上分析说明，功能收入分配、规模收入分配与国民产出最终使用密切相关，政府收支活动是联结三者的重要枢纽（如图 4-1 所示）。以下将对政府在其中的作用做进一步分析。

（二）我国政府财政收支在功能收入分配、规模收入分配与国民产出最终使用中存在的问题及政策建议

1. 我国功能收入分配中存在的问题及对策

我国功能收入分配中面临的主要问题是劳动收入份额过低。在美国，20 世纪 70 年代以来，劳动收入占 GDP 的比重一直维持在 65%~68%。[1] 为了经济的健康、平稳发展，今后我国政府必须在功能收入分配中提高劳动收入份额的比重。劳动收入份额的提高会对经济增长通过以下途径发挥影响。第一，劳动收入份额提高会提高社会消费需求，避免经济危机。第二，劳动收入份额提高会提高低收入家庭的规模收入，降低最终分配的收入差距。因为低收入家庭的主要收入

---

[1] 胡靖春．论马克思工资理论的当代意义［M］//程恩富，顾海良．海派经济学：第 29 辑．上海：上海财经大学出版社，2010．

来源是劳动收入。第三，劳动收入份额提高也有利于提高投资效率。传统理论认为，高收入家庭是资本投资的主体，但在现代金融体制下，由于发达的信用体系便利了直接投资和间接投资，投资行为已经社会化了，不再是单个资本的行为。劳动收入也会转化为资本。低收入家庭也会有资本收入。劳动收入份额的提高，会使很多雇佣劳动者家庭也成为投资者，这有利于在社会上形成中产阶层。

在我国，提高劳动收入份额的主要措施，从劳动立法角度看，应该通过政府力量，矫正劳资谈判力量；从税收角度看，应该降低劳动收入的税负。程恩富在另一文中认为，我国企业职工仅仅获得维护甚至低于简单劳动力再生产的工资水平，劳动力缺乏向上发展和提高素质的能力和机会，因而陷入了所谓低廉的劳动力价值具有比较优势的"比较优势陷阱"。我国通过降低和压低职工权益的保护水平来维持我国劳动密集型产业的竞争力是不可持续的。低端的劳动密集型产业市场是一个近乎完全竞争的市场，只有通过提高技术水平，掌握核心知识产权，打造核心竞争力，实现产业层次的升级，才能实现经济发展的可持续性。我国是社会主义国家，作为代表劳动人民根本利益的国家理应自觉站在劳动大众的立场上，主动承担起保护和提高职工权益的重任，通过制定和有效实施职工权益保护的法律法规并严格执法，同时依靠工会和职工的积极参与，并要求企业高管以及有关工商联和雇主协会等一起自觉做好配合工作，从而切实保护和改善职工的权益，打造和谐的社会主义劳动关系和劳资关系，为构建社会主义和谐社会打下牢固的经济社会基础。①

---

① 程恩富.构建国家主导的企业职工权益保护体系[M]//程恩富.程恩富选集.北京：中国社会科学出版社，2010：723-729.

2. 我国规模收入分配中存在的问题及对策

我国规模收入分配中存在的主要问题是居民收入差距过大，而这又和政府再分配职能弱化有关。政府在收入再分配中起着非常重要的作用。政府通过财政收入和财政支出，都可以发挥收入再分配的职能。

从财政收入角度看，一般而言，政府收入中间接税的比重越小，直接税的比重越大，财政对最终收入分配的调节作用越明显。杨文芳、方齐云对美国和中国的财政收入结构和支出结构进行了比较研究，发现美国的财政收入以直接税为主，所得税在美国政府的财政收入中所占的比例一直接近60%；其次是社会保险税，占财政收入的比例为35%左右。中国的财政收入中，间接税一直占70%以上。在财政支出方面，美国政府的财政支出以转移支付与保障性支出为主，这两项支出一直稳定在62%左右；中国的财政支出比重则以消费性支出为主，所占比例一直高达65%以上，其次是投资性支出，稳定在23%~30%，而保障性支出比例最小，一直低于10%。① 以上情况说明，美国的财政支出注重财政政策的收入分配功能，而我国的财政支出结构体现了财政政策对经济的宏观调控功能。今后我国的财政支出应该更侧重财政的收入再分配职能。

从财政支出角度看，财政支出的方向、结构会直接影响到最终收入分配。王艺明等人的研究表明，政府的行政管理费支出在全国层面上显著扩大了城乡收入差距，而基本建设支出、文教科卫支出、福利保障支出对城乡收入差距的影响存在区域性差异。在东部地区，上述

---

① 杨文芳，方齐云.财政收入、财政支出与居民消费率［J］.当代财经，2010（2）.

支出缩小了城乡收入差距；在西部地区，上述支出却扩大了城乡收入差距。主要原因在于，西部地区农村财政投入严重不足，上述支出严重向城市倾斜，因而进一步拉大了城乡收入差距。[①] 程恩富在其他文章中认为，促进消费的关键环节在于打破束缚个人消费的瓶颈，即完善全社会医疗和社会保障体系，加大基础教育和健康卫生方面的公共投资，有效改善人们的消费预期，提高消费倾向。[②] 以上研究表明，今后我国政府支出必须重视降低政府行政管理费支出，增加对农村地区的文教科卫和社会保障支出。

3. 我国国民产出最终使用中存在的问题及对策

我国国民产出中存在的主要问题是投资比重大，消费比重小，社会总需求不足。而社会总需求不足的原因又主要在于居民消费率长期低迷。我国居民消费率长期低迷不振是不争的事实，但对居民消费低迷的原因却有不同的解释。

第一种观点认为，收入差距拉大是我国居民消费率低迷的原因。例如，杨文芳、方齐云认为，我国居民消费率低迷的原因主要在于，一是改革开放以来，多种分配方式下，居民收入差距逐渐拉大，导致整体居民消费倾向降低；二是我国社会保障制度的发展滞后，居民面临的收入和支出不确定性加大，导致预防性储蓄动机加强，社会消费倾向降低。[③] 吴栋等人的研究表明，我国的社会保障支出变化率对城镇

---

① 王艺明，蔡翔. 财政支出结构与城乡收入差距基于东、中、西部地区省级面板数据的经验分析 [J]. 财经科学，2010 (8).
② 程恩富. 加快转变对外经济发展方式须实现"五个控制和提升" [M] // 程恩富. 程恩富选集. 北京：中国社会科学出版社，2010：759—766.
③ 杨文芳，方齐云. 财政收入、财政支出与居民消费率 [J]. 当代财经，2010 (2).

居民和农村居民消费率均有比较显著的正向影响。[①] 社会保障支出具有转移支付性质，能够改善收入分配结构，从而提高社会消费倾向。同样，教育和卫生支出对社会消费增长率也有正向影响，这可能是因为财政人力资本投资比物质资本投资更能提高经济增长率。

第二种观点认为，政府消费对居民消费的挤出效应是我国居民消费率低迷的原因。例如，方福前认为，居民之间的收入差距拉大也是中国居民消费需求不足的原因，但不是主要原因。中国的收入分配自1996年开始一直向政府倾斜，自2004年开始又向企业倾斜。在"经济蛋糕"不断扩大的过程中，政府和企业获得的份额越来越大，而居民的份额却在不断缩小。自1997年下半年开始，中国宏观经济从供给不足转向需求不足。发达国家总需求不足的原因是投资需求不足，而我国的总需求不足是消费需求不足，主要表现在中国的最终消费率（最终消费支出占支出法GDP的比重）偏低，而且自2000年以来逐渐下降。1998—2006年，中国的消费率一直低于62%，而同期世界平均的消费率为75%左右，其中发达国家的消费率为80%。在中国的最终消费结构中，居民消费和政府消费呈现此消彼长的关系。自2000年以来，我国居民消费率的增长落后于固定资产增长和GDP增长。[②] 这主要是中国经济的高增长主要靠高速增长的固定资产投资支撑的发展模式造成的。

上述两种观点看似矛盾，实则不然。我国居民消费倾向低的原因

[①] 吴栋，周鹏. 城乡二元结构下财政支出对居民消费率影响研究[J]. 当代经济研究，2010（6）.

[②] 方福前. 中国居民消费需求不足原因研究——基于中国城乡分省数据[J]. 中国社会科学，2009（2）.

是政府的社会保障支出比重太低，而政府消费增长过快导致居民消费下降，说明我国政府的支出结构不合理。如果政府能够压缩行政开支，增加社会保障支出，提高财政支出的效率，上述两方面的问题都可以被克服。

4. 我国政府支出中存在的问题和对策

政府支付的规模和结构会对城镇居民和农村居民的消费倾向产生影响，进而影响到社会总需求。我国功能收入分配、规模收入分配和产出最终使用中存在的很多问题，都要求控制财政支出增长速度，优化财政支出结构。

首先，控制财政支出增长速度，使财政支出和经济增长相适应。根据世界银行的统计，人均 GDP 国民收入小于 3 000 美元的国家财政占 GDP 的比重一般为 20%~30%；人均 GDP 为 3 000~10 000 美元的国家一般为 30%~40%；人均国民收入大于 20 000 美元的国家，该比重一般为 40%~60%。[①] 根据我国的人均 GDP 水平，我国的财政占 GDP 的比重应该在 20%~30%。

根据郭彦卿等人的研究，1978—1992 年，我国财政收入规模占 GDP 的比重为 30%~50%，均值为 37%；1993—1999 年这一比重下降为 20% 以下，均值为 17%；2000 年以来这一比重稳定在 20% 以上，均值为 23%。[②] 从这一比重来看，我国的财政收入占 GDP 的比重似乎保持在一个合理的区间。但有些学者认为，我国的财政收入统计存在漏出量，导致实际财政比例可能更高。这些未被统计的财政收入包括：

---

① 陈兴红.合理调整我国财政收入占 GDP 的比重［J］.江苏商论，2004（4）.
② 郭彦卿，李兰英.我国财政收入规模的现状与最优取值分析［J］.中央财经大学学报，2009（12）.

预算外收入、没有纳入预算外管理的制度外收入,以及地方政府和事业单位自行决定征收的各种收入,如各种费用收入、价外加价、基金、集资、摊派等。有鉴于此,一些经济学家基于新自由主义经济主张,认为我国应该限制政府支出规模。

新自由主义经济学家主张限制政府、减少政府对市场的干预,这是一个过于理想化的方案。其实即便在美国等西方资本主义国家,政府规模也在不断扩大,政府支出占GDP的比重也居高不下。按照德国经济学家瓦格纳1882年一条著名的"瓦格纳法则"的预测,未来政府的支出规模只会继续增加。该法则认为,一国政府职能的扩大与国民收入之间存在正向的函数关系。随着经济的发展,国家的职能也会不断扩大,为保证行使国家职能,公共支出的比重也会增加。这一法则也被称为"公共支出不断增长法则"或"政府活动扩张法则"。人类社会在进入工业化、城市化以后,人与人的交往范围日益扩大,社会生活的公共领域不断扩大,公共支出比重确实也在增长,这似乎验证了瓦格纳法则。

如果瓦格纳法则是正确的,未来我国的财政收入规模不但不会降低,反而会继续上升。因而在长期内削减财政支出的政策建议可能并不符合社会发展的实际,但是在短期内,适当限制政府支出的过快增长,有利于政府提高财政支出效率。近年来我国税收收入大幅增加,2000—2006年,我国税收收入年均增长达到30%,远高于GDP的增幅。把财政支付的增长控制在适度范围内,使财政支出和经济增长相适应,规范财政收入,降低财政预算外收入,是我国财政规模应解决的主要问题。

其次,优化财政支出结构,增强政府支出的透明度。我国财政支出的主要问题不是财政支出规模，而是财政支出结构。我国政府支出结构存在诸多不合理之处。一方面，我国财政支出中非生产性支出增长过快；另一方面，公共服务和社会保障转移支付又严重不足。

韩贵英等人的研究发现，我国财政支出中，行政管理费支出呈逐年上升的趋势。1998—2002年，我国的行政管理支出费用在财政支出中的比重年均超过了14%，明显高于其他国家。韩贵英等人认为，政府机构和人员编制急剧膨胀是行政管理支出比重急剧上升的原因。[①] 许雄奇、朱秋白认为，我国财政投资在总量增加的同时，质量却有所下降。财政支出缺乏宏观调控，投资结构失调，重复建设、盲目建设项目多，政府运转人员的薪金、行政费用消耗了财政收入增长的很大比例，因而造成财政支出效率降低。[②]

目前我国的财政支出中，教育、科技、文化、卫生、广播电视、社会保障及环保支出占财政总支出的比重依然较小。这些支出具有很强的社会效应和外部效应。这些支出的不足导致我国公共物品和公共服务供给不足，严重影响了经济和社会的发展。未来中国政府面临的一个重大挑战是政府职能如何实现转型，如何提高政府效率，从而转变为服务型政府。要实现这一转变，必须增加政府收入和支出的透明度，加强财政收支的社会监督。

综上所述，政府是国民收入分配的重要经济主体。政府活动通过财政收入与支出以及相关的法律法规，对功能收入分配和规模收入分

---

① 韩贵英，毛燕，汤莉萍. 财政支出结构的国际比较及其对我国的借鉴与启示 [J]. 西南民族大学学报，2004（10）.
② 许雄奇，朱秋白. 我国财政收入与财政支出关系的实证研究 [J]. 财经研究，2004（3）.

配起着重要的引导作用。发展经济学研究早已表明,政府要么在经济发展中起着重要的促进作用,要么在经济发展中起着严重的阻碍作用。新自由主义力图在经济中去掉政府的作用,这根本不符合市场经济发展的要求。市场经济发展的要求是要规范,而不是去除政府作用。我国未来的收入分配是否合理,经济能够健康稳步发展,关键取决于政府对市场经济的作用机制能否规范。

(原载于《马克思主义研究》,2011年第6期,
第二作者为胡靖春,第三作者为侯和宏)

第三节　我国的低消费率与消费不足

消费不足是近年来我国经济发展中面临的一大难题。面对我国消费率长期低下、经济失衡严重的现实状况，急需探讨扩大内需、提振消费的理论和对策。关于消费经济理论，我从20世纪80年代中期以来就关注和研究，先后撰写和出版了《消费理论古今谈》《消费者手册》（主要阐述消费行为、消费心理等问题）等论著。近年在初级、中级和高级教材《现代政治经济学》中，也给予消费问题较多的篇幅，引进了著名学者尹世杰教授强调的消费力和消费关系等理论。应当说，消费问题不仅关系到生产的实现、产业结构的升级和人民生活水平的提高，更关系到我国整个经济发展方式的对内对外转变成功与否。消费既取决于生产条件的分配和收入的分配，也决定着我国经济长期又好又快地平稳发展。当前，我国经济发展中的很多矛盾都与消费领域的问题有关，或者说都直接地反映在消费领域中。这里就简析一下消费率和我国消费不足的问题。

一、对我国消费率低下现状的判断

我们知道，过去五年以来，中央政府已认识到经济增长主要靠投资、外贸来拉动是不行的，因而一再强调要靠消费来拉动。但是实际效果怎样呢？我认为，落实得并不理想。我们来看消费率的变动趋势。1978年我国的消费率是62.1%，到2008年降为48.4%，年消费率下降到历史最低点47.4%，而且是持续的下降。尽管个别时间有所变化，但总的趋势是下降的。我们经常从报纸上看到，我国居民的收入在增长，社会商品零售总额也在快速增长。这样的报道固然可以部分反映我国消费总规模的扩大，但也容易使社会公众产生误解。首先，居民收入的增长并不等于消费的增长，两者是有区别的。其次，社会商品零售总额的增长也并不等于居民消费的增长。实际上，除了居民消费之外，社会商品零售总额中不仅包括消费品生产企业单位与事业单位的购买，还包括城乡居民建筑用的建筑材料，而后两个部分并不包括在居民消费之中，也就是说，这两个指标同样是有区别的。

如果进行客观和科学的对比，可以说，我国消费率要低于世界水平，并且还呈下降趋势。一般来说，当今世界多数发达国家的消费率都在70%~86%，且一直处于高位稳定或略有提高的趋势。与发达国家比，我国要低20多个百分点，已处在低于50%的危险水平。如果与印度等发展中国家比，我国消费率平均水平也低得多。印度消费率近年来虽然有所下降，但绝大多数年份一直稳定在70%左右。《世界发展报告》（2002—2009）公布的数据表明，世界低收入国家的最终消费率1980年为72%，2007年为83%；而中等收入国家最终消费率1980年为76%，2007年为75%，中间虽小有波动，但基本保持了稳定。与发展程度相当的韩国比（韩国二战后也是高投资、低消费的增长模式），韩国的最终消费率在 1988 年降到低于 61.7% 之后逐渐回升，近 20 年来一直维持在 65%~70% 的水平。我国的消费率变化如下：1978 年为 62.1%，1990 年为 62.5%，1995 年为 58.1%，2000 年为 62.3%，2005 年为 52.9%，2009 年为 48.2%，2010 年为 47.4 %。这样来看，我们的消费率确实比较低。

值得关注的是，尽管整个社会的消费率处于下降趋势，但这种下降主要反映在居民消费的萎缩上。可以说，最终消费率过低主要是由居民消费率过低所导致，实质上反映出居民消费和政府消费的比例关系失调。在居民消费中，特别需要指出的是农村居民消费水平的持续下降。近年来，我国农村经济社会发展相对滞后，农业增产不增收的情况越来越突出。目前，我国占全国总人口近一半的农村人口，消费只占了全国总消费的 1/3。统计资料明，2001—2008 年，我国城镇居民人均可支配收入年均增长 9.9%，而同期农村居民人均纯收入的年均增长率只有 6.4 %。本来，我国城镇居民消费水平就不高，农村居民收入水平的恶化，更抑制了我国大多数人口的消费能力。

二、我国消费不足的消极影响

无论从理论还是从现实来看，消费不足对经济长期持续和平稳增长都是不利的。我国目前消费率低下的负面后果很多，至少体现在以下两个方面。

一是消费率下降导致总需求长期失衡。众所周知，投资、消费和出口之间保持合理比例，是国民经济协调发展的内在要求。消费率下降和消费不足,必然会打破国民经济发展的内在平衡,首先就是打破国内总需求的平衡。一方面,在国内总需求中,最终消费的增长大大地滞后于资本形成的增长,实质上会导致资本形成贡献率高于最终消费贡献率,并使得固定资本形成上升为国内需求的首要因素。相应地,居民消费退居需求的第二位因素。另一方面,近年来的国内消费不足,也迫使国内生产的外向性程度增强,直接导致我国货物和服务净出口的增长快于国内总需求的增长。这意味着国内总供求已由过去的基本均衡转向失衡,使我国对外部需求的依赖性增大。关于这一点,我们可以从国内存货增加率的上升态势观察出来。而且,如果没有净出口来平衡国内供大于求的差额,这种存货增加率还会大大提高。特别是一旦国际经济不景气,外部需求严重下降,将进一步加重我国国内总供求的失衡。

二是消费不足导致国内产能大量过剩。以钢铁行业为例,根据"中钢协"的统计,2011年末我国粗钢产能已达9亿吨左右,但2010年我国的粗钢产量仅为6.83亿吨,且国内钢铁产能还在进一步扩张,产能过剩程度是惊人的。在目前国内高储蓄、高投资的局面下,消费长期不足使国内多数行业的产能形成了过剩。产能过剩的结果,一方面是形成大量的无效投资,导致重复建设严重,从整体上降低了投资效率,使经济增长后劲乏力和难以持续,并成为阻碍产业结构升级的主要因素之一,制约了我国国际分工层次的提高;另一方面,在投资主导增长方式下的产能过剩,使我国的产业集中度低、同质化产品竞争加剧,并引发国内企业之间的恶性竞争。客观地看,西方金融和经济危机发生后,我国采取了积极的财政政策并稳定了经济增长,却使原先已经存在的产能过剩现象进一步加剧,不仅从微观层面,更从宏观层面对我国的经济长期持续发展带来了巨大的危害。从微观上说，产能过剩已经使国内一些企业的库存增多，产销率下降，很多企业开工不足，资源闲置浪费严重。其后果必然是企业的经营成本上升，亏损增加，目前"长三角"和"珠三角"很多企业已经面临持续经营的困境，便是证明。从宏观上说，产能过剩会直接影响到物价总体水平的稳定，导致银行不良资产上升，从而可能成为通货紧缩和金融风险增大的诱因，增加宏观经济的不确定性。此外，产能过剩还使企业投资预期和居民消费预期下降，影响国内就业和社会稳定。

总之，对消费不足的负面作用，我们要客观地评估并加以应对。

三、我国消费不足的主要原因

从根本上解决消费率低下的问题，一个重要的前提就是要搞清我国消费不足的原因，特别是主要原因，这样才能对症下药，真正采取有效措施达到扩大消费的目的。我认为，目前我国消费不足的主要原因，可以从以下几个方面来认识。

第一个原因是我国的高储蓄率。高储蓄、高投资是亚洲国家经济增长中的一个共同特征，但在我国这一现象表现得更为明显。我们并不否认在经济发展中发展中国家的储蓄率可以高一点，但我国目前实在是太高了。据有关资料显示，近年来我国平均每个家庭将其可支配收入的 25% 用于储蓄，相当于美国家庭储蓄率的 6 倍、日本的 3 倍。即使和亚洲国家 GDP 的加权平均值相比，也高出了 15 个百分点。已有的社会主义计划经济和市场经济的经济特点之一，是都容易产生"高储蓄—高投资—经济增长"这一循环，除非真正落实民生取向的科学发展观。

此外，由于我国投融资体制的缺陷和创新不足导致的产业升级步伐缓慢，也导致了银行的存贷差过大，形成资金大量闲置。值得指出的是，我国银行资金的大量过剩约从1996年就已开始，而后逐年增加，"双顺差"实际上形成了外资利用中资的局面。在片面强调招商引资的政策环境下，外资进入中国后容易产生"挤出效应"而非"溢出效应"，即产生"鳖鱼效应"而非"鲇鱼效应"，其排挤中资的结果是进一步压低中国的劳动力实际成本，进而降低国内的投资效率，并迫使我国为维持高增长强化对投资的依赖。在相当程度上，目前我国实际上不是中资利用外资，而是外资在大幅度地利用中资。因此，在诸多维持高储蓄率因素的作用下，国内居民用于消费的支出被过度压缩，也就在情理之中了。

第二个原因是分配问题。财富和收入是消费的基础，消费不足与财富和收入水平低下是直接相关的。但这里的关键问题不是在整体上分配的蛋糕不够大的问题，因为改革开放以来我国经济增长速度很快，社会财富总量的扩大是史无前例的。核心的问题是作为社会大众的劳动者的财富和收入增长缓慢，特别是初次分配中工资部分增长缓慢。据统计，2000年以来我国规模以上工业企业利润总额年均增长达35.3%，但职工工资增长只有14.1%。这里我们还可以看一个数据，2008年，作为居民收入主要渠道的工资收入，仅占企业运营成本的不到10%，要远低于发达国家的水平。发达国家的这一比例一般在50%，差距是显而易见的。所以，我国现在上涨工资的空间还很大，如果不能大幅提高劳动者对改革成果的分享，就很难从根本上扭转消费率不断下降的趋势。

在谈到分配问题时还必须特别指出，我国目前的分配失衡并不仅仅是收入分配问题，更需要考虑到资产和财富因素。西方学者喜欢把经济公平这一大问题缩小到收入的分配，并单纯和片面地用收入的基尼系数和家庭五等分法来衡量，似乎贫富差距就是收入差距的这两个指标。当前国内某些舆论讲分配不公，只针对国有垄断企业经营者和职工的收入差距，却不针对私营企业和打工仔的差距，更看不到国企资产为国有和为国民共享的主要现实，其观点应当说不值一驳。显然，将分配问题只局限于收入分配是不够的，那样容易陷入西方经济学和社会学谬论的窠臼。

因此，我的看法是，家庭资产的贫富分化，导致家庭财富和收入的贫富分化，再导致消费水平的贫富分化。而家庭资产本质上就是产权关系，家庭资产的贫富分化根源在于非公有制经济的过分发展，包括它的发展速度以及它在整个经济中所占比重的持续提高。由于这一原因，我国目前占总数10%的豪门家庭获取了全国57%的社会总收入，20%的家庭持有全国80%的银行储蓄。有些学者提出，要大幅增加居民的财产性收入来促进分配公平，这一论点显然忽视了财产占有上的社会分化，因为除了极少数人通过非公经济、金融市场和房地产市场能够较快暴富以外，大多数居民是不可能较多和较快增加财产性收入的，发达国家的劳动者也做不到。与私营企业主相比，普通劳动者能用多少渠道增加财产收入？另外，我国目前居民从资本市场上分享公司盈利的渠道并非没有问题。最新资料表明，近几年85%的股民投资是亏损的，亏损额大体占40%，这也严重地扼制了居民的消费。

马克思在《资本论》中分析指出，消费不足表面看是购买力低下，但根源在于所有制和产权安排不合理。从我国的现实看，购买力低下形成的消费不足,在现象层面与当前我国社会收入分配的失衡密切相关,但在根源上还是由全社会的所有制结构决定的。由于劳动者和资产者在生产条件占有上的不平等,导致劳动和资本要素在收入分配上天然地处于不对称的地位。近几年,著名经济学家刘国光、卫兴华等我国许多老、中、青马克思主义经济学者,都阐明了这一关联理论。"消费取决于分配,分配取决于产权",这是经济学的一个基本定理。凡是没有看到这一点的人,都会在这个问题的分析上限于表面现象。一个显而易见的事实就是,尽管我国近年来开始强调在初次分配领域注重公平,2010年以来各地普遍提高了一线职工工资水平,在最低工资标准和强农惠农上采取了一些举措,但并没有从根本上使分配的"天平"向普通劳动者倾斜。我国的居民部门占可支配收入的比重仍然在不断下降,企业中的资本分配所得比重不断提高,劳动收入的占比却下降,甚至比我们公认为是资本主义的俄罗斯劳动者的占比还要低。

第三个原因是居民边际消费倾向降低。严格地说,居民边际消费倾向降低是前述两个原因的现象和结果。它一方面和高储蓄现象相关,另一方面也根源于收入失衡。从前者来看,我国高储蓄的背后还有深刻的体制性因素。改革开放以来,尽管我国经济发展水平提高很快,但在急速市场化改革的同时,相应的保障制度却没有及时跟上,主要体现在住房、教育、医疗、养老、就业等方面。这些领域原来都是由政府包下来的,而唯市场化改革的结果导致其大部分由民众自己承担,需要个人来掏越来越多的钱,致使居民被迫维持高储蓄。在这种被动储蓄下,社会中下层的人只能节减开支和压缩消费,因此,任何刺激消费的政策都不可能取得理想效果。从后者来看,大量财富集中于少数富人，只能加剧其对财富增值的追求，使我国高投资走势积重难返。而且，由于财富和收入分配的分化，我国居民消费结构变动还呈现出了两个极端走势：一方面是富人对奢侈品和投资品的过度热捧，另一方面却是大量低收入群体购买力低下，一般性的生活消费品滞销。目前，我国对奢侈品的使用在全球已是名列前茅，《光明日报》在2011年6月24日的国际新闻版曾经刊发《"第一奢侈品大国"桂冠很沉重》的报道对此给予揭露。而投资品方面，房地产领域的泡沫已成为经济发展中的顽疾，甚至一些农产品也成为投资者热炒的对象，从而给中低收入者的消费形成了巨大的压力，使普通居民消费倾向进一步降低。

第四个原因是政府消费比例过高。一般情况下，最终消费率高低要受到经济总量和社会总体消费水平的限制，而在社会消费结构中政府消费如果过大，居民消费就会受到抑制。不幸的是，我国不仅从总体上看消费率在降低，从社会消费结构上看在居民消费下降的同时，政府消费却是大幅上升。国内有论著分析指出，改革开放以来，我国政府消费占最终消费的比例在20世纪80年代还稳定在21%~23%，2000—2010年则达到26%~27%，目前已超过28%。政府在日常行政费用、楼堂馆所建设和"三公"等方面的支出均比较大，特别是政府及其所属单位频频召开高成本的国际论坛，高薪聘请外国人来讲解常识性或隔靴搔痒式的观点。尽管最近两年中央下了决心，采取措施严控政府开支，但收效并不大。

可见，我国国民收入分配失衡的典型表现之一，是经济高速增长下的居民收入份额的相对下降。国家统计局的数据显示，2010年我国城镇居民人均可支配收入比2009年名义增长14.1%，扣除价格因素，实际增长8.4%，低于GDP增长率0.8个百分点。2012年9月14日，人力资源和社会保障部劳动工资研究所发布的《2011中国薪酬报告》显示，2011年我国公共财政收入增长24.8%，增幅分别是城镇居民人均可支配收入名义增幅的1.76倍和农村居民人均纯收入名义增幅的1.39倍，而同期企业收入增长幅度为20%左右，也远高于居民收入。

政府消费之所以增长过快，背后起支撑作用的是我国可支配的财政收入增长过快。从统计数据看，近十年来我国财政收入年增长率一般在11%~15%，要高于GDP的增长速度。有人认为，我国财政收入占GDP的比重（2011年为30%）要低于发达国家平均水平（一般在40%），在这种情况下，我国的政府消费不可能高于世界平均水平。持这种观点的人简单地把政府可支配的财政收入等同于税收收入，是站不住脚的。客观地说，我国政府收入情况不同于西方国家，政府可支配的财政收入并不仅仅来自税收收入，其他如土地出让金、罚没收入甚至包括国有企业创造的利润等，政府均可支配，并游离于预算管理之外，这同样也是政府消费过快增长的财政基础。显然，我国目前的政府消费比例过高是以劳动者消费能力的相对萎缩为代价的。由于我国政府消费增长中有一部分是源于政府机构、人员的扩张和不合理支出的增加，因而不仅不能长期推动最终消费率的提高，反而是导致居民消费持续不足的一大原因。

总之，高储蓄和高投资、由非公经济过度发展引发的财产占有和收入分配的不公、居民较低的边际消费倾向以及政府过大的消费比例，是我国当前消费率过低、消费不足的四大主要原因。如果这些问题不解决，扩大消费和内需的目的将很难实现。

（原载于《消费经济》，2012年第6期）

第四节　社会主义共同富裕的理论解读与实践剖析

在生产力发展的基础上逐步消除与私有制相伴随的社会不平等，是科学社会主义关于未来社会发展的一个重要科学论断。共同富裕目标的提出，标志着马克思主义关于未来社会价值标准的根本确立。在邓小平理论中，共同富裕作为社会主义本质的核心内容，揭示了我国社会主义的改革发展方向。从长远看，实现共同富裕需要在巩固社会主义基本经济制度的基础上全面贯彻与之相应的分配制度；从短期看，则要立足我国初级阶段的现实国情，通过巩固和发展公有制、调整国民收入初次分配和再分配促进经济公平和提高劳动效率等政策，有效遏制城乡、地区和贫富差距不断扩大的趋势。

一、共同富裕思想的本质内涵和现实意义

（一）作为社会主义价值标准的共同富裕

对共同富裕这一社会主义发展目标的具体内涵和历史意义的认识，涉及理论和实践两个层面。

从理论层面来理解，共同富裕是从历史发展规律得出的科学结论，

是科学社会主义创始人关于社会主义社会的基本规定和发展目标。回顾和重温马克思关于未来社会的思想可以看出,共同富裕首先是作为"两极分化"的对立面而出现的。在对资本主义社会的分析中,马克思将资本积累作为资本主义生产方式的动因和结果,批判了资本主义条件下"两极分化"的历史性质。他科学地指出:"资产阶级运动在其中进行的那些生产关系的性质绝不是一致的单纯的,而是两重的;在产生财富的那些关系中也产生贫困;在发展生产力的那些关系中也发展出一种压迫的力量"。① 这样的制度因财富积累和贫困积累的同时出现,最终会导致整个社会再生产过程陷入崩溃,因而未来的社会主义社会必须通过消灭社会剥削赖以存在的私人财产占有制度,从根本上消除资本主义社会少数人占有多数人的劳动成果这一历史现象。在1857—1858年的《经济学手稿》中,马克思就富有远见地提出,在新的社会制度中,"社会生产力的发展将如此迅速,……生产将以所有的人富裕为目的"②。它将"把生产发展到能够满足所有人的需要的规模;结束牺牲一些人的利益来满足另一些人的需要的状况"③。可见,马克思主义的创始人从一开始就鲜明地将全体社会成员共同富裕的理念写在了自己的旗帜上,成为社会主义社会实践的指南。

从实践层面来理解,共同富裕是社会主义实践的具体道路,是增强社会主义国家的国民凝聚力和巩固社会主义制度的必然选择。正如

---

① 马克思.资本论:第1卷[M].北京:人民出版社,1975:708.
② 马克思,恩格斯.马克思恩格斯全集:第46卷(下)[M].北京:人民出版社,1980:222.
③ 马克思,恩格斯.马克思恩格斯选集:第1卷[M].2版.北京:人民出版社,1995:243.

历史上任何一个新社会制度产生之初都面临旧社会遗留的残迹一样，社会主义制度在确立之初，同样需要选择与其制度内涵一致的发展道路。我国在这方面经历了长期的、艰难的摸索。基于当时是一个落后的农业大国的国情，早在1953年12月16日，我国就在《中共中央关于发展农业生产合作社的决议》（以下简称《决议》）中提出了"共同富裕"的概念。《决议》指出："为着进一步地提高农业生产力，党在农村中工作的最根本的任务，就是要善于用明白易懂而为农民所能够接受的道理和办法去教育和促进农民群众逐步联合组织起来，逐步实行农业的社会主义改造，使农业能够由落后的小规模生产的个体经济变为先进的大规模生产的合作经济，以便逐步克服工业和农业这两个经济部门发展不相适应的矛盾，并使农民能够逐步完全摆脱贫困的状况而取得共同富裕和普遍繁荣的生活。"[①] 显然，通过农业的社会主义改造，根本目的是在发展生产力的基础上实现共同富裕问题，这是对社会主义目标和手段有机统一的科学阐述。只有通过共同富裕式的发展道路，才能打破历史上因发展过程中不平等扩大导致的繁荣衰落交替和治乱循环，才能摆脱资本主义国家经济社会发展的各种困局和危机，才能凝聚全社会的力量加快提高生产力和生活质量。可以说，共同富裕不仅成为社会主义的价值标准，还由于我国社会主义制度的建立，成为我国社会主义现代化建设事业的一个现实路径和制度优势的具体体现。

从我国社会主义改革的具体实践看，对共同富裕问题的全面阐述主要应归功于邓小平同志。他在1992年提出："社会主义的本质，是

[①] 中共中央文献研究室建国以来重要文献选编：第四册[M]．北京：中央文献出版社，1993：661-662.

解放生产力，发展生产力，消灭剥削，消除两极分化，最终达到共同富裕。"①应当说，社会主义本质的五句话是一个统一体，将共同富裕放在最后，并不是说共同富裕重要性就低于发展生产力。恰恰相反，在邓小平理论的社会主义本质论中，正是由于生产力的解放和发展，正是由于私有制剥削现象的消除和两极分化的遏制，才能最终实现共同富裕。1986年9月在回答美国记者迈克·华莱士提问时，邓小平同志明确提出："社会主义财富属于人民，社会主义的致富是全民共同致富。社会主义原则，第一是发展生产，第二是共同致富……我们的政策是不使社会导致两极分化"。②可见，邓小平同志在这里坚持了马克思主义的基本原理，同样是将"共同富裕"作为"两极分化"的对立面来阐述的。这一理论表述，阐明了改革开放条件下我国社会主义性质的判断标准和发展要求，是社会主义发展的目的和手段的统一论。

（二）作为社会主义实现路径的共同富裕及其争论

共同富裕作为社会主义的价值标准和发展目标虽然在改革之初就得以确立，但对于这一目标如何实现，在改革的实践中却产生了不同的认识。邓小平同志所说的共同富裕，并不是"同时富裕"或者"同等富裕"。针对我国生产力发展不平衡的现状，邓小平同志在1983年的一次谈话中提出："一部分人先富裕起来，一部分地区先富裕起来，是大家都拥护的新办法，新办法比老办法好。"③他同时强调："让一部分人、一部分地区先富起来，以带动和帮助落后的地区，先进地区帮

---

① 邓小平.邓小平文选:第3卷[M].北京:人民出版社，1993:373.
② 同①，172。
③ 同①，23。

助落后地区是一个义务。"[1]其实质就是要从实际出发,即从全国不同地区的特点和条件出发,正确处理不同群体、地区之间的发展关系。这一"先富带后富,从而达到共同富裕"的思想,在改革开放实践中,无疑起到了解放思想的作用,调动了各个层面的积极性,极大地推动了我国经济的快速发展。

然而,正如许多科学理论应用于实践时一样,邓小平同志关于"先富和后富"的思想,在实践中也存在着被片面理解的危险。由此衍生的问题是:当前我国围绕共同富裕的争论,并不在于要不要实现共同富裕,而是应"怎样"和"从何时开始"着手实现共同富裕?

就前一个问题而言,核心的争论是所有制问题。关于邓小平"先富和后富"思想的一个典型误读,是将共同富裕与所有制问题相割裂,单纯从终极目标的意义上来理解,在实践中将"先富"和"后富"当作空间上相互独立的两个不同发展模式。如有人认为邓小平的社会主义本质论没有提到公有制,因而公有制为主体不再重要。但是,一旦离开公有制为主体,按劳分配为主体便不复存在,共同富裕这个目标就更无可能。同理,在社会主义市场经济条件下,由于各类生产要素同时进入市场,先富者和后富者也共同面对同一个市场,必然相互联系并产生利益差别,如沿海地区和内陆地区在资源利用上就处于不同的地位,单纯通过市场行为并不能自发地使后富者共同致富。实际上,邓小平提出的让一部分人先富起来,主要是针对当时解放生产力的要求而言的,即在经济普遍落后的情况下,让有一部分符合条件的地区和个人先富起来。而当下的情况正如著名经济学家刘国光学部委员所

---

[1] 邓小平.邓小平文选:第 3 卷 [M].北京:人民出版社,1993:155.

指出的，30多年来我国贫富差距的扩大和两极分化趋势的形成，究其原因，所有制结构上和财产关系中的"公"降"私"升和化公为私、财富积累迅速集中于少数私人，才是最根本的。①

就后一个问题而言，关于邓小平同志"先富和后富"思想的另一个典型误读，是将"先富"和"后富"当作时间上相分离的两个不同发展阶段，盲目照搬西方的所谓现代经济学理论，为财富和收入差距的拉大寻找借口。有些论著盲从所谓的"倒U曲线"理论，认为经济发展到一定程度就会产生有利于公平分配的拐点。换言之，分配不公是经济发展较低阶段不可避免的现象，从而在制度设计和经济政策上，教条地认为"做大蛋糕"永远重于"分好蛋糕"，不承认分配对生产的巨大反作用和互动关系。这显然无益于落实关于共享改革发展成果的科学发展观，并在实践中成为"唯GDP论"的理论根源之一。其实，"倒U曲线"只是一种假说，并于20世纪90年代后受到西方学者大量实证分析的质疑，陷于破产的边缘。各国大量的理论研究和经济发展的历史实践均已证明，蛋糕做大固然为分好蛋糕提供了有利因素，但好事有时也会变坏事，即如果不断做大蛋糕而在分蛋糕时又不断地拉大贫富差距，那么，有利因素便相反地被运用了。只有公平合理地分配蛋糕，才能最大限度地调动一切人的积极性，也有益于做大蛋糕。

客观地说，"富裕"这个词本身具有历史性，因而"共同富裕"在邓小平理论中同样具有现实的针对性。从当时的情况看，邓小平同志显然认为，我国经济发展到人均收入达到中等发达国家水平时，共同富裕应当是能够实现的。但现在社会上有一种观点，认为只有到那时，

---

① 刘国光，是"国富优先"转向"民富优先"，还是"一部分人先富起来"转向"共同富裕"[J]. 探索. 2011（4）.

我国才摆脱"先富"的阶段而进入"共富"的阶段,这显然违背了邓小平同志的本意。这里有一条佐证,邓小平同志曾明确提出过突出解决共同富裕的时间表:"可以设想,在本世纪末(20世纪末)达到小康水平的时候,就要突出地提出和解决这个问题。"[1]事实说明,小平同志的担心是不无道理的。在财富和收入差距不断拉大的国情下,更需要重视和防范出现两极分化的危险。我们固然要看到实现共同富裕的长期性和艰巨性,更要看到其必然性和紧迫性。刘国光学部委员说得好,当前不是什么"国富优先"转变为"民富优先",而是应明确宣布"让一部分人先富起来"的政策已经完成任务,今后要把这一政策转变为"实现共同富裕"的政策,完成"先富"向"共富"的过渡[2]。

二、共同富裕或贫富差距程度的衡量

谈到社会主义共同富裕的目标及其实现,不能回避围绕其衡量标准的讨论。共同富裕是社会主义的发展目标,必然要求要用科学社会主义的标准来看待和衡量。在马克思主义创始人看来,在未来的社会中,共同富裕指的是让"所有人共同享受大家创造出来的福利"[3]。由于马克思对未来社会的设想是全社会共同占有生产资料,同时由于商品经济的消解而没有货币居间,从而共同富裕的体现形式是"福利"。显

---

[1] 邓小平.邓小平文选:第3卷[M].北京:人民出版社,1993:374.
[2] 刘国光.是"国富优先"转向"民富优先",还是"一部分人先富起来"转向"共同富裕"[J].探索.2011(4).
[3] 马克思,恩格斯.马克思恩格斯选集:第1卷[M].2版.北京:人民出版社,1995:243.

然,这里的"福利"应当理解为社会的物质财富和精神财富的总和。

共同富裕总是作为贫富分化的对立面出现的,对贫富分化的判断可以作为我们判断共同富裕的一个参照标准。社会贫富两极越分化,共同富裕的实现程度就越低,反之,则共同富裕的实现程度越高。目前,主要的衡量指标是财富分配指标和收入分配指标。两者的区别在于:财富指标不仅和收入相联系,还与对生产资料的占有程度密切联系。收入分配的恶化会加剧两极分化,不利于共同富裕的实现。但从西方资本主义国家的历史和现实看,其两极分化主要不体现为一般收入分配的差距上,而主要体现在财富占有的差距上,并且财富差距通常还会直接拉大收入分配的差距。

如果用财富占有指标来衡量,资本主义国家的两极分化是惊人的。如在各类金融资产财富上,美国最富有的10%家庭所占有的财富每一项都是余下90%美国家庭拥有同类资产的3倍至60倍。在商业资产上,1%最富有家庭拥有的资产额占全部商业资产额的62.4%,接下来的9%富有家庭拥有的资产额占全部商业资产额的30.9%,而余下90%家庭拥有的资产额仅占全部商业资产额的6.7%。[①]这个差距远远高于一般资本主义国家和社会主义中国。当代凯恩斯主义经济学家斯蒂格利茨2011年在分析当前席卷资本主义世界的危机时指出:"美国上层1%的人现在每年拿走将近1/4的国民收入。以财富而不是收入来看,这塔尖的1%控制了40%的财富。他们人生的财运节节走高,25年前,这两个数字分别是12%和33%。"他认为,在不触动财产占有制度的情况下,先富带动后富的"滴漏型经济"可能是一个

[①] 乔磊.美国10%家庭掌控财富命脉,穷二代延续性不强[J].理财周刊.2010(31).

妄想！①

　　需要指出的是，即使单纯从收入分配的角度看，目前西方理论界普遍采用的指标是收入的基尼系数和家庭收入五等份分组指标（通常用 20% 最富的家庭收入和最穷 20% 的家庭的收入做比较），部分地掩盖了真实的贫富分化情况，并不具备完全的科学性。譬如，采用了五等份的收入分组方法，将处于金字塔尖的 1% 极少数巨富人群划入收入较高的所谓 20% 的群体中，实质上掩盖了垄断资本主义下的两极分化现实。如果联系到"占领华尔街"运动中"我们都是 99%"的口号，我们就更可以看出资产阶级经济学家和社会学家所提出的五等份收入分组方法确实是囿于阶级局限性的。

　　目前，我国在共同富裕或贫富差距上的现状大体如下。

（一）财富差距拉大较快

　　据统计，近几年我国财富分配失衡的程度要远远大于收入分配的失衡。财富向高收入人群的集中度正在以年均 12.3% 的速度增长，是全球平均增速的 2 倍。②2009 年，我国百万美元以上的富豪人数已达 67 万户，居世界第三；资产超过十亿美元的富豪人数仅次于美国，名列全球第二。③ 据波士顿咨询公司报告称，2011 年，中国百万美元的富翁家庭数量比 2010 年增加了 16%，达到 143 万个（美国减少了 12.9 万个，总数为 513 万个）。④ 另据世界银行报告显示，美国 5% 的人口

---

① 约瑟夫·斯蒂格利茨.1% 的民有、民享、民治 [N].环球时报，2011-10-18.
② 张茉楠.须对分配改革动真格 [N].羊城晚报，2012-03-15.
③ 刘国光.谈谈国富与民富、先富与共富的一些问题 [J].新华月报，2011（12）.
④ 彭博新闻社.亚太地区富豪人数增长"一枝独秀"[N].参考消息.2012-06-02.

掌握了 60% 的财富，而中国 1% 的家庭则掌握了全国 41.4% 的财富，财富集中度甚至远远超过了美国。①

（二）收入差距已超过警戒点

尽管对我国的基尼系数有不同测算，但学术界一般认为我国已经达到了 0.45~0.49，世界银行测算的数值为 0.47，均超过国际公认的 0.4 警戒线。而按收入五等份分组法比值来衡量，根据国家统计局的数据，2010 年，我国农村居民高低收入组的人均纯收入比值，尽管由 2009 年的 8.0：1 降为 7.5：1，但仍处于高位，而城镇居民也维持在 5.4：1 的高值。

应当说，这两个衡量标准都是采用西方国家的衡量标准，在实践中不能完全反映真实的贫富分化情况，但反映出的情况已很严峻。另一个反映贫富差距的指标是，我国劳动者报酬占国民生产总值的比重持续下降。根据国家统计局的数据，1990—2009 年，我国劳动者报酬占比由 53.42% 下降到 46.62%，同期，不同行业间的差距也日益扩大。这种个人努力与社会成果占有失衡、价值创造与社会贡献失衡的现象，成为我国实现共同富裕、建立和谐社会的一个重大挑战。

（三）城乡收入差距过大

有论著分析，20 世纪 80 年代中期至今，我国城乡居民收入差距一直在拉大，由 1985 年的 1.88：1（假设农村为 1）演变为 1990 年的

---

① 丛亚平，李长久. 中国基尼系数实已超 0.5，财富两极分化 [N]. 经济参考报. 2010-05-21.

2.21∶1，2005年扩大到3.48∶1，2009年更进一步扩大到3.66∶1。①从国家统计局公布的数据看，2010年，我国农村居民人均纯收入5 919元，城镇居民全年人均可支配收入19 109元，城乡收入比也达到了3.23∶1，尽管低于前者的估计，但收入差距的拉大也是明显的。需要指出的是，这里比较的仅仅是每个年度的城乡居民收入差距，而不是从存量角度分析的财产差距。如果考虑到城乡居民财产占有量的差距，则城乡差距会更大：一则因为市场经济条件下收入可以转化为投资的资产，但对于农村居民来说，由于其收入水平低，大量收入只能用于生活、子女教育和医疗等，②导致其财富积累能力降低；二则因为目前大量统计的农村居民收入中，实际上包含了其在城市中打工的收入，在此收入水平基础上进行对比所得出的结果，也就不可能完全反映城乡经济发展的真实差距。

对当前城乡收入差距的问题，既不能夸大，也不能缩小。有一种片面观点将城乡差别作为产生收入分配差距的主要根源，其理由是不充分的。一个显而易见的事实是，城乡差距在改革开放前就存在，而且那时差距也很大，但收入分配差距并没有过分拉大，更没有导致严重的贫富分化。对城乡差别的另一种解释，是将之归因于快速的工业化和城市化，但国内外不同时期的统计资料无法充分证明这一结论。深层次的原因，还是需要从所有制结构变动和经济发展主导因素来说

---

① 何玉长.国民收入分享的结构性失衡及其对策［J］.毛泽东邓小平理论研究.2011（4）.

② 农村居民由于较低的医疗保障水平，其医疗支出占收入的比例要大于城市居民，以至在部分人群中产生了因病致贫的情况，迟滞了其富裕起来的步伐。在教育、养老等领域的情况具有同样的特征，至于人们热议的"财产性收入"差距，则更是如此了。

明。可以说，民营化或中外私有化的快速发展、"重城市、轻农村"的非均衡发展等，是城乡收入差距的主因。

（四）地区收入差距值得重视

据统计资料，我国东、中、西部的人均收入比由1978年的1.37∶1.18∶1，扩大为2000年的2.42∶1.2∶1。[①]2008年，我国东、中、西部地区城镇居民人均年收入比达到1.51∶1.01∶1，农民居民全年纯收入比1.88∶1.27∶1。[②]另有学者指出，2000年，东部地区人均GDP是中部地区人均GDP的1.98倍，西部地区是中部地区人均GDP的77%。到2010年，东部地区人均GDP是中部地区人均GDP的1.74倍，西部地区是中部地区的80%，差距虽有所缩小，但仍然较大。地区差距的产生既有历史的原因，也有地理因素、产业政策、资源状况等原因。地区之间收入差距的扩大，是近年来我国经济发展过程中需要面对的新问题。

（五）行业收入差距过大

20世纪80年代，我国行业间工资收入差距一般保持在1.6~1.8倍。而到了2010年，平均工资最高的行业为金融业，其从业人员平均工资达70 146元，而最低的农林牧渔业仅16 717元，最高与最低之比为

[①] 杨宜勇. 着力扭转地区居民收入分配差距扩大趋势［N］. 中国经济时报，2007-08-02.
[②] 何玉长. 国民收入分享的结构性失衡及其对策［J］. 毛泽东邓小平理论研究，2011（4）.

4.2∶1。如果按细分行业，最高和最低之比可达十几倍。① 另有资料表明，在 2011 年城镇非私营单位在岗职工中，占全部就业人员 40.5% 的制造业和建筑业年平均工资分别只有 36 494 元、32 657 元，仅相当于金融业平均年工资 91 364 元的 1/3 左右。② 从行业差距的国际对比看，2011 年人力资源和社会保障部工资研究所发布的最新数据显示，我国收入最高和最低行业的差距已扩大到 15 倍。而此前一年国家统计局公布的这一数据还仅为 11 倍。资料还表明，从其他市场经济国家 2006—2007 年最高和最低行业的工资差距情况看，日本、英国、法国为 1.6~2 倍，德国、加拿大、美国、韩国为 2.3~3 倍。相比之下，中国行业收入差距已跃居世界之首。③

三、提升社会主义共同富裕的两条重要路径

当前的紧迫任务，就是要真正顺从民意而不作秀，真心落实邓小平同志强调的"突出地提出和解决两极分化问题"，以缩小财富和收入的过大差距为重点，使经济改革发展转入加快实现共同富裕的科学轨道。

（一）坚持"国民共进"，做强做优做大公有制经济

中国特色社会主义的基础在于确立了公有制为主体、多种所有制

---

① 白天亮. 就业取向集中折射行业收入差距拉大［N］. 人民日报. 2012–03–01.
② 肖明，袁荃荃. 2011 年行业收入差距缩小能否持续待观察［N］. 二十一世纪经济报道，2012–05–30.
③ 宋晓梧. 中国行业收入差距扩大至 15 倍，跃居世界之首［N］. 经济参考报. 2011–02–10.

共同发展的基本制度。只有社会主义公有制的巩固和发展,才能从根本上保证广大人民对生产资料的所有权,消除劳动力与生产资料相结合的制度障碍。改革之初,小平同志就指出:"在改革中,我们始终坚持两条根本原则,一是以社会主义公有制经济为主体,一是共同富裕。"①从宏观上来说,一方面要肯定私有制经济在一定范围内的存在对于发展社会生产力的积极意义,但另一方面也要看到,坚持公有制为主体,既是防止财富差距过大的必要条件,也是贯彻落实按劳分配为主体的制度、遏制劳动收入占比下降的重要前提。这是因为,相对于私有企业,公有经济中的职工工资水平一般相对较高,职工福利也更完善,这不仅能遏制财富占有方面的分化,而且也有助于普遍提高一般劳动者的收入水平,缩小收入差距。只有在公有制经济中,企业利润才能转化为全社会或集体所有的共同财富,使积累成为走向共同富裕的桥梁。现有的研究也表明,我国劳动收入增长和资本收益的增加之间存在着此消彼长的不一致性,并激化资产阶级和劳动阶级之间的矛盾。②并且,公有制和私有制经济间的竞争领域和形式正日益深化,包括经济资源和市场占有、专业技术人才的竞争、假公济私的空间和便利,股份合资企业中私人资本排斥公有资本等各方面。③可见,公有制经济和非公经济间的矛盾是一种客观存在,做强做优做大公有企业不能无视这种矛盾。那种以"创造公平竞争环境"为借口而主张所谓

---

① 邓小平. 邓小平文选:第3卷[M]. 北京:人民出版社,1993:142.
② 简新华. 和谐社会与劳资关系和阶级斗争[M]//程恩富,顾海良. 海派经济学,第23辑. 上海:上海财经大学出版社,2008.
③ 程恩富,何干强. 坚持公有制为主体、多种所有制经济共同发展的基本经济制度[M]//程恩富,顾海良. 海派经济学,第24辑. 上海:上海财经大学出版社,2008.

的"国退民进""全民分股"等做法，只能束缚并搞垮国有资产，在根本上与共同富裕道路是背道而驰的。

从微观上来说，按照公有制企业的内在要求进行科学管理，在保护劳动者权益基础上规范私营企业的发展，是实现共同富裕的重要保证。企业理论的发展与现代企业的实践也表明，现代社会中劳动生产率的提高需要建立在强化职工、技术人员和管理人员地位的基础上，促进企业中利益主体的根本平等。因此，在经济改革与发展过程中，不能单纯地强调民营经济中的先富效应，更要重视公有经济中的共富机制。不仅要巩固和发展国有经济，也要特别鼓励、发展和做大城乡各类集体经济和合作经济。实践证明，在联产承包基础上搞双层经营要特别重视集体层面的经营，积极发展农村真正的集体经济，是增强农村凝聚力和党组织号召力的关键，这不仅有利于解决农村经济走规模化、集约化和现代化之路，更关系到社会的稳定和共同富裕。因此，要特别注重发挥农村集体经济在促进城乡协调发展、缩小城乡差距上的作用。

改革开放过程中，由于部分地区和部门过度的民营化政策，使私有经济大量发展，在市场化的名义下大量国有资产通过改制流向私有经济，矿产、土地资源等也大量为私营经济所占有，使我国成为世界上近数十年来贫富分化最快的国家之一。因此，要在进一步发展中外非公经济的同时，大力加强对其引导和管理，抑制其负效应，扩大其正效应。

（二）确立以民生建设为导向的发展模式，使政府的投入和政策向普惠型转变

民生事业进步本身就是社会富裕的直接体现，它可以使民众更多

地在社会生产力发展中享受到发展的成果。同时，民生事业的建设可以通过社会福利覆盖面的扩大，通过提供基本的社会保障，有效缓解经济发展过程中不同社会群体、地区和部门行业等之间收入分配差距的负面影响。实践证明，在生产力仍不发达的社会主义初级阶段，实现共同富裕必须发挥社会主义国家政权力量干预和调控经济生活的优势，释放后富者的能量和创造力。因此，不仅需要重视初次分配领域存在的根源性问题，也要重视发挥政府在国民收入再分配中应有的调节作用。

确立民生导向的发展模式，在具体内容上主要应包括：大幅提高对民生建设的投入，完善就业政策，通过社会保障、住房保障、专项消费补贴、节假日补助、特殊费用减免等措施加大转移支付力度，加强对教育的投资，完善对不同行业收入水平的调控政策，以及加强对生态环境、畅通城市等方面的投入，不断满足城市居民的生存需要和发展需求，促进农村居民向城镇的有序流动等。民生导向发展模式的侧重点，主要应立足扩大社会保障，提高中低收入者收入水平，缩小群体、地区和行业等不同层面的财富和收入差距等方面。

（原载于《马克思主义研究》，2012年第6期，第二作者为刘伟）

第五章

中国市场与政府关系改革

› 我国改革已经进入攻坚期和深水区,进一步深化改革,就要更加尊重市场规律,更好发挥政府作用,以开放的最大优势谋求更大发展空间。

第一节　构建"以市场调节为基础、以国家调节为主导"的新型调节机制

对于市场调节与国家调节各自作用和相互关系问题，尽管我国学术界进行了大量的有益探索，但迄今仍未取得较为一致的看法，本节主张在经济体制改革中逐步建立一种"以市场调节为基础、以国家调节为主导"的新型调节机制，以适应现阶段社会主义有计划商品经济发展的客观需要。

一、"以市场调节为基础、以国家调节为主导"的新机制的内涵和总体特征

（一）"以市场调节为基础"的基本含义

市场调节是价值规律通过市场对经济运行和经济行为的调节，表现为价格、供求和竞争等市场机制要素之间互相作用而产生的协调效应或调适效应。所谓"以市场调节为基础"，是指着重发挥主要直接调节企业和劳动者个人的市场机制的短期配置功能、微观均衡功能、信号传递功能、技术创新功能和利益驱动功能。然而，市场调节的功能

强点并不能掩盖其固有的功能弱点。对此，可以扼要地概括为四点。

1. 市场调节目标偏差

在实现国民经济整体运行的目标时，由于市场调节中没有宏观经济决策的主体，单纯受市场引导的企业是不可能事先洞察国民经济发展目标和方向的，因而极易在追求利润极大化的过程中偏离这些目标，使宏观计划落空。

2. 市场调节程度有限

在有外在因素倾向的部门，尤其是交通运输等基础设施和供水、邮电、环卫等公用事业，以及在稀缺资源的产品生产和盈利率低、投资周期长的基础工业方面，市场调节的程度不是很深。即使加大价格与价值的背离度和刺激竞争，也无法使这些产品和劳务短期内迅速增长。而在非营利性的教育、卫生、基础研究、国防等领域，接受市场调节的可能性更微弱。

3. 市场调节速度缓慢

市场调节天然存有事后调节的滞后性，在引诱产业结构演变及高级化进程中速度较为迟缓。这是因为：市场供求不平衡→引起价格变动→企业调整经营决策→市场供求暂时平衡，这一连锁传导反应需要较长的时间。况且，市场信息并非完全透明，既有已知的"白色信息"，也有未知的"黑色信息"和半知的"灰色信息"[①]，加上市场体系和市场机制不可能尽善尽美，生产经营者往往只能在市场能见度较低的条件下，根据现期价格和供求的状况规划下期行动。这样，企业的经营抉择不免带有相当的近视性或盲目性，又受技术频繁转换的困难

---

① 这是新兴的灰色系统方法对信息的分类。

束缚，从而不利于社会产业结构的优化。

4. 市场调节成本昂贵

市场调节的目标偏误、时间延滞、摩擦损失等因素的客观存在，使得在收集市场信息、均衡经济波动、医治静态和动态的负外部效应、防止过度垄断、缓解高失业和高通胀、消除畸形分配和非理性消费选择等一系列问题上，社会必然要投入较多的劳动，这就间接或直接地增大了市场调节的成本。以实证的眼光观察，这些调节费用的相当部分纯属资源虚耗。

总之，市场调节的优势功能确立了它在社会主义经济调节体系中的基础性地位，同时，其固有的功能欠缺又导致国家调节的必然出现。

（二）"以国家调节为主导"的基本含义

国家调节是指国家运用经济、法律、行政、劝导等手段，自觉地按照经济发展总体目标分配社会总劳动，调节整个经济行为。国家调节的精髓是计划调节。完整的国家计划调节由计划指标、经济政策和经济杠杆构成。只有把这"三位一体"中互相关联的三因素耦合成系统的功能，才能充分释放其隐含的能量。所谓"以国家调节为主导"的基本含义，是指着重发挥主要调节宏观经济的国家机制的宏观制衡功能、结构协调功能、竞争保护功能、效益优化功能和收入重分功能。如同市场调节一样，国家调节在整个宏观经济和某些微观经济领域中具有某些劣势。已有的社会主义实践表明，国家调节容易患有以下四种功能性痼疾。

1. 国家调节偏好主观

政府系统和人大系统是国家调节的两大主体。我国包括中国人民银行和国家统计部门等在内的所有经济管理组织均隶属于政府,而各级政府和主管经济部门又都不同程度地存在急于求建政绩甚至奇迹的非理性短期行为。在政府与人大机构之间互相制约的机制尚未健全的情况下,一旦国家偏好背离现有生产力和有计划商品经济内生的强烈要求时,这种不科学的国家调节就不免带有唯意志论和片面性,形成功能性障碍。

2. 国家调节转换迟钝

由于国家宏观调控决策可能缺乏可靠的信息、决策的程序可能过于复杂、决策的时向可能较长、决策的成本可能太大等若干因素的存在,即使发现国家调节有误,或根据新情况亟须转换调节形式和内容,也常常陷于呆滞状态,不能及时灵活地进行调节变换,造成一种与"市场调节失灵"相对应的"国家调节失灵"现象。

3. 国家调节政策内耗

当国家运用财政、金融、价格、收入、税收、汇率、消费、人力等各种经济政策调节市场体系和企业行为时,倘若国家政策体系内部不能配组协调,甚至作用相反,就会导致"政策内耗",即各项政策功能相抵消。当然,在国家决策机制较为健全的条件下,政策功能内耗的现象会少些,但也不会完全消失。

4. 国家调节动力匮乏

国家调节要通过国家工作人员积极主动地制定和组织实施各种调节目标、步骤及具体方法来实现,可是有关工作人员经常出于个人、本地、本部门或本阶层的狭隘利益考虑,不愿意自觉适时地调解经济发展中已暴露出来的矛盾和问题。尤其是在众多企业和个人的"下有对策"面前,国家调控的"反对策"往往显得苍白无力。其结果要么是集权僵化，要么是分权紊乱，使国家调节常常陷于官僚式的动力机制不足的局面。

总之，国家调节的良性功能确立了它在社会主义经济调节体系中的主导性地位，同时，其不可完全避免的功能弱点，又决定了必然要以市场调节为基础。

（三）市场调节与国家调节的结合性和结合态

市场调节与国家调节存在着对立统一的辩证关系，其结合的性质可从下述三方面去认识。

1. 功能互补性

它们的互补至少可以概括为：在层次均衡上的微宏观互补，在资源配置上的短长期互补，在利益调整上的个整体互补，在效益变动上的内外部互补，在收入分配上的高低性互补，等等。市场调节和国家调节的功能互补，既有侧重点，又有渗透性。一般说来，在单个经济单位的活动、普通资源的短期配置、收入和利益的日常调整以及一般的经济行为方面，市场调节的功能明显强于国家调节，但也要求注入计划机制因素，实行国家导示；在产业结构、国民经济总量、社会的所有制结构、重大的工程、最主要的产品、重要资源的长期配置以及收入和利益的较大调整方面，国家调节的功能又明显强于市场调节，但也要求注入市场机制因素，发挥市场对国家计划的反馈和制约作用。可见，市场调节和国家调节的功能性结合与互补，深刻地表明现阶段经济调节的新机制有着本质上的统一面。

2. 效应协同性

开放性经济运行系统在一定的外部条件下，其内部市场调节系和国家调节系统之间通过非线性相互作用而必然产生协同效应。若逐渐扩大两大调节系统的机制背反性，则协同效应可能为负，造成经济运行系统走向混乱或无序；若逐渐发挥两大调节系统的功能互补性，则协同效应可能为正，有利于形成经济上高度稳定有序的组织，即耗散结构。详细一点讲，市场调节与国家调节的正协同效应体现如下：首先是协同范围。市场与国家计划都要覆盖全社会。其中，市场关系（或商品货币关系）将成为整个社会经济活动的普遍联系形式，等价交换是它的基本准则；国家计划将成为整个社会经济活动的目标导向，规范和影响一切经济行为。二者非板块式的全社会规模的有机结合为正协同效应的产生奠定了基础。其次是协同方式。市场与国家计划可以达到双向相容，也就是说，市场中渗进计划机制，计划中吸纳市场机制。作为前馈的计划指导市场，作为后馈的市场制约计划，二者的融合建立起高效而又灵活的"前馈—反馈"调控机制。最后是协同走向。市场调节从微观引向宏观，呈现为"企业—市场—国家"的经济循环流程；国家调节从宏观引向微观，呈现为"国家—市场—企业"的经济循环流程。市场与国家计划的这种对流式传导，沟通了微观层次与宏观层次的联系，提高了协同力。简言之，市场调节和国家调节的正协同效应，也有力地表明现阶段经济调节的新机制有着本质上的统一面。

3. 机制背反性

当市场调节机制依据价值规律、供求规律和竞争规律发生作用时，价值目标有可能排斥社会急需的使用价值生产，甚至贩卖假货、以次充好、缺斤短两等，损害国家和公众的利益；市场波动会造成某些虚假的需求，其自发倾向有可能导致经济发展的盲目性；利益本位有可能冲击宏观经济效益和社会其他效益，形成各种垄断，妨碍近期利益和长期利益、局部利益和整体利益的有机结合。这些均同国家调节的目标和机制相悖。同样，当国家调节机制依据基本经济规律和有计划发展规律发生作用时，使用价值目标有可能排斥经济核算和等价交换，形成众多的"政治产品"，如"跃进钢""安定粮""政治菜"等；计划导向有可能不恰当地采用指令性计划和直接行政控制，造成集权僵化的局面；国家利益有可能被强调过度，损害企业和个人的利益，抑制劳动者的积极性和创造性。这些又均同市场调节的目标和机制相悖。因此，市场调节和国家调节的机制背反性是一种客观现象，不会完全避免，这清楚地表明现阶段经济调节的新机制有着本质上的矛盾面。

从理论上搞清楚市场调节与国家调节结合的特性，目的在于具体构造二者结合的状态时，防止调节系统的功能性错位，加强功能性互补；减少调节系统的负熵值，增强协同正效应；缩小调节系统的机制背反性，扩展机制一致性。那么，我们依据什么来设计和组织二者的现实结合状态呢？这里简略地勾画四维以阐明结合的基本原则和概貌。

第一，产品维。它（包括劳务在内）有三项内容：其一，产品的类型及其作用。要区分能源、交通运输、邮电通信等基础性设施的产品，关系到国计民生、科技革命和外贸的其他重要产品，较次要的以及一般的产品。其二，产品所属产业的类型和行业的层次及其作用。产品的类型决定该产品属于何种产业和行业，进而有必要区分不同的产业、产业和行业内部的层次。处于不同产业和行业的产品有着重要程度不一的作用。其三，产品所属领域和环节的类型及其作用。在上述两点基础上，还要区分该产品所处的领域和领域内部的环节。如分清生产领域、分配领域、交换领域与消费领域，物质经济领域与文化经济领域，军工经济领域与非军工经济领域，生产领域内部的初级产品环节与再加工产品环节，流通领域内部的批发环节与零售环节，等等。处于不同领域和环节的产品，其作用的内涵和重要性不尽一致。毋庸置疑，市场调节和国家调节首先要围绕产品维确定二者结合的程度、方式和范围。一般说来，属于主导产业、非竞争性行业及其他较为重要和特殊的产品，国家调节的力度强一些，方式直接一些，而市场调节的力度弱一些，甚至在极少数产品生产和交换的范围内没有更严格意义的市场调节。反之，对于其他较为次要的产品，情况正好相反。

第二，产权维。它含有下列三项内容：其一，产权性质不同的企业。全民所有制企业、集体所有制企业、合作所有制企业、私营企业、中外合资企业和合营企业、外商独资企业及各种混合性质的企业，它们的财产权利与国家的关联度不一样，这决定它们接受市场调节和国家调节的特点。其二，同一产权性质的企业在所有权与经营权方面的分离度。比如国有企业，当它们分别采取承包、租赁、股份和直接经营等形式时，两权分离的差别是很大的，这又必然决定它们接受市场调节和国家调节的特点。其三，由产权关系制约的企业规模。通常股份企业和许多国有企业的规模较大，而私营企业、集体企业、合作企业和租赁企业的规模较小。规模相异的大、中、小企业客观上需要采取灵活多样的调节措施，这也必然决定它们接受市场调节和国家调节的特点。毫无疑问，产权关系及由此制约的企业规模是社会主义经济调节的基石之一。就一般情况而言，对国有大型企业和部分中型企业，偏重于实行较硬的国家调节，而对非公有制企业、集体企业、合作企业和众多的国有中小型企业，偏重于实行较软的国家调节或不完全的市场调节。

第三，地区维。它有两项内容：其一，城市地区与农村地区。像上海这样的工商业城市，重庆和武汉这样的重要中心城市，常州和无锡这样的较发达中等城市，江阴和阜阳这样的新兴小城市，在各省、各区域乃至全国的经济地位和作用均有颇大的差异。温州、泉州、苏南、苏北等广大农村地区经济发展也各具特色，极不平衡。在这些情况有天壤之别的城乡地区，实行市场调节和国家调节的方式和手段必须因地制宜。其二，开放地区与非开放地区。对深圳和海南等全开放的外向主体型地区、非开放的内向主体型地区以及处于两者之间的内外双向型地区，实行市场调节和国家调节的深度和广度必然有重大差别。此外，经济调节机制在我国东部、西部、中原等地区，或在老、少、边、穷地区与别的经济较发达地区，也肯定具有不同的特点和作用，但其状况可以部分地被上述两项内容所涵盖。无须赘言，地区维对于社会主义经济调节系统存在着重要意义。国家对经济区位（生产区位、市场区位等）活动的干预和调节，必须考虑该区位的资源、运输、贸易、规模、劳动力、科学技术、地域特点等经济因素，以及政治、文化和民族等其他社会因素，利用差别税率、差别利率、差别价格、差别收入、地区财政支出这类经济政策及经济指标，推行中观经济层的区域调控。通常说来，农村地区、中小城市和沿海开放地带应较多地吸纳市场调节机制，大城市和非开放地带则应较多地吸纳国家调节机制。

第四，时间维。它主要包括这样两项内容：其一，经济松扩与经济紧缩。从短期分析，当经济处于松扩时期，相对说来，供给不足，市场繁荣，银根松弛，此时市场环境便于较多地发挥市场调节的作用，但又不能放弃国家调节；当经济处于紧缩时期，相对说来，供给充裕，市场疲软，银根收紧，此时市场环境需要适当强化国家调节的作用，但又不可偏废市场调节。其二，初级阶段与中级阶段。从长期分析，社会主义初级阶段实行含计划主导性的商品经济体制，市场调节必然逐渐成为基础性的调节，国家调节必然逐渐成为主导性的调节；而社会主义中级阶段也许实行含计划主体性的产品经济体制，市场调节将慢慢成为辅助性的调节，国家调节将慢慢成为主体性的调节。由此看来，在探析市场调节和国家调节的实际结合态时，有必要以时间作为描述和表达二者关系的尺度。这无论是对中华人民共和国成立后经济史进行实证分析，或是对当前治理整顿时期进行对策研究，还是对整个初级阶段和以后阶段进行目标选择，都是极为重要的。可以断言，只有纳入时间维，才能透彻地说明和科学地规定各个时期内市场调节和国家调节的不同结合关系。

以上阐述表明，产品维、产权维和地区维构成了市场调节和国家调节的"三维立体结合态"；若加进时间坐标，便构成"四维空间型结合态"。只要我们确立时空定位观念，遵循"四维"的客观要求和基本内容，就能逐步正确地把握两种调节相结合的深浅程度、融离方式、广狭范围和强弱力度，并在实际操作上不断变换运用指令性计划调节、指导性计划调节和市场自发调节等，切实搞好各种具体形式的动态配组。

二、从社会经济制度和社会发展阶段的比较上把握新型调节机制

为了进一步理解和在实践中把握好市场调节和国家调节的"基础、

主导功能性结合",必须展开比较研究,即从社会经济制度和社会发展阶段的演化中探究决定调节机制发生变异的经济组合环境和经济体制类型,进而深刻地洞悉现阶段经济调节机制的实质及其变化的来龙去脉。

(一) 四种经济组合

倘若舍象生产资料所有制和分配等问题,人类社会经济形态可以用两组对应的范畴来概括:自由经济与计划经济,产品经济与商品经济。前组范畴从经济运行的形式表明,社会经济发展过程是处于人们无计划控制的自发活动之中,还是处于人们计划控制的自觉活动之中。后组范畴则从经济运行的内容表明,社会经济的性质(或实体或机体)是由无数劳动产品直接构成,还是由无数劳动产品转化为商品构成。现实的社会经济形态是经济运行形式和经济运行内容的有机结合,二者缺一不可。有时计划经济与商品经济可以单独放在一起进行分析,但并不等于说二者属于同一逻辑层次的问题。

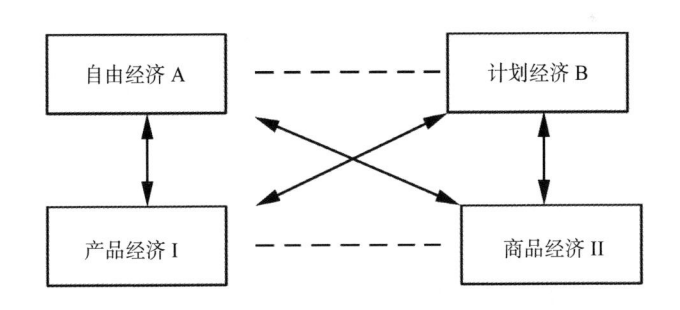

图 5-1 四种经济组合

现在,我们用图 5-1 具体描绘两组范畴的不同结合状态。依据自由性与计划性、产品性与商品性的程度和地位的差别(用虚线连接),

可以把它们抽象为以下四种组合（用实线箭头表示）：

AI 组合——自由产品经济。组合的特点在于劳动产品不采取价值形式，而社会经济活动可以自由进行。在历史上，原始社会、奴隶社会和封建社会占统治地位的自给自足的生产方式就是它的现实形态。

AII 组合——自由商品经济。组合的特点在于劳动产品采取价值形式，而社会经济活动依然可以自由进行。在历史上，简单商品经济和资本主义商品经济便是它的现实形态。

BII 组合——计划商品经济。组合的特点在于劳动产品采取价值形式，而社会经济活动受自觉的计划调控。初级阶段的社会主义经济是其现实形态。

BI 组合——计划产品经济。组合的特点在于劳动产品不采取价值形式，而社会经济活动依然受自觉的计划调控。在社会发展史上，未来社会主义高级阶段和共产主义社会的经济将成为它的现实形态。

对于以上四种经济组合还需做三点补充说明：其一，受马克思关于否定之否定辩证法规律的理论启迪，笔者认为，社会经济运行演化的第一个否定，是商品经济对与生产力水平相对低下相联系的自由产品经济（表现为自然经济）的否定；第二个否定，是与生产力水平高度发展相联系的计划产品经济（表现为时间经济）对商品经济的否定。据此，应取得这样的共识：当前大力发展社会主义有计划商品经济，既是对资本主义商品经济的扬弃，也是对我国自然经济和传统僵化的计划产品经济模式（超越现实的、变形走了样的模式）的否定。这将是一个较长的自然历史过程。其二，各种经济组合之间可能存在过渡性类型。假定 BII 组合过渡到 BI 组合有一个相当长的历史时期，其间又会产生经济运行的部分质变，那么，就很有可能出现 BIII 组合。换句话说,此时计划经济主要是与产品经济相结合,但仍在较大的程度上与商品经济相关联,这种过渡性组合可简称为"计划商品—产品经济",其现实形态也许出现在今后的社会主义中级阶段上。其三,马克思、恩格斯分析的主要是 AII 组合,预见的主要是 BI 组合,并少量地提及 AI 组合;列宁、斯大林在深化前人研究的基础上,又独特地提出了从资本主义到社会主义过渡时期的经济组合理论[①],以及建成社会主义后的经济组合理论(著名的商品外壳论);我国经济体制改革的实践呼唤出对 BII 组合的大规模研讨,这一探索对马列主义理论和社会主义事业的发展均有重大意义。

(二)六种经济体制和六种经济调节机制

不同的经济组合必定形成不同的经济体制和经济调节机制。

第一种,完全自由的产品经济体制,以及与此相适应的单一的自然分工机制。主要是在前资本主义社会的自然经济体系内,人们实行着按性别和年龄调节的自然分工,这种分工属于纯生理性的劳动分工,与市场调节和社会性调节没有关系。

第二种,完全自由的商品经济体制,以及与此相适应的单一的市场机制。在资本主义自由竞争阶段(简单商品经济的特点与它相同),经济活动自由放任,社会经济发展毫无计划,国家的干预微乎其微,经济运行的调节是由"看不见的手"操纵的,属于纯粹的市场调节类型。

第三种,含计划性的商品经济体制,以及与此相适应的带计划机制的市场机制。在国家垄断资本主义阶段,国民经济总体运行方向、

[①] 列宁关于过渡时期经济组合的理论倾向是:实行计划产品经济,保留一定的商品货币关系。

基本格局和重大比例关系等一些关键问题，最终由市场调节来决定，国家调节只是作为市场调节的必要补充和辅助手段发挥效能的，因而属于以市场调节为主体、以国家调节为辅助的类型。诚然，各个发达或不发达的资本主义国家之间存有差异，但都不影响资本主义经济运行的根本特征。

第四种，含计划主导性的商品经济体制，以及与此相适应的带计划主导机制的市场机制。在社会主义初级阶段，既不像国家垄断资本主义那样，"也不把国家经济计划看作是一个严格的、有约束力的、必须为政府所遵循的计划"①，国家的计划和干预只限于补充市场主体调节的不足，也不像社会主义中级阶段那样，国家计划调节已处于主体性地位，主要采用直接调控的方式，行政协调的功能较为突出，市场调节只限于补充计划主体调节的不足，而是实行"以市场调节为基础、以国家调节为主导"的经济调节限制。

第五种，含计划主体性的产品经济体制，以及与此相适应的带市场机制的计划机制。在社会主义中级阶段，经济机体的主要成分已从商品经济转变为产品经济，同时又存在相当程度的商品性。那时，计划随之从主导性地位上升到主体性地位，国家以直接调控和行政协调为基本手段，而以间接调控和市场协调为次要手段，对整个宏观经济和微观经济的运行进行调节和引导。

第六种，完全计划性的产品经济体制，以及与此相适应的单一计划机制。在社会主义高级阶段和共产主义社会，由于商品经济和市场调节基本上已不复存在，因而经济运行实行完全的计划性，以较纯

---

① 莫里斯·博恩斯坦. 东西方的经济计划［M］. 朱泱，等，译. 北京：商务印书馆，1979：179.

粹的计划机制调节一切经济活动。只是社会主义高级阶段的社会经济组织中心仍以"国家"的面貌存在。

现以表 5-1 表示经济调节机制的制度比较和阶段比较的内容。

表 5-1　调节机制的社会经济制度和社会发展阶段比较

经济组合	经济体制	经济调节	经济制度和发展阶段
AI 自由产品经济	完全自由的产品经济体制	单一的自然分工调节	前资本主义自然经济体系
AII 自由商品经济	完全自由的商品经济体制	单一市场调节	资本主义自由竞争阶段
BAII 计划—自由商品经济	含计划行动的商品经济体制	带计划机制的市场机制；以市场调节为主体、以国家调节为辅助	资本主义国家垄断阶段
BII 计划商品经济	含计划行动的商品经济体制	带计划主导机制的市场机制；以市场调节为基础、国家调解为主导	社会主义初级阶段
BII I 计划商品—产品经济	含计划行动的产品经济体制	带市场机制的计划机制；以国家调节为主体、市场调节为辅助	社会主义中级阶段
BI 计划产品经济	完全计划的产品经济体制	单一的计划调节	社会主义高级阶段，共产主义社会

概而言之，只有引入制度分析方法，从人类社会演化的历史大背景去观察经济调节的变化脉络，才能消除孤立谈论现阶段经济调节的种种偏误，进而在改革中应构建何种经济体制和调节机制的难题上找到更多的共同语言。

（原载于《财经研究》，1990 年第 12 期）

第二节 社会主义市场体系的特点和内在结构

一、社会主义市场体系的含义和特点

要搞清市场体系，必须首先搞清市场的含义。因此，这里先剖析"市场"概念，然后探讨市场体系的含义和符合现代市场经济规范的社会主义市场体系的特点。

（一）市场的四重规定

我们知道，市场是社会生产力发展到一定历史阶段而产生的。它的形成和发展显示出了鲜明的特性：由于市场产生于物质生产方式，与一定的物质生产力相联系，因而它具有客观物质性；又由于市场冲破自然分工束缚，与社会分工结缘，集中体现人与人之间的社会经济联系，因而它具有社会性；还由于市场伴随着人类的历史发展从低级到高级逐渐演化，与一定的社会形态和社会发展阶段的历史相联系，因而它具有历史性；此外，由于市场是在不同的文化氛围中发育成长的，受一定的道德、观念等精神文明的渗透和制约，因而它具有文明性。那么，市场的准确含义是什么呢？按照马列主义的理论启迪和经

济现实，我们可以对"市场"范畴做含义宽窄不一的四重规定：

第一，市场是进行商品流通的机构和场所。有商品生产和商品交换，就必定存在市场。随着商品生产和商品交换的发展，作为商品流通载体意义的市场，其数量和规模会日益扩大。

第二，市场是商品生产经营者之间全部交换关系的总和，而不是商品交换关系的个别方面，或个人同个人的交换关系。

第三，市场是商品经济中的交换要素，它在社会再生产诸环节中处于媒介和中心地位。以商品交换为内容的市场，是连接生产、分配、消费的中心环节，具有不可替代的特殊地位。

第四，市场是一种调节机制和资源配置方式或运行方式。单就商品经济来说，其基本的调节机制和运行方式就是市场，这也是市场和市场机制有时互相通用的缘故。

（二）市场体系的概念及主要特点

有一种观点认为，社会主义市场体系就是指与社会主义有计划商品经济发展相适应的、具有多层空间结构的完整的统一市场。其实，这样来界定社会主义市场体系是将市场体系等同于统一市场，是把这两个有联系又有区别的范畴混淆起来了。"市场体系"这一范畴强调的是各类市场的有机组合，而"统一市场"这一范畴强调的市场不能被人为地分割，可以说，市场的统一性只是市场体系的重要内容之一，而不是全部。我认为，尽管社会主义市场体系可以从多角度来考察，但其一般的含义，应当是指互相联系、互相制约的社会主义各种市场有机组合的整体或系统。一个完美的社会主义市场体系必须具备下列特点：

第一，结构完整，层次合理。社会主义市场体系既要包括消费品市场和生产资料市场，也要包括资金、劳动市场、地产市场、房产市场、技术市场、经济信息市场等。

第二，内外开放，机制完备。原则上，所有的市场对内部是开放的，不搞行政性垄断的市场，消除一切不必要的"部门分割"和"地方分割"，并同国际市场保持着日益密切的联系。国内市场的对外开放理应有选择、有步骤、有限度，其格局总体上是以沿海为主，并与沿边、沿江、沿路和省会开放相结合。

在市场机制方面，竞争机制、供求机制、价格机制、风险机制、货币流通机制等比较健全，市场主体的能动性较大，对市场信号的变动具有灵敏的良好反应能力；作为市场变量的价格、利率、汇率和工资等市场信号具有相当的自动性，使价值规律的积极作用得到充分的发挥。我们既要防止资本主义国家市场"过度竞争"的种种不良现象，也要看到目前我国"竞争不足"的现实，大力开展合法的市场竞争。对于经济垄断要做具体区分，必须反对完全垄断市场类型，即某种商品只有一个卖主的市场类型；而对既含有垄断因素又存在激烈竞争市场类型，对生产某种产品的大部分的少数企业控制该产品的销售量和价格的寡头垄断市场类型，则应视实际情况采取不同的对策，不应一概反对。这是由于，社会主义要搞的不是完全自由竞争式的古典市场经济和市场体系，而是要搞合乎生产社会化、国际化潮流的现代意义的市场经济和市场体系，适度垄断机制可以与竞争机制合力发生互补作用。

第三，计划渗透，偏向买方。社会主义市场体系以公有制企业为主体，并受国家以计划为主要内容的多种调控机制的制约，从而成为计划主导下的市场体系。在传统体制下，市场主权一直是偏向卖方的，总需求总是大于总供给，甚至屡次出现严重的失衡。实践已深刻地表明，生产资料和消费品乱涨价、通货膨胀严重、商业服务质量不高、企业经济效益和技术创新水平低下等，都与市场需求相对膨胀和供给相对短缺有关，给改革、发展和人民生活带来紧张和混乱。因此，在市场的发展态势上，必须纠正供小于求的倾向，重创供略大于求的局面，构建市场主权偏向买方的现代市场体系。

二、社会主义市场体系的内在结构

考察市场体系的内部构造可以有不同的视角和分类法，然而其基本要素仍是清晰的：存在被交换的对象，即市场客体；存在交换对象的占有者和交换活动的当事人，即市场空间；存在交换的起点和终点的发展过程，即市场时间。广义的市场体系主要是由这三大要素构成的，其中每一个要素本身又是开放性的市场大系统的子系统。

（一）市场的客体结构

从最广的意义上来说，市场交换的一切东西均可称作商品，但细究起来，这种广义商品本身还可具体区分。

第一，按市场客体在社会再生产中的作用划分，有一般商品市场和要素市场。一般商品市场指消费品市场和生产资料市场，生产要素市场指资金市场、生产资料市场、劳动市场、技术市场、土地市场等。两类市场存在交叉现象，如生产资料市场既属于一般商品市场，又属于生产要素市场。

第二，按市场客体之间的相关性划分，有强替代性市场和弱替代性市场。消费品市场、生产资料市场、劳动市场、技术市场等属于强替代性市场，每个市场内部的各种因素具有弹性很大的替代关系。相比之下，土地市场、资金市场等则属于弱替代市场，其内部各种因素之间的选择余地小，在我国市场发育不完全的情况下更是如此。

第三，按市场客体存在的形式划分，有普通有形商品市场、无形商品市场和特殊商品市场。普通有形商品市场主要是指实物形态的消费品市场和生产资料市场。无形商品市场主要是指旅游市场、运输市场、科技市场、信息市场、劳务市场等。特殊商品市场是指劳动市场、金融市场、土地等自然资源市场。有的市场比较复杂，比如文化市场，人们把电视机和录音磁带买回家去欣赏，这归于一般消费市场范畴，而人们到公共娱乐场所观看电视、收听录音，则属于无形商品市场范畴。

（二）市场的主体结构

市场主体是一切市场客体的占有者或市场交换的当事人。在商品经济条件下，人们经济活动的舞台就是市场，他们以不同的经济角色支配着市场客体，成为市场交换中最活跃、最革命的因素，并推动市场体系从低级向高级演进。对市场主体的结构可以进行多视角的考察。

第一，按经济活动的范围和规模不同，市场主体分为个人及其家庭、企业、国家或政府三个层次。在市场交换活动中，最小单位的当事人是个人及其家庭。他们以劳动力所有者的身份为社会提供劳动，取得相应的收入和消费品，或者以独立生产经营者和投资者的身份从事私人经营和证券交易,取得经营的收益。工业、商业、金融、服务、信息等企业是市场最主要的交换力量,起着举足轻重的作用。国家既是市场活动的当事人,遵循价值规律与其他主体进行平等的交往,同时又是市场活动协调者和管理者,负责建立和维护市场秩序,调整包括自身在内的各个市场主体内部及相互之间的利益关系。

第二,按在社会再生产中的作用不同,市场主体分为生产者、消费者、交换中介者和市场调查者。生产者代表市场供给,提供各种产品和劳务。消费者代表市场需求,以购买者面貌存在,由从事生产活动的消费者和单纯的消费者组成。交换中介者是买卖双方的中间联系人,以商人、经纪人、代理人的面貌出现。市场调节者是以国家和各级政府机制的面貌出现,起着组织协调、管理监督的作用,推动市场合理运转。

第三,按所有制的性质及两权分离的程度不同,市场主体分为国有经济单位、集体经济单位、合作经济单位、个体劳动者、私营业主、外商以及股份企业、租赁企业、承包企业等。这些不同类型的企业和个人在市场活动的目的、方式和行为方面都有区别,显示出市场主体之间的差异。

第四,按经济权利的过渡关系不同,市场主体分为所有权市场、占有权市场和使用权市场。所谓所有权市场,就是交换当事人对交换客体的占有、使用、收益和处分这四项能完整地让渡。所谓占有权市场,就是交换当事人保留交换客体的所有权,转移其占有权或使用权。

(三)市场的空间结构

市场的空间是市场主体和市场客体的活动地方和范围。社会主义市场的空间结构是以单体市场为基础,以多层次的地区市场为脉络,以全国市场为骨架,以国际市场为大环境的纵横网络,是含义宽泛的统一市场或一体化市场。

第一,单体市场是市场空间结构中的"细胞",属于最基本的层次。倘若由供求双方的个人、家庭和企业的微观交易行为所构成的单体市场发育不全,那么,其他高层次的市场就难以壮大。目前,由于我国经济体制改革尚未根本改变企业的软约束状态和个人经济权利微弱的局面,企业和个人作为市场主体的地位不稳定,自主观念淡薄,因而除消费品和生产资料的市场相对较为发达之外,地产、房产、劳动力、信息、技术、资金等其他市场均极不完善。所以,必须尽快改变这一点,大力扩展和搞活单体市场。

第二,地区市场是商品和劳务交换以其特定地区为活动空间的市场。作为市场空间结构中间层次的地区市场,其本身至少显示出两种形式:一是行政性地区市场,二是经济性地区市场。行政性地区市场容易造成"地区封锁",人为地阻止商品和劳务的自由流通。为了打破"画地为牢"的市场壁垒,塑造与社会主义全国统一市场精神相吻合的地区市场,必须在改革中采取强有力的措施,逐渐淡化行政性地区市场,强化经济性地区市场。诚然,各级地方政府不能完全放弃对所管辖地区的市场管理,而应顺应市场经济的客观要求,以建立市场经济新秩序和维护全国统一市场为目标,该管的认真管好,不该管的不要硬性干预。

第三,全国市场是交换客体以全国范围为活动空间的市场,是单体市场和地区市场在全社会的有机组合。全国性市场暗含全国政治统一这一前提,但某一商品或劳务之所以有必要在全国范围内流通,主要在于交换比较利益的存在,使它具有向全国各地扩散的内在动力。所以,从消费品、生产资料、信息等大类来说,需要建立全国市场,但对某一具体商品或劳务则要具体分析。

第四,国际市场是交换客体在世界范围内活动而形成的市场。国际市场通行着国际价值或国际生产价格的规律,其规模受国际分工和国际协作的制约。在大多数情况下,一国的商品不可能进入世界各国,而只能进入若干国家。尤其是像中国这样的发展中国家,商品即使打进国际市场,其市场覆盖率也是极低的。改变这种状况的主要途径是大力发展外向型企业集团。外向型企业的产品,既可以是在国内形成单体市场、地区市场、全国市场以后,再扩延至国际市场,也可以撇开国内市场,直接瞄准和开拓国际市场。

(四)市场的时间结构

市场时间是市场主体交换市场客体过程的持续性和顺序性。在不同种类或相同种类的市场上,供求双方的买卖关系或借贷关系总有长短不一的间断性和连续性,从而显示出交换时间和方式上的差异。

观察一般商品交换,市场的时间结构是由现货交易、期货交易和信用交易构成。例如土地市场,若是土地所有权的完整转让,其交换时间和方式就和普通商品差不多;若是土地批租,其一次交换的全过程要取决于批租的日期长短,50年或60年等。又如技术市场,技术专利的交换方式是多样的,假如采取技术转让费是按照应用后实际经济效益提取,它的交易时间就要比一般交易方式长些。再如资金市场,既有短期金融市场,即包括存款市场、放款市场、贴现市场和外汇市场,放款期限六个月至一年以内的借贷资金市场;又有长期金融市场，即包括长期放款市场和债券市场，放款期限在一年以上的借贷资金市场。此外，劳动市场的多种交换方式，也表现为不同的市场时间。

(原载于《探索与争鸣》，1993年第2期)

第三节 保护私有财产与维护公共利益

现代西方经济学只谈保护个人产权和利己性，并认为个人追求自身利益最大化的自由行动会无意而有效地增进社会公共利益，这显然是片面的。事实上，私人的财产和利益同公共的财产和利益时常会发生矛盾甚至冲突，所以需要消除以"公共利益"为名，侵占私人权益和私人财产的现象，也需要纠正国有企业改制中侵吞全民公共财产和公共利益的倾向。在经济全球化和混合经济的时代，维护私人的财产和权益与公共的财产和权益，需要共同确立民族财产和民族权益及国际竞争理念。

目前，在构建社会主义和谐社会过程中，保护私有财产与维护公共利益已成为社会各界人士的"聚焦点"，具体表现在征地、企业改制、反腐和外企逃税等一系列问题上，值得评析。所谓保护私有财产，是指依法保护公民通过合法途径获得的各种财产，任何其他行为主体都不得违法而侵犯私有财产。所谓维护公共利益，是指依法维护一定范围内社会共同的利益，任何其他行为主体都不得违法而侵犯公共利益。公共利益主要有三类：维持国家安全和法律秩序，如国防等；推动经济发展和社会进步，如基础设施、公共工程等；维持社会弱者的生存和发展，如某些慈善或公益事业等。

实践表明，私有财产与公共利益的相互关系可能呈现四种状态：私有财产与公共利益一起增加的共荣状态；私有财产与公共利益一起减少的共损状态；私有财产增加导致公共利益减少的前荣后损状态；公共利益增加导致私有财产减少的一荣一损状态。可见，二者有积极作用的一致性，也有此消彼长的矛盾性。

当前，要处理好保护私有财产与维护公共利益的关系，必须注重以下几个问题。

一是需要消除以"公共利益"为名，侵占私人权益和私人财产。例如，强迫私人业主捐款修造路桥和学校等公共工程和公共事业。再以征收土地而经济补偿不到位为例，一些地方政府先以国家和公共利益为名，用低价征收农民的土地，再以低价转让给中外私企；或者政府按公开的市场价格转让给各类企业，从中获取差价，而损害了一个个农民的私人利益。某些因政府投资引致的土地价格升涨而形成的级差收入，可以通过土地征收价格或土地交易税收归财政。除此之外，试图通过补偿不足的土地征收差价来扩充财政收入和显示政绩，是严重损害私人财产和私人权益的非正确政绩观，必须重点改进。

二是需要纠正国有企业改制中侵吞全民公共财产和公共利益的倾向。国有资产管理体制和国有企业管理机制必须进行市场化的实质性改革，以落实十六大关于"发展壮大国有经济"的精神，从根本上维护和增大全民公共利益。对某些无市场前途、扭亏无望或规模较小的国有企业等，可以转制为集体或私有企业。现在问题在于，一些地方在改制或转制中，未经公开招标，就随意将国有资产低价卖给该企业的主要管理者，甚至是有意做亏，从而造成大规模的国有资产流失和公共利益受损。应当借鉴发达国家的经验,对某些国有企业股份的出售,需经同级立法机构的讨论或公开行政听政。要像抓"非典"那样,狠抓国有资产监督管理机构和人员的责任制,实行问责制和引咎辞职制,从产权关系的委托代理源头和关节点上,制止国有资产和公共利益的严重流失。

三是维护私人的财产和权益与公共的财产和权益,需要共同确立民族财产和民族权益及国际竞争理念。在经济全球化和混合经济的时代,一国的私人财产与公共财产、私人利益与公共利益,往往是作为国家的民族财产和民族利益融合在一起,以一国共同的民族财产和民族利益的面貌呈现于世界上。因而,无论是自然人还是法人组织,无论是私企、国企还是事业单位或政府部门,当从事国际贸易、国际金融和国际投资等经济活动或经济外交时,维护私人财产和权益,一般都有利于社会公共利益,就是维护民族财产和权益;反之,维护社会公共财产和权益,通常都有利于私人财产和权益,同样是维护民族财产和权益。比如,中国私企和国企应诉国外企业,中国政府支持私企和国企反外商倾销等便是如此。又比如,在全球大致相同的发展起点上,与印度等土地私有财产制国家相比,我国的土地公有财产制促进了互联网的较快发展,大大推动了整个中华民族公共财产和私人财产的增量上升。

四是需要强调私人的财产和利益与公共的财产和利益协调上的伦理调节,实行伦理调节、国家调节和市场调节的"三手并举"。现代西方经济学只谈保护个人产权和利己性,并认为个人追求自身利益最大化的自由行动会无意而有效地增进社会公共利益,这显然是片面的。事实上,私人的财产和利益同公共的财产和利益时常会发生矛盾甚至冲突。在社会主义市场经济条件下，我们在协调两者关系上，一方面，尽可能地运用价格机制、竞争机制和供求机制等市场调节的手段进行自行调节；另一方面，国家运用法律、经济和必要的行政等手段加以自觉调节，而还有一个方面也不容藐视，即强调伦理或道德调节，倡导人们自觉遵纪守法，在不违背诚信、集体规范和社会公德的基础上追求私人财产和权益。因为再完善的制度约束和市场机制，也是有缝隙或不足之处的，人们一旦失去必要的道德自我约束，便容易侵犯他人或社会利益。这就是为何即使在私人控股的资本主义公司里，也积极提倡"丰田精神""后福特主义"等团队精神和群体主义，反对"个人至上主义"；提倡重视公司利益相关者的权利和作用以及社会责任与经济伦理，注重协调股东、雇员、客户、合作伙伴、社区、政府和公众等所有利益相关者的利益关系。

五是切实依法保护合法的私有财产，但不可能将其神圣化和绝对化。有的意见认为，新《宪法》规定"公民的合法的私有财产不受侵犯"，而规定"社会主义的公共财产神圣不可侵犯"，这没有做到对私人财产与公共财产一视同仁，强调合法的私人财产也是神圣不可侵犯的。这种意见缺乏对世界各国宪法演变精神实质的深刻认识。出于反封建专制的需要，法国资产阶级大革命时期的《人权宣言》规定，"财产是神圣不可侵犯的权利"。但后来的共和主义者认识到，私有财产从属于一个更高的社会目标，在必要时应为社会公共利益而牺牲，因而美国等宪法根本没有"私有财产神圣不可侵犯"之类的口号。杰斐逊在美国《独立宣言》中特意将洛克主张的对"生命、自由、财产"等自然权利改换为"生命、自由和追求幸福的权利"，并建议把财产权从"不可转让的权利清单中删去"；本杰明·富兰克林也强调"私有财产是社会创造，从属于社会的需要"。1919 年的德国《魏玛宪法》已明确规定，"财产权伴随义务，其行使必须同时有益于公共的福利"。既然西方国家都可以出于公共利益的需要，通过立法规制和行政规制来规制私人财产，社会主义国家怎么可能反过来将私有财产及其权利加以神圣化和绝对化？这与我国现阶段私人投资、私人财产的合法积累等并无什么关系和影响。倘若欲用"私有财产神圣不可侵犯"来为某些非法私有财产辩护，则更显错误。

（原载于《文汇报》，2005 年 4 月 11 日）

第四节　完善双重调节体系：市场决定性作用与政府作用

经济调节体系是经济运行机制的核心内容，对于资源优化配置具有关键性作用。习近平总书记在2013年"两会"的讲话中强调"两个更"：更加尊重市场规律，更好发挥政府作用。在十八届三中全会上，他进一步强调要使市场在资源配置中起决定性作用和更好发挥政府作用，同时指出："我国实行的是社会主义市场经济体制，我们仍然要坚持发挥我国社会主义制度的优越性、发挥党和政府的积极作用。市场在资源配置中起决定性作用，并不是起全部作用。"[①] 发挥"两个作用"，不仅直接关系到促改革、稳增长、转方式、调结构、增效益、防风险等"经济新常态"的塑造，也直接关系到完全的竞争性市场机制能否真正解决高房价、高药价、乱涨价、低福利、贫富分化、就业困难、食药品安全、行贿受贿严重、劳资冲突频发、城镇化的质量不高等民生领域的迫切问题。市场与政府的关系问题，既是政治经济学的基本理论之一，又是深化经济体制改革和国民经济又好又快发展的关键。因此，认真研究这一问题具有重要现实意义。

---

① 习近平.关于《中共中央关于全面深化改革若干重大问题的决定》的说明[N].人民日报，2013–11–16.

一、关于逐步深化对市场与政府作用的认识问题

实践是检验真理的唯一标准,马克思主义科学理论是在实践中不断发展的。社会主义市场经济理论也是如此,我国对经济调节方式的探索也是逐步深化的。从空想社会主义开始,都把商品、货币、市场当作罪恶的渊薮。如温斯坦莱说:"人类开始买卖之后,就会失去了自己的天真和纯洁","互相压迫和愚弄"。[①] 科学社会主义创始人认为,旧社会在向共产主义社会过渡时期可以存在一定程度的商品货币关系和合作经济等,但资本主义市场经济发展实践,尔虞我诈、贫富分化、周期性经济危机等痼疾充分暴露,于是他们推想未来正式进入共产主义社会以后,"一旦社会占有了生产资料,商品生产就将被消除,而产品对生产者的统治也将随之消除。社会生产内部的无政府状态将为有计划的自觉的组织所代替"[②]。

俄国十月革命后,面对"战时共产主义政策"中产生的经济困难,列宁及时提出以"市场、商业"作为社会经济基础的问题,甚至"我们不得不承认我们对社会主义的整个看法根本改变了"[③]。列宁"新经济政策"的实践初步表明,生产力相对落后和社会经济的复杂状况,决定了经济建设不能越过商品生产和商品交换的阶段。列宁去世早,之后苏联在斯大林领导下建立起了严格的计划经济。

新中国成立之初,我国借鉴苏联经验,也建立了计划经济体制。

---

① 温斯坦莱.温斯坦莱文选[M].任国栋,译.北京:商务印书馆,1965:100.
② 马克思,恩格斯.马克思恩格斯选集:第3卷[M].3版.北京:人民出版社,2012:815.
③ 列宁.列宁全集:第42卷[M].北京:人民出版社,1987:367.

后来，虽然以毛泽东为代表的中国共产党人进行了多方面的积极探索，①但总体上是实行计划经济为主体的体制。由于资本主义市场经济和社会主义初级阶段计划经济都存在不可克服的缺陷，因而改革的客观目标是将社会主义基本经济制度和市场经济结合起来。

1978年改革开放以来，邓小平带领全党勇于探索，他本人也多次论述有关市场经济问题（1992年南方谈话之前讲了10次，之后又讲了2次——见《邓小平年谱》，共12次）。1992年，党的十四大终于提出我国经济体制改革的目标是建立社会主义市场经济体制。实践充分表明，市场是资源配置和经济调节的有效手段，资本主义可以用，社会主义也可以用。但社会主义市场经济的优越性在于，它可以通过公有制为主体的社会主义基本经济制度和更好发挥政府作用，解决资本主义市场经济已充分暴露的贫富分化、周期性经济危机等痼疾。1992年以来，我国的年均经济增长率超过9%，迅速成为有重大国际影响力的经济大国。

经过20多年实践，我国社会主义市场经济体制已经初步建立并得到一定的完善，但仍然存在不少束缚市场主体活力、阻碍市场和价值规律充分发挥作用的弊端。主要表现在：其一，市场秩序不规范，以不正当手段谋取经济利益的现象广泛存在；其二，生产要素市场发展滞后，要素闲置、资源过度消费和大量有效需求得不到满足并存；其三，市场规则不统一，部门保护主义和地方保护主义大量存在；其四，市场竞争不充分，阻碍了优胜劣汰和结构调整，等等。与此同时，市场调节本身的不足（自发性、盲目性、滞后性）亦明显暴露，比如非

---

① 程恩富，等. 中国特色社会主义经济制度研究[M]. 北京：经济科学出版社，2013：140.

法经商、投机交易、生态危机、贫富分化、区域差距、高房价、高药价等。这都表明，我国政府调节的缺位、越位和错位亦大量存在。正如习近平总书记指出："这些问题不解决好，完善的社会主义市场经济体制是难以形成的，转变发展方式、调整经济结构也是难以推进的。"① 正是在这样的背景下，是否需要发挥市场在资源配置中的决定性作用和更好发挥政府作用的问题，就空前突出出来，成为当前解决经济社会发展中各种矛盾的一个总枢纽。

二、关于市场调节及其功能强弱点问题

价值规律是商品生产和商品交换的内在本质联系，市场经济是通过价值规律自行调节的经济体制和经济运行方式。市场调节功能会随着国民经济社会化程度和经济外向化程度的提高而不断增强，客观上要求在更大范围内和更大程度上重视价值规律及其表现方式即市场调节的作用。

所谓市场调节，就是通过价格、竞争和供求等机制的共同作用，调节商品和资源的供求，引导经济资源在社会各方面流动，并使经济利益在不同利益主体之间进行相应的分配，从而促进国民经济的增长和健康发展。具体来说，市场调节功能的强点或积极效应体现在五个方面：一是微观经济均衡功能，即市场引导自主决策个体的生产经营行为紧随现实需求的变化，从而能够在微观层面调节供求关系及其平衡；二是资源短期配置功能，即市场可以在短期内迅速引导经济资源

---

① 习近平. 正确发挥市场作用和政府作用 推动经济社会持续健康发展［N］. 人民日报，2014–05–28.

向效益高的领域流动，直接影响经济主体的资源短期调配；三是市场信号传递功能，即市场可以通过价格信号反映市场供求、竞争强弱等情况，引导生产经营者快速和自主决策；四是科学技术创新功能，即市场可以引导生产经营者改进生产资料、提高生产技术水平和商品质量，提高社会生产力水平；五是局部利益驱动功能，即市场可以驱使生产者基于局部利益考虑来加强经营管理和内外部的合作，从而促进经济发展。

不过，市场调节也存在着自身难以克服的功能弱点。其一，易偏离宏观经济目标。由于市场调节具有自发性、滞后性和无序性，市场行为主体出于自身利益考虑，难以关心全社会的宏观经济整体目标和长远利益。其二，调节领域易受限。现实中并不是所有的领域都适合采用市场调节。与一般商品生产和交换领域不同，在某些因规模经济导致自然垄断的领域，如交通运输等基础设施，供水、供电等领域，完全采用市场调节的效果并不理想。在公益性和非营利性领域，如教育、卫生、环境保护、文化保护、基础研究、国防经济等，试图以市场调节起主导作用更会引起不良后果。其三，易导致贫富分化。如果社会的财富和收入分配问题完全交给市场来支配，实际上就是交给资本尤其是私人资本来支配，这势必导致"马太效应"的产生。其四，产业协调难度较大。市场调节往往促使生产者更关注短期资源配置和短期收益状况，那些回收资金周期长、具有长远战略意义的基础产业往往被忽略，产能容易过剩。其五，现实交易成本较大。在日益庞大的现代市场经济中，供需情况、交易价格等因素相互影响、变化频繁，必然导致市场主体花费大量的搜寻成本、决策成本、适应成本甚至是纠错成本，使微观个体和社会整体均承担较高的代价。

需要指出的是，西方经济理论界对市场调节功能的认识也是不断变化的。萨伊从物物交换的商品经济出发，宣称"供给能够创造自己的需求"，主张市场调节万能论。斯密面对自由竞争资本主义的现实，主张让市场这只"看不见的手"配置资源，其自由放任思想以个人利益与社会利益的内在一致为前提，却又囿于巩固资本利益的眼界，难以为全社会整体利益的实现提供有效的解决方案。针对垄断资本导致社会生产无序和失控的状态，新老凯恩斯主义主张政府对市场失灵领域的干预和弥补，确认市场功能的多种缺陷。而适应经济全球化背景下国际垄断资本扩张的需要，新自由主义则摒弃政府干预，主张"市场万能论""市场激进主义""唯市场化改革"（当代凯恩斯主义代表人物斯蒂格利茨和克鲁格曼等批评性用语）。总体而言，对于市场配置资源的功能缺陷，西方学者提出了诸如市场结构理论、公共产品论、外溢性或外部效应、信息不对称、市场不完全、分配不公等观点，值得重视。在实践中，从自由资本主义阶段到私人的或国家的垄断资本主义阶段，乃至资本主义全球化体系，市场配置资源的作用范围、程度并不相同，结果更是迥然有别。市场配置资源的作用在现实生活中并非没有约束条件，也不完全是自发地实现。19世纪以来，西方资本主义市场经济的众多大大小小的经济危机、金融危机和财政危机，以及贫富对立等事实，均证实上述理论分析的客观性，证实市场功能的利弊需要有扬有弃。

三、关于政府调节及其功能强弱点问题

政府行为是现代经济活动的重要组成部分。什么是政府调节？广

义的政府调节涵盖国家的立法机构和行政机构的调节,它等同于国家调节。在20世纪30年代西方大危机以后,政府对经济生活的干预和调节已成为各国经济运行中的常态现象。所谓政府调节,就是政府运用经济、法律、行政、劝导等手段调节各类经济主体的经济行为,以实现经济社会发展的整体和长远目标。政府调节不是随心所欲、杂乱无章而没有内在规律可循的,其内含按比例发展和有计划发展等规律。现代经济社会的持续健康发展,本质上要求在市场发挥资源配置决定性作用的同时,社会自觉地按照经济发展的总体目标进行宏观和中观的调控及微观规制。政府承担这一职能具有客观必然性。那么,政府调节的功能强弱点有哪些呢?

在宏观层面,政府科学调节功能的优势,在于制定和实现经济社会发展总体目标。政府调控的首要目标是宏观经济稳定。"科学的宏观调控,是发挥社会主义市场经济体制优势的内在要求,而这恰恰是政府的职能所在,解决这一领域的问题并不是市场这种手段的优势。"① 就业关系到社会稳定,但一般的市场主体并不关心就业总体状况;物价的稳定决定着市场价格信号的准确,而作为个体的市场经营者往往利用透明或不透明的信号谋利;总供求均衡和国际收支平衡由千千万万的生产经营者的整体行为决定,而一般经营者没有能力和动力维持两者的均衡;国际收支失衡已经对某些国家,特别是发展中国家的经济形成巨大冲击,并产生了严重的负面影响;非公经济关注微观经济收益,难以通过市场调节来解决企业内部和全社会的贫富悬殊问题;单一市场主体关注的是微观经济效益,难以自觉增进全社会整体的经济

---

① 周新城.怎样理解"使市场在资源配置中起决定性作用"[J].思想理论教育导刊,2014(1).

效益、社会效益和生态效益。有学者指出:"政府职能和宏观调控的另一个层面,是整个经济、社会、文化、生态文明等建设方面的作用。这方面已远超出了资源配置的范围,不能都由市场决定。"[①]实践也证明,在宏观经济社会发展目标的实现上,政府能够超脱单个企业出于短期和局部利益而做出的经济决策,因而能够更多地站在全局和整体角度调节资源配置和经济运行,从而保持宏观经济稳定,确保充分就业、物价稳定、总供求平衡、国际收支平衡、共同富裕以及人口、资源与环境可持续发展等目标的实现。

在中观层面,政府科学调节功能的优势,在于能够化解经济发展中产业结构和区域经济的发展不平衡问题。由于政府调节具备一定的前瞻性、全局性和战略性,在产业和区域发展上能够更注重协调发展和综合平衡。与市场调节过于注重资源的短期配置不同,政府调节可以注重弥补经济社会发展的"短板",注重投资于周期较长、战略意义大的新兴产业,以及关系国计民生的基础产业和区域发展战略。比如,政府可以通过财税政策等工具来促进新技术的大规模应用,加快淘汰落后产能,从而加快产业结构转型升级。我国珠三角、长三角、京津冀、中西部和东北部等区域经济和"带路经济"(长江带、陆上和海上"丝绸之路")先后规划和较快发展,便与中央和地方政府的积极调控密切相关。

在微观层面,政府科学调节的功能优势在于其必要的规制或监管的效能。现代市场经济的有序性和高效性,不能单纯地建立在市场主体的自觉和自律基础上。政府调节具有公正性和权威性,能够更好地

---

① 卫兴华.把握新一轮深化经济体制改革的理论指导和战略部署[J].党政干部学刊,2014(1).

规制经济主体的合法和诚信经营，也可以通过准入、惩罚、黑名单制度等经济和行政管理手段，来维护市场正常秩序。其中，事先、事中和事后的监管视情况不同而各司其职，缺一不可。如在最低工资制度、劳动者权益、环保评估等方面，政府利用政策和法规进行规范，便能有效保障劳动者的利益，维护社会公众的利益，这是市场调节做不好的。

政府调节同样存在着失灵现象。就政府调节功能的劣势和不足而言，主要是与政府偏好的主观性、调节方向的转换机制、部门间的协调和调节承担者的动力机制有关。具体说来，一是政府调节的偏好不当，易使政府调节的目标偏离全社会的要求，如"GDP至上"的偏好会导致盲目投资、过度招商引资和忽视民生及生态建设等。二是政府调节的程序不妥，易于使决策走向程序非民主化、措施延迟化和代价增大化，难以及时和灵活地应对市场变动状况。三是政府调节的配套性弱，易于使调节目标受制于具体执行部门的利益和地方的利益，形成政策性内耗。四是政府调节的动力不足，易于使政府调节的主动性减弱，导致已暴露出来的矛盾和问题迁延日久和难以解决，导致政府机构的官僚作风，降低政府调节的效率。实践证明，目前政府非大部制的机构臃肿、过度审批、部门间的推诿、地方保护主义倾向等问题，在一定程度上会导致"定令不当""有令难行"的现象，使政府调节的科学性和有效性大打折扣。

四、关于市场与政府调节的不同特点问题

党的十八届三中全会提出了"市场在资源配置中决定性作用"和更好发挥政府作用，但某些舆论却对此片面理解，甚至进行某种新自

由主义的解读。如有文章认为，提出市场起决定性作用就是改革的突破口和路线图，基本经济制度、市场体系、政府职能和宏观调控等方面的改革，都要以此为标尺，认为需要摸着石头过河的改革也因此有了原则和检验尺度。因此，必须准确理解十八届三中全会和习近平总书记的中国特色社会主义"市场决定性作用论"的内涵。从总体上，它是强调市场与政府的双重调节，只不过市场与政府的作用和职能是有区别的，二者存在相辅相成的辩证关系。那么，市场与政府双重调节作用有什么不同特点呢？

一是在宏微观的不同层次上，中国特色社会主义"市场决定性作用论"强调，要采用国家的宏观调控和微观规制，来共同矫正某些"市场决定性作用"。习近平总书记指出，在我国社会主义市场经济中，市场在资源配置中起决定性作用，并不是起全部作用。要"健全以国家发展战略和规划为导向、以财政政策和货币政策为主要手段的宏观调控体系"[1]。价值规律的自发作用仍会带来消极后果，必须运用国家的宏观调控、微观规制，来避免或降低这些消极后果。宏观调控主要是通过财政、货币等经济手段和政策，以及必要的行政手段对投资和消费等市场活动，事先、事中或事后进行各种调节，以实现就业充分、物价稳定、结构合理和国际收支平衡等宏观经济目标。微观规制或调节主要是综合运用经济、法律、行政等手段对微观经济主体进行行为管理，以维护正常的市场竞争秩序、推动科技创新、发展自主知识产权、促进社会和谐以及保持生态良好，从而实现经济、政治、社会、文化和生态全面协调与可持续发展。

---

[1] 中共中央关于全面深化改革若干重大问题的决定[N].人民日报，2013-11-15.

二是在"市场决定性作用"的物质资源范围上，正确含义是市场对一般资源的短期配置，与政府对地藏资源和基础设施等特殊资源的直接配置、与政府对不少一般资源的长期配置相结合。"市场决定性作用"的有效性，主要体现在价值规律通过短期利益的驱动对一般资源的短期配置，而政府配置资源的有效性，主要体现在对许多一般资源的长期配置和对地藏资源、基础设施、交通运输等特殊资源的调控配置。因此，在一般资源的短期配置中，市场发挥完全的决定性作用。在某些一般资源的长期配置中，政府通过统筹短期利益与长远利益来实现规划配置。而由于地藏资源等特殊资源的不可再生性，政府则通过统筹短期利益与长远利益、局部利益与整体利益来加强这些资源的调控配置。具体生产经营项目的市场化操作不等于市场决定，因为市场决定的实质是微观经济主体自行决定资源的生产经营项目，而事实上不少涉及国计民生的重要项目往往先由政府规划决定，然后再进行市场化操作和运营。改革开放以来，曾经在稀土、煤炭等资源配置上实行"市场决定性作用"，结果导致资源的破坏性低效开采和在国际上低价销售，并造成暴富的"煤老板"和矿难频发现象，教训深刻。当前，钢铁、煤炭等行业的大规模产能过剩，居民住房的高房价与房地产"泡沫"并存，都与市场作用发挥过度和政府作用缺位有关。

除了上述两点之外，还需要从另外三个方面来分析市场与政府双重调节作用的特点。

一是关于在教育、文化和医疗卫生等非物质生产领域资源配置方面市场与政府的作用问题。这就是从第三个角度来分析了。一般文化资源和医疗卫生资源的配置可以发挥市场的决定性作用，但总体上说，在教育、文化、医疗卫生等非物质生产领域的资源配置中，政府的主导性作用应与市场的重要作用相结合。教育和文化大发展是经济社会发展的重要内容，是社会主义核心价值体系和核心价值观的主要载体，应把社会效益放在首位，并与经济效益相结合，因而通过市场作用来实现相关资源的配置要相对小一些。教育和文化中的许多项目对经济社会发展具有全局性、长期性的智力支持功能、文化传承功能、文化凝聚功能和文化导向功能，它只能通过政府发挥主导性作用，以实现非物质资源的高效配置。习近平总书记说得好，文化具有产业性质，但也具有意识形态属性，不管怎么改革，导向不能变，阵地不能丢！

二是关于资源配置所涉及的市场与政府关系问题。资源配置仅仅涉及市场与政府的关系吗？完整地说，资源配置有两个层面，一是市场配置与政府配置，二是私有配置与公有配置。从两种配置关系这第四个角度来分析，中国特色社会主义"市场决定性作用论"与公有制为主体的混合经济相联系。在质上和量上占优势的公有制为主体，是中国特色社会主义市场经济的内在要求，也是其本质特征。"在社会主义经济中，国有经济的作用不是像在资本主义制度中那样，主要从事私有企业不愿意经营的部门，补充私人企业和市场机制的不足，而是为了实现国民经济的持续稳定协调发展，巩固和完善社会主义制度"[①]。党的十八届三中全会也明确指出："必须毫不动摇巩固和发展公有制经济，坚持公有制主体地位，发挥国有经济主导作用，不断增强国有经济活力、控制力、影响力。"如果公有制在社会主义经济中不再具有主体地位，政府调控能效便会大大削弱，便会严重影响到国家经济社会发展战略的实施，使国家缺乏保证人民群众根本利益和共同富裕的经

[①] 刘国光. 社会主义市场经济与资本主义市场经济的两个根本性区别[J]. 红旗文稿，2010(21).

济基础。那种主张既要大卖公有企业，又要大卖公立学校和公立医院的改革道路，属于新自由主义的典型措施。

现阶段，我国以公有制为主体、多种所有制共同发展的基本经济制度，就比以私有制为主体的当代资本主义经济制度更适合现代市场经济的内在要求，具有更高的绩效和公平。据此，对国有企业特别是中央企业，要继续加大支持力度。国有企业关乎国家经济命脉，关键时刻还得靠它们。美国等西方国家忌惮的就是中国共产党的强大。中国共产党强大的一个原因是我们国有企业是支持党的，提供着财力、物力、人力支持，掌握着国家经济命脉。这是我们的一个命门，不能被人家忽悠了。国有企业经营不是完全靠市场决定的，还要靠政治决定。认为国有企业必然就是一种不好的体制，出路只有"去国有企业""去国有化"，这是不对的。数百年中外经济实践表明，公有制为主体、国有制为主导，就不会像各种资本主义模式那样，时常出现金融危机、经济危机和财政危机，以及贫富两极分化等。社会主义与资本主义在基本经济制度上具有决定意义的差别，就在于生产资料社会所有制结构，即在于以公有资本，还是以私有资本控股的混合所有制占优势。

可见，不能只讲混合所有制和非公经济的发展，而不讲公有经济要在改革中做优做强做大；不能只讲市场在资源配置中的决定性作用，而不讲政府的积极作用。那种曲解党的十八届三中全会精神和习近平总书记讲话精神的貌似改革的观点和措施，是极其错误的。从经济学上说，社会主义信念首先表现为公有制信念，以及由此决定的共同富裕信念。并且，经济决定政治，经济基础决定上层建筑，公有制是共产党执政等社会主义上层建筑的社会主义经济基础，是初级社会主义社会多种经济基础中的支柱和主体。

三是关于在分配领域市场与政府作用的特点问题。在分配领域，市场与政府的作用有什么特点？这就涉及第五个分析角度。在分配领域，市场与政府在财富和收入的多次分配领域各自发挥较大的调节作用。首先，在初次分配环节，市场通过价值规律的自发作用，对财富和收入的分配发挥较大调节作用，而政府则通过相关法律法规的制定和执行，对财富和收入的分配同样发挥一定的调节作用。只有这样，才能真正实现劳动收入在初次分配中的占比增加，切实维护劳动权益，实现"限高、提低、扩中"的目标。其次，在再分配环节，政府要发挥较大作用，对初次分配造成的贫富分化等问题进行矫正和调节，促进居民财富和收入的实际增长，与经济发展同步。过去，在城市居民住房问题上强调市场的决定性作用，结果导致房价大涨，开发商暴富，老百姓意见极大，直到近几年才积极发挥政府的调节作用，使住房这一重要的民生保障问题出现转机。

五、关于深化改革要完善市场体系问题

市场的作用是通过市场体系来发挥的，深化改革又怎样完善这一体系呢？习近平总书记曾明确指出："建设统一开放、竞争有序的市场体系，是使市场在资源配置中起决定性作用的基础。必须加快形成企业自主经营、公平竞争，消费者自由选择、自主消费，商品和要素自由流动、平等交换的现代市场体系，着力清除市场壁垒，提高资源配置效率和公平性。"① 可见，应将构建完善的市场体系放在基础性地位。概括起来，完善市场体系需要做到下列几点：

---

① 中共中央关于全面深化改革若干重大问题的决定[N].人民日报，2013-11-15.

第一，完善要素市场体系。市场体系是由市场要素构成的市场客观有机系统。它是由消费品和生产资料等商品市场，资本、劳动力、技术、信息、房地产市场等要素市场，以及期货、拍卖、产权等特种交易市场之间相互联系、互为条件的有机整体。改革开放以来，我国商品市场发育较为充分，土地、资金、技术等要素市场发育滞后，要素价格不能反映稀缺程度和供求状况。十八届三中全会以来，主攻方向放在三大方面：构建城乡统一的建设用地市场，完善金融市场体系，健全科技创新市场导向机制。应当说，这些都有很强的现实针对性。土地、资金、技术都是重要的生产要素，完善这些要素市场，就必然会对转变经济发展方式、优化资源配置、促进公平竞争、构建创新型国家产生一系列深远影响。

第二，建立公平开放透明的市场规则。公平开放透明的市场规则，是市场公平竞争的首要前提。只有着力清除各种市场壁垒，才能提高资源配置的效率。这就要求继续探索负面清单制度，统一市场准入，探索外商投资的准入管理模式，推进工商注册制度便利化，推进国内贸易流通体制改革，改革市场监管体系，健全市场退出机制，等等。这对于反对地方保护，反对垄断行为和不正当竞争，建立诚信社会具有重要作用。

第三，完善主要由市场决定价格的机制。通过完善的市场体系形成价格，是市场促进资源优化配置的主要机制。价格能否灵活反映价值量变化、资源稀缺状况和供求变动，是市场体系完善与否的主要标志。因此，为了促进市场体系的完善，必须限定政府定价范围。一方面，应着力于明确政府定价范围，将它主要限定在重要公用事业、公益性服务、网络型自然垄断环节，并强调政府定价要提高透明度，接受社会监督；另一方面，应还原某些特殊资源的商品属性，推进水、石油、天然气、电力、交通、电信等领域价格改革，促进价格的市场化、规范化。当然，"政府不进行不当干预"并不等于政府不干预，关键在于是否适当、是否有利于国计民生，这同样不能片面看待。

六、关于如何更好地发挥政府作用问题

党的十八届三中全会以来，理论界和经济界一些舆论基于对"市场决定"的片面理解，提出"有为政府"或政府作用也是由市场决定的观点，认为政府是实现"市场决定"的主要障碍，深化改革的"重心"或"中心"只是"政府改革"，而政府改革又简化为"简政放权"。在中央政治局第十五次集体学习会上，习近平总书记强调，"在市场作用和政府作用的问题上，要讲辩证法、两点论，'看不见的手'和'看得见的手'都要用好"，"既不能用市场在资源配置中的决定性作用取代甚至否定政府作用，也不能用更好发挥政府作用取代甚至否定使市场在资源配置中起决定性作用"。[①] 怎么能够将"更好发挥政府作用"和坚持基本经济制度这类问题理解为由"市场决定"呢？片面强调简政放权亦不对。它应是一个健全宏观调控体系、全面正确履行政府职能、优化政府组织结构的系统工程，其核心是建设民主高效的法治政府和服务型政府。当下尤其应注重以下改革发展。

首先，健全宏观调控和微观规制体系。根据十八届三中全会的决定，我国的宏观调控架构将出现三大变化：一是针对一般经济主体而

---

① 习近平. 正确发挥市场作用和政府作用　推动经济社会持续健康发展[N]. 人民日报，2014-05-28.

言,更加突出地强调国家发展战略和规划的导向地位,在对"主要手段"之一的表述上,用"货币政策"取代"金融政策"一词。二是针对地方政府影响中央宏观调控实效的难点问题,强调要完善考核评价体系,纠正单纯以经济增长速度定政绩的偏向,加大资源消耗、环境损害、生态效益、产能过剩等指标的权重,加强了对地方政府的约束。三是针对国际经济协调发展而言,强调形成参与国际宏观经济政策协调的机制,推动完善国际经济治理结构。眼下要突出解决食品药品等安全和价格,以及住房等方面的规制。

其次,全面正确履行政府职能。科学高效的政府调节,以政府自身正确地履行职能为前提,必须适应宏观调控体系新变化的新要求。为了更好地释放市场潜能,限制部分政府权力确实是一个重要方向。凡是市场能有效调节的经济活动,一律取消审批,政府不能"越位";同时,政府则要加强发展战略、规划、政策、标准等制定和实施,加强市场活动监管,加强各类公共服务提供,不能"缺位"。凡属事务性管理服务,原则上都要引入竞争机制,通过合同、委托等方式向社会购买,政府不能"错位"。

最后,优化政府组织结构。职能转变及其贯彻落实,又要求必须进一步优化政府组织结构。习近平总书记提出了"优化政府机构设置、职能配置、工作流程","完善决策权、执行权、监督权既相互制约又相互协调的行政运行机制","严格控制机构编制,严格按规定职数配备领导干部,减少机构数量和领导职数"等相关思想。我国应尽快进行大部制改革,保留不超过20个国务院的组成部门,原来的一些直属行政部门也应缩减。应参照某些管理效能高的国家的做法,减少各级政府部门的副职和编制,原则上禁止编制外的人员借调。应制定和实施严格的办事流程和时间表及奖惩措施,突出反对官僚主义和本位主义,将各级政府群众路线教育活动深入下去。

不少西方著名经济学家的观点也值得注意。前几年,萨缪尔森建议,中国在市场与政府的作用关系上,不要过分偏向哪一方,应走中间道路。2014年上半年,斯蒂格利茨在清华大学演讲时说,中国的市场作用太大,而政府的作用太小;中国对私人资本的收益也不收税,分配差距太大。

七、关于市场与政府作用的功能互补问题

市场与政府的作用和功能是此消彼长的吗?不是的。二者是层次、领域和功能不尽一致的经济调节方式和机制。总之,今后需要将市场决定性作用和更好发挥政府作用看作一个有机整体,而不是此消彼长的截然对立关系。既要用市场调节的优良功能去抑制"政府调节失灵",又要用政府调节的优良功能来纠正"市场调节失灵",从而形成作用较大的高效市场即强市场、作用较大的高效政府即强政府这一"双高""双强"格局。这样,既有利于发挥社会主义国家的良性调节功能,同时在顶层设计层面避免踏入新自由主义陷阱和遭遇金融经济危机风险。这根本不是某些中外新自由主义"市场决定作用论"所说的中国仍在搞"半统制经济",也不是宣扬不要国家调控的竞争性市场机制的所谓"现代市场经济体制",更不是搞各种凯恩斯主义者都猛烈抨击的"唯市场化"改革,废除必要的政府宏观调控和微观规制。

(原载于《中国高校社会科学》,2014年第6期)

第六章 中国人民币国际化发展

> 中国人民币走向区域化和国际化之所以具有可能性,是因为经济全球化的发展将对国际新秩序的建立产生深刻影响。在有序开展人民币汇率市场化改革、逐步开放国内资本市场的同时,我们也将继续推动人民币走出去,提高金融业国际化水平。

第一节 人民币区域化和国际化可能性探析

一、亚洲经济发展需要区域性货币

中国人民币走向区域化和国际化之所以具有可能性，是因为经济全球化的发展将对国际新秩序的建立产生深刻影响。处于亚洲经济区域中的发展中国家，只有通过自身的经济发展，建立区域货币体系，才能逐步摆脱美国金融霸权的控制，努力改变不平等的经济关系，以实现自己的发展目标。

1997年，东盟在国际货币基金组织召开年会之际，提出了建立亚洲货币基金的设想，2001年11月在文莱举行的亚太经济论坛首脑会议上，日韩等国有关人士就"东亚货币"的可能性进行了探讨。2001年初在日本神户召开的亚洲25国财政部部长会议上，日本和法国联合发出倡议，呼吁亚洲国家采纳一种不受美元支配的货币体系以避免金融危机。2001年10月中旬，被誉为"欧元之父"的罗伯特·蒙代尔来到中国，也把关于"亚洲单一货币"的憧憬带给参加上海APEC会议的首脑们。在经历了20世纪70年代至80年代的经济高速增长后，东亚地区各国在经济、政治合作方面已经建立了一定的基础。一是东亚地区的区内贸易和投资规模日益扩大，贸易总额占外贸总量的比值超过50%。二是东亚地区经济合作呈现良好的趋势，各国利用资源差异发展多层次合作，还将开辟东北亚经济圈、环黄渤海经济区、印支经济区及新柔佛增长三角带经济合作的新局面。中国是亚洲区域中的一个发展中大国，在经济协调发展中发挥着一定的主导作用。特别是加入世界贸易组织（WTO）后，中国在参与全球金融活动与规则制定的基础上，将更积极地参与亚洲区域的货币金融合作，支持亚洲货币基金（AMF）的建立与发展，努力与周边国家一起为亚洲经济、金融开放创造良好的公共环境，已经形成了亚洲经济发展深深地依赖中国的新格局。

有人认为，东亚出现区域性货币是很遥远的事，理由是各国在政治上难以形成共识，在历史文化上差异太大，难以保证区域货币联盟的好处。这种观点是有一些道理的。但是，中国加入WTO，标志着国内市场经济日趋走向国际化，人民币就有可能成为区域性货币。这是因为，日元信用关系严重疲软，日本自20世纪90年代以来，泡沫经济的负面影响仍然存在。2000年以来经济更是持续低迷，破产企业增加，失业率创纪录，金融资产大缩水，银行呆账120万亿日元，银行体系处于瘫痪状态。由于国债余额对GDP的比例已超过130%，国家财政处于崩溃边缘，再加上美国2001年经济不景气导致日本出口额减少，美日汇价急剧波动，就在2002年1月22日这一天，日元兑美元一度达到三年来的最低点，即133.82。日元贬值导致了日本金融动荡和经济恶化，正如日本中央银行行长速水优于2002年1月21日在日本银行地方经济季度会议上指出："日本经济恶化的现象是普遍的，包括出口和资本支出下降，个人消费低迷，物价下跌，日本经济正在迅速下滑，而且随着日本政府实施激烈的经济结构改革，日本经济还将进一步恶化。"[①] 日元贬值对亚洲国家和地区的出口也产生了消极影响，导致了日元信用关系严重疲软，金融中心地位相对下降。

日本长期存在着政治历史问题，影响亚洲许多国家和地区人们的感情，有碍于对日元信任度的提升。从地缘政治上看，亚太地区存在着"中美日"大三角关系，美国因全球利益不愿意让日元区域化。当日本1997年提出建立亚洲货币基金的建议时，就曾遭到美国和国际货币基金组织的反对。从历史上看，日本侵略过东亚许多国家，这些国家宁愿接受美元或人民币也不愿接受日元。从制度上看，东亚大多数国家都建立了市场经济体制，政治意愿逐步形成共识，中国同东盟在10年内建立自由贸易区的走向，客观上都为人民币的区域化奠定了基础。

人民币币值稳定，且有良好的国际信用关系。我国经济长期高速增长，赢得了亚洲乃至世界各国的颂扬。特别是自东南亚金融危机以来，中国始终承诺人民币不贬值，赢得了国际社会的广泛信任，也使八国集团和亚洲一些国家清楚地认识到，中国是一个可信赖的合作伙伴，世界经济的稳定与发展离不开中国。作为一个发展中大国，中国积极赞赏欧盟提议的"经济安理会"和美国提议的"7+1+1"框架组织（在七国集团的基础加上俄罗斯和中国），尽力发挥自己在国际经济事务中应有的作用，并建立了这种良好的国际信用关系，这为人民币逐步走向区域化和国际化创造了适宜的国际环境。

上述分析的结论是：若能实现在与日本平等的基础上建立亚洲货

---

① 日央行行长称日本经济将进一步恶化[N].北京青年报，2002-01-23.

币基金，或者暂不排斥本国货币存在的前提下规划发行"亚元"，对中国都是利大于弊的。不过，在此之前和之后的一个较长时期内，中国还是要积极推行人民币的区域化和国际化。

二、人民币逐步走向区域化和国际化是提高国际金融竞争力的迫切需要

加入 WTO 为中国带来了巨大的机遇与风险，而要充分利用各种机遇和化解市场风险，提高国际金融竞争力，就必须推进人民币的区域化和国际化。这表现在以下几点：

一是在金融管理的要求上，人民币的区域化和国际化要求外资银行进入中国，拓展业务范围，中国的银行要更多地走向世界，在资金运用、业务品种、服务手段、工作效率以及利率和汇率的风险管理等方面对银行业提出了更高的要求。同时，人民币国际化还将在更深的层次上沟通本币与外币之间的联系，加强本币供应量的调节，改善中央银行宏观调控能力，建立符合市场经济要求的银行体制和金融市场体系，提高银行生存和发展能力。

二是在金融管理的目标上，人民币的区域化和国际化能减少汇价风险，有利于促进对外贸易的更快发展。过去我国对外经济交往都使用外币，汇价风险很大，一旦使用币种不当，就要承受巨大损失。如果人民币成为区域性或国际性货币，在国际往来时就可以争取更多地使用自己的货币，使汇价风险减少到最低限度。

三是在金融管理的效果上，人民币的区域化和国际化能减少因使用外币所引起的财富流失。把本国货币作世界货币发行，客观上是把

别国的资金筹集到本国来，为本国经济注入新的活力。美国二战后及近十年之所以能维持经济霸权地位，财富有较快的增长，同美元作为世界货币是密切相关的。

四是在金融管理的质量上，人民币的区域化和国际化能提高国际化金融服务水平。因为它客观上需要中资银行必须更多地面向世界，提供符合国际化要求的金融服务。

五是有利于改善外商投资和经营环境，减少外商投资利润汇出风险，保护外商投资者的合法权益，增强外国投资者的信心，更合理地引进外资，提高产业结构的优化率。

总之，人民币逐步区域化和国际化，就是日渐掌握一种区域性和世界性货币的发行和调节权，这对于全球经济新秩序的建立以及提高我国经济的国际地位均至关重要。

三、中国经济发展为人民币逐步走向区域化和国际化创造了日趋良好的条件

从我国当前的经济发展情况看，这些良好条件主要表现在：

第一，中国的经济规模和综合国力已有明显提高。目前，中国GDP所显示的经济规模名列世界第六，再过10年将成为仅次于美、日的第三经济大国。我国的综合国力现排名世界第七，今后大体上每十年递增一位。

第二，中国对外贸易结构不断优化。"八五"期间，中国外贸按现行可比价格计算，年平均增长率高达29.5%。在中国进出口商品结构中，初级产品和制成品各自所占比重，出口约为1∶1，进口约为

1∶3，贸易结构的低级化非常明显；在"九五"期间，尽管在东南亚金融危机时承诺人民币汇率保持稳定的前提下，中国外贸仍保持一定增长，上述比重均变为1∶4左右，标志着中国已基本实现了出口贸易初级产品和精加工产品，向工业制成品和精加工产品的结构性转换；"十五"期间，在对外贸易结构优化和外贸交易量方面，都有新的提高。

第三，引进和利用外资成效显著。按可比汇率计算，对外商投资企业依存度已由1990年的4.9%上升到2000年的30.97%，引进和利用外资的规模连续多年居世界前列。20世纪末，已有来自40多个国家和地区的外资金融机构在中国20多个中心城市设立代表处500多个，分支行等营业性机构120多家，在华金融资金总额已超过600亿美元。

中国有5 000余家生产和流通企业积极到海外投资经营，已遍及120多个国家和地区，跻身国际经济舞台。我国银行业在海外的分支机构已达584个，仅中国银行一家海外分支就遍布19个国家和地区，达521个，海外机构资产总值、存放款总额大幅度增加。国有工、农、中、建四大专业银行，均已进入世界500强之列。

第四，外汇管理体制改革效果显著。中国外汇交易中心系统于1994年4月正式联网运作，标志着我国外汇市场进入了规范和发展的新阶段。进入1996年，全国统一金融拆借市场宣告成立，中央银行进行公开市场操作，及时提出人民币远期外汇买卖，并实现了人民币经常项目的可兑换。这些举措表明，中国外汇管理和金融市场正朝着有利于人民币可自由兑换乃至国际化的方向发展。

第五，人民币汇率基本稳定。自从1994年外汇管理体制改革以来，人民币汇率从波动走向稳定。如1994年汇率并轨时的8.7∶1美元,近几年一直保持在 8.27∶1 美元的汇率,其原因除了与汇率并轨时人民币率定值偏低以外,主要在于外汇市场持续供大于求。近几年来我国出口创汇形势较好,外汇储备猛增,到 2001 年底突破 2 000 亿美元大关,居世界前列。在世界经济衰退的形势下,中国人民币汇率仍保持不变,经受住了国际金融危机的考验。特别是周边国家的边贸往来频繁,人民币成了主要的计价流通工具,并大量流入周边国家和地区,信誉很好,增强了人们对人民币的信心。

第六,中国市场经济体制逐步完善。改革开放以来,中国经济体制改革取得突破性进展,国民经济市场化、社会化程度明显提高,社会主义市场经济体制的目标和基本框架已确立,市场在社会资源配置中起到了应有的基础性作用。伴随财政、金融、外汇、外资、投资和流通等领域中的改革正在深化,推行积极的财政政策和稳健的货币政策效果明显。

四、推进人民币逐步区域化和国际化的若干对策

第一,推进人民币区域化和国际化进程,需要有牢固的微观基础,这就必须加快建立和完善现代企业制度。因为,人民币区域化和国际化进程,将国外与国内两个市场体系融为一体,客观上迫使企业在全球范围内参与国际竞争,在更大范围内实现社会资源的优化配置。在这种情况下,国际市场价格波动将直接影响到国内市场价格波动,影响本国经济的健康发展。为此,一是按照市场经济体制的要求,深化产权制度改革,建立和完善现代企业制度,切实转变企业经营机制,使企业真正成为依法自主经营、自负盈亏、自我发展和自我约束的法

人实体和市场主体。二是应当加速建立"三控型"民族企业集团。所谓"三控",就是控股(资本)、控牌(品牌)、控技(技术),只有实行"三控"的企业才是比较安全的民族经济。① 三是从根本上提高企业适应国内外两个市场竞争的能力,以适应人民币区域化和国际化进程中所需要的全方位开放度,切实做好人民币区域化和国际化的基础性工作。

第二,推进人民币区域化和国际化进程,需要加强和完善以商业银行为中心的信用制度,并加大在国外推行人民币兑换业务。因为,人民币区域化和国际化属于货币经营范围,它包括国内经营和国际经营两个部分,两者都需要通过建立良好的信用制度来协调运行。要把信用视作金融业发展的生命线,不断完善适合国际要求的信用制度。目前,在世界各国经济交往中,要为人民币可兑换创造条件,如在旅游业相互开放的国家中,尤其是在东亚国家推行定额人民币兑换该国货币。现在,在泰国、越南、缅甸、朝鲜、蒙古、俄罗斯、中国香港和中国澳门等国家和地区,人民币可以全境或局部通用(缅甸等已规定中国游客可自由携带 6 000 元人民币入境并用此付费)。但我国人民币总发行量为 16 000 亿元,而在整个东南亚地区流通的人民币不过二三百亿元,只占不到 2%。人民币在一定程度上的区域化只是国际化的起点。同时,要大力推行在发达国家推行人民币兑换该国货币的措施,为提高人民币区域化和国际化提供良好的软环境。

第三,推进人民币区域化和国际化,需要建立一个合理的非对称利率市场化机制。非对称利率市场化是相对于完全自由的利率市场化

---

① 程恩富. 经济全球化与中国之对策 [M]. 上海: 上海科学技术文献出版社, 2000: 49.

而言，是指以中央银行利率为核心、货币市场利率为中介、由市场供求决定存贷利率为基础的市场利率体系。

从世界金融发展历史来看，利率市场化有两种模式。一种是完全自由的利率市场化，它以发达健全的金融市场体系为基础。从有关国际利率市场化改革的实践看，如果金融市场体系不健全，一旦利率放开，完全由市场决定，利率波动就比较剧烈，就会带来巨大的金融风险，1997年东南亚金融危机就是深刻教训。因此，这种利率市场化模式不适合于发展中国家的改革目标。另一种是非对称利率市场化模式，它是以比较健全的金融市场体系为基础，以中央银行利用经济手段进行适度干预为前提。对发展中国家来说，由于资本的相对稀缺，若通过市场对资源进行配置就无法满足资金的要求，因此，只能通过政府对利率的干预来增加资本积累。可以这么说，非对称利率市场化在一定条件下对发展中国家的金融和经济发展起着其他因素所无法替代的积极作用。从实质上看，它是一个博弈过程。因此，这种利率市场化模式得到了世界上许多发展中国家甚至一些发达国家的认可。

为此，中国要根据非对称利率市场化模式的要求，建立合理的利率市场化机制。首先，要尽快完善短期资金市场和长期资金市场，这是建立非对称利率市场化机制的基础。其次，要规范商业银行的经营行为，提高资金使用效率，实现中央银行间接管理和规范管理的要求，不断提高利率水平，并按照商业银行规范经营的要求进一步公开市场交易，这样，才能使利率波动成为一种正常的市场行为。最后，要注重利率市场化的实际绩效。一是在放开同业拆借利率的基础上，进一步完善和提高原利率的市场调节机制，主要是降低交易成本，提高结算清算效率，加快资金划转和清算速度，以便及时反映资金供求状况。

同时要增加信息提供，降低交易风险，特别要放宽市场化准入标准，将境外资金纳入同业拆借市场，扩大和发挥金融市场的功能作用。二是在国债市场上，进一步完善有利于利率市场化作用的国债市场联动机制。因为，国债市场利率具有交易量大、信息披露充分等特点，根据利率市场化要求，国债发行可采取全额招标或拍卖等方式，在保留底价和基本承销价的前提下，适当扩大招标或拍卖价格的变动区间，便于投资者自行确定国债发行率，以此推动其他金融资产的利率市场化。三是在银行存贷关系上，进一步实行存贷款利率的动态机制，调节企业和居民的经济行为和消费行为，引导资金按社会经济发展的需要进行流通，使社会资金供求达到动态的平衡，从而避免金融风险，维护社会经济稳定，为人民币国际化提供内在基础。

第四，推进人民币区域化和国际化进程，需要高度重视和改进开放中的金融监管问题。

首先，积极消除金融隐患来加大金融监管力度。改革开放以来，我国虽未正式产生过金融危机，但近年始终存在一些金融隐患，如银行资产质量不高，不良贷款比重较大；某些地方金融秩序混乱，非法集资现象突出；不规范运作的非银行金融机构较多；证券、期货和股份制运行与操作的漏洞较多；金融立法和执法均有疲软之处，致使金融犯罪现象较为严重，影响了金融机构的国际竞争力。因此，必须严格立法和执法，并辅以诚信教育。

其次，健全具有中国特色的金融监管体系。为了形成稳定的金融市场秩序，保证货币国际化目标顺利实现，一些国家根据本国的国情，建立了各具特色的金融监管体系。中国过去的金融监管体系是以封闭型为特点，在中央银行内部没有成立统一的金融监管机构。如中央银行监管一司负责对国有银行进行监管,中央银行监管二司负责对非国有银行进行监管,中央银行合作金融机构司负责对合作金融机构进行监管。尽管职责明确,但监管效果不理想,这是导致当前金融监管疲软的主要原因之一。所以,要改变现行金融监管机构的设置,建立和健全一体化的开放性金融监管体系,对各类金融机构进行统一的有效监管。

再次,健全符合金融监管要求的金融安全网。世界上许多国家都十分重视金融安全网建设,主要是为了防范由于一家银行倒闭,因信息不对称而导致众多存户挤兑,致使许多银行发生连锁倒闭的系统风险现象的出现。金融安全网建设包括两个方面:一是建立银行存款保险制度,即通过设立存款保险公司,向金融机构收取一定的保险金,对在该金融机构的存款实行保险,以防止金融机构经营中所产生的系统风险;二是建立最后贷款制度,即中央银行充当最终贷款人,在金融危机期间向有困难的金融机构提供流动资金贷款,以防止银行连锁倒闭和金融危机的爆发。

最后,面对金融日趋自由化和美国为首的国际金融霸权的新态势,中国既要深化国内金融体制的改革,迅速提升本国金融机构的竞争力,也要循序渐进地适时开放金融领域,强调有理、有利、有节,还要加强对国际游资的防范与管理,严格监督外资金融机构的经营行为。

参考文献

[1] 程恩富.西方产权理论评析[M].北京:当代中国出版社,1997.

［2］程恩富.中国海派经济论坛（1998）［M］.上海：上海财经大学出版社，1998.

［3］程恩富.中国海派经济论坛（2001）［M］.上海：上海财经大学出版社，2001.

［4］程恩富.当代中国经济理论探索［M］.上海：上海财经大学出版社，2000.

［5］孙兆康.人民币国际化的一种理论解释［J］.金融教学与研究，1998（1）.

［6］姜凌.人民币国际化理论与实践的若干问题［J］.世界经济，1997（4）.

［7］姜凌.人民币国际化——跨入新世纪中国金融行将面临的机遇与挑战［J］.金融与经济，1999（3）.

［8］Krugman，Paul.R. Currencies and Cries［M］.Cambridge：The MIT Press，1992.

（原载于《当代经济研究》，2002年第11期，第二作者为周肇光）

第二节 人民币国际化与创建"世元"的可能性

一、"世元"的基本问题

凯恩斯在为20世纪40年代国际货币体系重建所设计的改革方案中,提到了班科(Bancor)这种超越主权国家货币形态的早期的世界货币。根据实现世界货币的路径不同,可以将近几十年的构想分成两类:一类是自上而下的实现路径,另一类是自下而上的实现路径(巴兹尔·穆尔,2004)。

(一)自上而下的实现路径

世界货币"自上而下"的实现路径,实际上是通过改革国际货币组织的运作方式,特别是改变国际储备货币制度,来建立一种超国家国际储备货币,并使之逐步成为国际上大多数国家接受的本国货币,进而统一世界各国的货币。

1. "特里芬难题"的提出

耶鲁大学政治学教授罗伯特·特里芬(Robert Triffin)在他著名的"特里芬难题"中指出了布雷顿森林体系下美元作为国际储备货币的不

稳定性，进而否定了黄金及一国货币作为国际储备货币的可行性，主张储备资产多元化，建立一个世界中央银行来实行统一的世界货币政策。特里芬虽然没有提出建立世界统一货币，但是对国际储备资产形式的分析及有关建立世界性的中央银行的论证，为接下来国际货币体系储备资产的进一步改革，以及将何种形式的储备货币逐步发展成为世界货币奠定了理论基础。他反对由某一国的货币作为国际储备货币的观点是正确的。

2. **特别提款权的出现**

特别提款权是在国际货币体系改革过程中按人们的意志有计划地被创造出来的。它是一种按照一篮子世界主要国家货币加权得到的可以进行国际支付结算的金融工具。从它是一种超国家货币形式的储备资产及在国际上执行支付结算而言，特别提款权具有一定的世界货币的性质。但是，它不仅不能被私人持有，而且在国际储备资产中比重也有限，因而不具备发展成为国际统一货币的前景。

3. **国际商品储备货币的提出**

近年来，初级产品和原材料世界市场价格总是剧烈波动，使一些国家的国际收支状况常常恶化。以简·丁伯根（Jan Tinbergen）、尼古拉斯·卡尔多（Nicholas Kaldor）、阿尔伯特·哈特（Albert Hart）为代表的经济学家提出了创立以商品为基础的国际储备货币，以便同时解决初级产品价格波动和国际储备制度不稳定的问题。主要内容包括：一是建立一个世界性的中央银行，发行国际货币单位，其价值由一个选定的商品篮子来确定；二是现有的 SDR 将被纳入新的国际储备制度中；三是世界性的中央银行将用国际货币来买卖构成商品货币篮子的初级产品，以求实现稳定初级产品价格，进而稳定国际商品储备货币的目的。

国际商品储备货币实际上是对世界货币的价值基础问题所进行的理论探讨，由于它的建立要取代美元、日元等国际上的强势货币，必然会遭到发达国家的阻挠，因此这一方案在实践中尚未得到实现。

4. 理查德·库珀的单一货币构想

30多年前，库珀（Richard Cooper）在他的《未来的货币体系》论文中提出了建立世界单一货币的构想。他对于为什么建立单一货币及其发行问题进行了比较全面细致的分析，认为国际货币体系需要固定汇率制，然而只有在取消了货币的兑换以后，固定汇率制才能够真正实现。所以，国际结算只能使用一种货币。虽然使用一种货币、执行统一货币政策，国家要暂时放弃一定的本国利益，但是这一制度安排符合国家的长远利益。他对未来货币体系的构想主要包括：货币由世界货币发行银行（Bank of Issue）来发行；世界货币发行银行的决策层由世界主要发达国家财政部部长组成；所有国家实行统一的货币政策；国际储备资产由新的国际货币承担，不可以是某个国家的货币；国际铸币税及国际货币发行银行的其他收益，按照成员国的投票权分配给各个国家。

以上针对国际货币制度改革所提出的建立世界货币的设想，对于统一货币的价值基础、具体的运作方式等问题做了开创性的研究，但是缺乏量化分析。在这一点上，最优货币区理论的提出和发展弥补了它的不足。

（二）自下而上的实现路径

与自上而下的实现路径相对应，自下而上的实现路径是指不建立世界中央银行，而是在相对狭小的范围内先实现"美元化"（dollarization）或"欧元化"（euroization），进而建立起更广泛的世界统一货币。有关这种实现路径的理论要以最优货币区（Optimal Currency Areas）理论最为系统化。虽然它是论述区域货币合作的理论，但是，对有关国家是否参加货币区的条件进行了量化分析，为建立更为广泛的货币合作建立了理论基础。实质上，它是建立世界统一货币不可实现时的某种选择的理论。这一理论的开创者是蒙代尔（1961），并经过了麦金农（1963）、凯南（1969）、英格拉姆（1962）、哈伯勒（1970）等人从不同方面的发展。

最优货币区理论最大的特点在于采用成本收益的分析方法。成本收益分析法认为，一国或一地区是否选择加入货币区，主要取决于它选择这一货币制度安排所带来的成本和收益。只有选择该制度的收益大于成本时，一国才会加入货币区。

蒙代尔创立的最优货币区理论，为建立像欧元这样的区域货币提供了理论基础。同时，他对于建立更为广泛的世界货币的设想并未停止，而是提出了一种称为 INTOR 的国际货币，并设计了大致的过渡方案（蒙代尔，2005）：第一步向稳定汇率过渡；第二步建立以美元、欧元、日元为基础的三方货币联盟，同时，他也预见到了英镑和人民币成为第四和第五大货币区的可能性，并考虑这两种货币适时成为基础性货币联盟成员；第三步创建 INTOR。

（三）简评两种实现路径

上述两种路径，本质上都是建立以发达国家货币为主导，或是以发达国家为核心力量的新的国际货币体系。库珀提出的世界单一货币虽然超越了国家主权，但是他所倡导建立的国际货币发行银行的成员却是发达国家。国际货币体系变迁过程，实际上是国家利益关系不断变化调整的过程。实现货币统一的两种路径之所以会遇到阻力，是因为国家之间利益调节不当的结果。一些学者将在世界范围内有重要影响的主权国家货币（美元）和区域货币（欧元）称作国际货币，但与这里所说的世界货币是有本质区别的。

本节倡导建立的"世元"，不是某一发达国家货币或者发达国家力量主导的世界货币。对于广大发展中国家来说，放弃本国货币进而放弃本国国内货币政策，加入发达国家主导的货币体系，无异于遭受新时期的货币殖民。"世元"的早期形态应该是以发展中国家为主导、主要以发展中国家为货币联盟成员的世界货币，因为先区域化再逐步统一所遇到的阻力会小些，但是，与"美元化"和"欧元化"又有本质的不同，"世元"是要在亚洲、欧洲、美洲均衡发展的基础上逐步推进，最终实现跨越发展中国家和发达国家的世界性统一货币。

二、创建"世元"的历史逻辑与现实基础

（一）以往国际货币体系演变的历史是发达国家竞争与妥协的历史

国际金本位时期，黄金作为实质性的世界货币，是英国霸权的表现，国际货币体系安排基本上反映了英国的经济和政治利益。布雷顿森林体系时期，美元充当世界货币，是美国霸权的表现，国际货币体系基本上反映了美国的经济和政治利益。国际货币体系发展历史上每一时期都有一个霸权力量承担了世界货币的提供者，却没有实现国际货币体系的长期稳定，究其原因都是源于资本的无限扩张动力和强国

自顾本国的利益。因此,世界货币不可能由某一资本主义发达国家货币承担。

(二)创建"世元"是解决当前国际货币体系矛盾的内在要求

在国际金本位时期,黄金作为国际储备存在着不可调和的矛盾。同样,在布雷顿森林体系时期,美元作为国际货币储备面临"特里芬难题"所揭示的矛盾。特里芬认为,清偿能力的创造机制与国际对美元汇兑本位制度的信心之间存在着根本性矛盾。世界经济和国际贸易的增长,要求国际储备的相应增长,而这些国际储备必须要依靠美国的国际收支赤字保证。当各国储备的美元越多,而美国越拥有储备相应数量的黄金时,美元与黄金的兑换关系越无法保证,这种矛盾随着世界经济的增长越发尖锐,最终导致布雷顿森林体系的崩溃。

布雷顿森林体系崩溃后,国际货币体系进入了所谓的牙买加体系。与前期国际金本位和布雷顿森林体系的最大不同是,牙买加体系下没有一种实质意义上的世界货币。针对牙买加体系所表现出来的弊端,国际学术界多有抨击。例如,英国的格雷厄姆·伯德认为,"现行的国际货币体系是一种由人为设计和经过专门的补充、修改组成的拼凑之作"(1985)。美国的约翰·威廉姆森更是将其定义为"国际货币无体系"[1]。在国际货币体系近乎无秩序的情况之下,全世界无论是发达国家还是发展中国家,均面临着前所未有的汇率波动风险、大面积的国际

---

[1] 威廉姆森指出,现行的、起始于1973年3月的国际货币体系实际上是无体系的,其特点是国际收支调节、汇率制度和储备体系均处于无政府状态,而且这一体系由于1976年的牙买加协议而得到法律上的认可,从而享有合法地位。参见:John Williamson. *The Failure of World Monetary Reform*: 1971–1974,1977,p.351。

收支失衡和频繁的金融危机。只有建立"世元",才能根本解除国际货币体系的内在冲突。

(三)消除美霸权需要创建"世元"

欧元只在一定意义上成为抗衡美元的力量,它还只是一种区域货币,其成熟度和影响力都不及美元。在国际贸易领域,美元是占支配地位的计价结算货币,全球贸易中至少有60%是以美元计价结算的。同时,美元也是最重要的国际储备货币。美国是当前国际货币体系下最大的既得利益者,美元的霸权利益主要表现在两个方面。

1. 获取国际铸币税收益

在一国经济体内部,国家具有发行本国货币的特权,所发行的纸币面值会大大高于生产该纸币的实际价值,这部分便是铸币税收益。一国铸币税收益总量大约等于该年金融机构基础货币增量减去制币费用后的实际价值量。由于制币的费用可以忽略不计,因此一国该年内的铸币税收益近似等于中央银行投放的基础货币量。当一国货币跨越国境,外国就有机会持有该国货币,但是能否取得铸币税收益,则取决于该国货币是不是国际储备货币。国际铸币税可以说成是"铸币税在货币流通超越国界后,一国因其发行货币为他国所持有而得到的净收益"(曾勇,2002;程恩富、夏晖、王中保,2007)。美元在国际贸易中是最广泛使用的货币,在国际储备货币中占有绝对优势。依靠美元的海外持有,美国获得了大量的铸币税收益。

2. 攫取国际通货膨胀税收益

如果一国货币不是本位货币,那么本币的贬值虽然可以促进本国出口,但要偿还同样数目的外债,则需要出口更多的商品才能换回相应数目的外汇以偿还外债，这对非本位货币国来说，相当于征收了通货膨胀税。如果一国货币是本位货币，如美国的美元，那么美国就可以凭借强大的经济实力，以及在国际货币基金组织中的核心地位，轻易操纵汇率，美元贬值使美国减轻了外债负担，却使债权国的债权缩水。

可见，美国利用美元的霸权地位，不仅政府收获大量铸币税收益，企业也可以享有汇率较小的波动风险，从而更方便地实施国际资本运作。同时，美国在国际收支和财政预算面临严重赤字的情况下，可以吸入大量外国资本来支撑美国经济，而不会受到国际收支平衡和预算平衡方面的限制。可见，蓄意利用自身垄断地位对美国有着难以抗拒的吸引力。

不过，现行的以美元为本位的国际货币体系在运行机制上存在着无法克服的内在矛盾，是不可持续的。美国以贸易赤字实现资源转移来满足国内的物质需求，必然导致美元的大量输出和美元的贬值态势，而美国又需要保持美元的强势和升值来保证美元的流入，以维持国际收支平衡。当前，西方国家的金融和经济危机再次表明，美元主导的国际货币体系必然会面临"特里芬难题"所揭示的矛盾，美国这种把自身消费建立在攫取他国财富基础上的行为是不可持续的。更重要的是，如果世界货币实行美元化，更将极大地增加美国的权力，美国单边主义经济政治政策可能让世界各国饱受蹂躏。改革国际货币体系，最重要的就是消除美元霸权。只有建立世界统一性的货币，才能在根本上解决美元充当世界本位货币所导致的运行机制上的内在矛盾。

（四）发展中国家参与经济全球化需要创建"世元"

发展中国家要增强在国际货币体系中的地位需要实现货币联盟。

国际货币基金组织是当前世界或者说主要是发达国家进行货币合作的典型形式。由于发达国家和发展中国家之间的经济实力差距，造成它们在国际货币基金组织中的份额存在很大差距，进而带来投票权的分派不均。国际货币基金组织的投票权基本上掌握在发达国家手中，发达国家事实上控制了国际货币基金组织的运作。它们利用在该组织中的领导权、决策权来直接或间接地影响发展中国家的国内经济结构。比如，对发展中国家的资金援助，就往往成为发达国家跨国公司的开路先锋。

发展中国家开放金融市场需要实现货币联盟，但20世纪90年代以来发展中国家爆发的金融危机说明，在当前国际货币体系下，发展中国家在储备资产、汇率制度等方面存在着不少问题。

一是国际储备资产单一。提供外汇储备的国家可以向世界其他国家实施通货膨胀税。当美国利用国际美元本位的垄断霸权，靠印刷大量美钞来无限制地延长美国的信用线，从而导致美元对其他主要货币大幅贬值的时候，它就使所有实行盯住美元汇率制的国家遭受严重冲击。近年来，美国货币的量化宽松政策便是如此。另外，外汇储备需求的变化也影响储备货币提供国的通货膨胀率接受程度。蒙代尔的研究表明，美国是世界外汇储备需求的主要受益者，这诱使美国能够接受更高的最优通货膨胀率，如果没有浮动汇率下的外汇储备需求的增加，美国的通货膨胀率本来要低得多（蒙代尔，1971）。美国最优通货膨胀率的局限条件就是其他国际性货币的出现。因此，从发展中国家的经济稳定与安全的角度来说，同时从发展中国家稳定货币购买力，保证各国在国际货币体系中的稳定地位和长期经济发展的角度来说，发展中国家应该走向货币联盟，建立单一货币。

二是盯住汇率制不稳定。1976年的《国际货币基金组织协定第二修正案》正式确定了有管理的浮动汇率制，国际货币体系进入了浮动汇率时代。此后，主要发达国家均采用单独浮动汇率制度。发展中国家由于金融外汇市场的基础薄弱，且缺乏一套相对完整成熟的市场运行及监督机制，再加上这些发展中国家对改善其国际收支状况前景预期不佳，同时也担心国内通货膨胀形势随汇率波动进一步恶化，所以长期以来大多数发展中国家都对浮动汇率制心存疑虑，从而选择了在一定程度上带有固定汇率特性的钉住汇率制。

实行钉住汇率制，并不能保证汇率的真正稳定，因为该种汇率制实质上是一种"软钉住"，也就是说实行该制度的国家在经济情况发生动荡的时候，没有维持固定汇率的义务。当国外和国内经济目标相冲突时，相关国家往往是先追求国内目标。当国际储备调节过程中引起货币供应量变化时，相关国家采取冲销干预，导致卖出/买入外汇，或在购入干预后在国债市场上卖出债券，卖出干预后买进债券，从而导致货币市场非均衡，游资频繁进入或流出，最终导致金融危机。1994年，墨西哥"比索危机"就是政府进行冲销干预，外汇储备大量流失所致。另外，实行钉住汇率制需要有稳定的财政，如果财政入不敷出，居高不下或迅速上升，就会触发人们的预期：财政赤字将不得不由中央银行增发钞票来融资，从而导致调节机制的崩溃和货币危机。2001年，阿根廷的货币危机就是由财政赤字触发的。

实行单一货币，可以克服钉住汇率制的不稳定性，从而有助于抑制货币投机引起的国际金融危机的爆发。实行钉住汇率制的国家，由于要平衡国内的经济波动，任何一国都有利用汇率调节国际收支平衡的动力，都可能违背之前的汇率约定。钉住汇率制的这种不可信性是造成国际游资进行国际套利的主要原因。而实行单一货币的国家建立起更为紧密的货币同盟，使每个国家违背约定的成本大大增加，因此，"加入单一货币联盟是比实行政府承诺的钉住汇率制更为可信的货币制度安排"（格吕贝尔，2000）。

三、创建"世元"的可能性分析

"世元"有两个重要特征：其一，它的成员应包括广大发展中国家，并最终实现包括发达国家在内的在更广范围发挥职能的单一货币；其二，"世元"是一种超国家的统一货币，并非由某一发达国家的货币来充当。这样一来，探讨创建"世元"的可能性问题，便主要集中在探讨发达国家和发展中国家能否实现经济联合的问题上来。发达国家与发展中国家在政治制度方面的确存在差异，按照这样的逻辑，一些学者提出了"自下而上"的"美元化"或"欧元化"的实现路径。然而，我们认为，政治一体化不是创建"世元"的必要条件，所以，发达国家和发展中国家实现货币统一并不一定需要政治一体化的条件，经济因素应主导政治因素。对于第二个问题，发达国家和发展中国家的确存在着经济差别，同样按照这样的逻辑，一些学者提出了"自上而下"的实现路径，即建立由几个发达国家主导的世界中央银行。然而，从长期利益来看，发达国家和发展中国家实现货币统一的收益大于成本。从以上两方面推论出创建"世元"具有相当大的可能性，下面就分别加以分析。

（一）创建"世元"的经济基础分析

一些学者强调政治一体化的指标，认为建立超国家的统一货币无法实现，只能由一种强势货币来充当世界货币的功能。明茨（Mintz）认为"货币一体化的最主要的，甚至是唯一的条件是国家间政治一体化的意愿"。"自下而上"的美元化、欧元化的世界货币实现路径认为，当前不具备实现建立超国家单一货币的条件，理由就是建立超国家单一货币需要各国的政治一体化。科恩（1993）的研究说明，基于共同利益上的合作意愿、稳定的对话和妥协机制等是货币同盟形成的保障性条件，而政治一体化不是货币同盟的必要条件。另外，从国际货币体系变革的历史和现代欧元建立的成功经验也可以验证，政治一体化并不是货币同盟的必要条件。

1. 国家间贸易开放程度的提高，为创建"世元"提供经济条件

一国能够加入货币同盟，主要目的是为了国内和国际收支能更好地达到平衡，而只有在国家间贸易开放程度达到一定水平的情况下，货币同盟才有意义。一国贸易开放程度越高，它利用汇率政策调节国内经济的作用就越有限，放弃汇率政策加入货币同盟的成本就越低，它加入货币同盟的意愿也就越高。因此，贸易开放程度的提高，能够促进国家间建立货币同盟。较高的贸易开放度对汇率政策有效性的影响可以从以下两方面加以说明。

第一，为了便利大规模对外交易的需要，拥有较高贸易开放度国家的私人部门倾向于持有更多的外币。当国家试图通过贬值来改善国际收支时，外币资产的价值就会增加。在正的财富效应下，该国的进口并不会减少很多，汇率政策调节作用降低了。

第二，拥有较高贸易开放度的国家，对进口品的需求价格弹性和外国对其出口品需求价格弹性都可能较小。这样，利用汇率政策调节国际收支平衡的有效性大大降低。

可见，贸易开放程度的扩大，使国家汇率政策的有效性降低。于是，在实行统一货币的情况下，各国只是放弃了没有多大作用的汇率政策，因此国家加入单一货币同盟的成本大大降低。目前，世界各经济区域的贸易发展水平总体呈上升态势，虽然亚洲贸易的开放程度稍逊于欧洲，但是亚洲发展呈稳步上升态势，保持了较高的增长速度，经济开放水平不断提高，这也从侧面说明了发展中国家经济实力的增强，为其成为创建"世元"的主导力量奠定了物质基础。

2. 货币区域化发展为创建"世元"提供制度模式

欧元是当今世界单一货币合作的成功典范，欧元的成功建立经历了循序渐进的发展过程。纵观欧洲货币合作从开始酝酿到欧元诞生的历史，其主要遵循着"欧洲经济共同体（1958）——欧洲货币单位（1979共同体）——欧洲货币联盟（1990）——单一货币欧元（1999）"的发展过程。欧洲从经济共同体的建立到欧元诞生经历了近40年，而从欧洲货币联盟到实现单一货币仅用了9年时间。欧元的加速实现不仅与各国强烈的政治意愿和积极的对话有关，而且前一阶段欧洲经济共同体的发展也发挥了至关重要的作用。这说明在欧元诞生的过程中，国家间贸易开放程度的提高和经济因素起了主导作用。

当前，发展中国家经济实力的增强和经济开放度的增大，为创建"世元"提供了重要推动力量，有更多的一致利益所在，合作的意愿更高；为建立货币联盟创造了经济条件，可以逐步成为初期创建"世元"的主导力量。那种期待美国主动倡导国际货币体系改革，以及建立以"世元"为世界单一货币的国际货币体系是不现实的幻想。

（二）创建"世元"的成本收益分析

一国从国家利益角度出发来决定是否进行货币合作，实质上就是分析一国进行货币合作的成本与收益。当收益大于成本时，一国就有了进行货币合作的动力。一些论著根据短期内国家加入货币区的成本收益分析，说明国家间的利益难以协调，认为统一货币无法实现。然而，笔者认为，建立统一货币的成本收益应注重长远利益分析，从而推出创建"世元"的可能性和必要性。

1. 一国加入"世元"的收益

一是国际储备的节约。发展中国家持有大量美元或欧元的国际储备是有成本的。首先，持有国际储备是对金融资产的低效使用，因为原本这些资金可以用于有更高回报率的投资，而持有国际储备却仅仅只获得存款的利息收入。斯蒂格利茨认为："持有大量外汇的机会成本很高。美国短期国库券的收益率目前为1.75%，而如果一个亚洲国家将这笔钱投入到国内经济，回报率可在10%~20%。"（斯蒂格利茨，2002）这说明出于种种原因持有国际储备的成本很大。其次，持有国际储备还要面临汇率的风险。由汇率的不利变动带来的损失，也是持有国际储备的成本。而非美元和欧元的国家进行货币合作以后，可以节约大量的国际储备，从而降低了持有国际储备带来的机会成本，这是进行货币合作的短期收益。

二是交易成本的节约。马克思关于货币价值形式发展的分析表明，在货币形式演化的历史过程中，进一步地减少交易费用推动着这一进程。在现代信用货币发展的时代，国家间的交易规模更大、更频繁，多种货币的存在增大了交易的成本。如果进行货币合作，会使货币发挥职能时的成本更低，交易效率更高。第一，单一货币执行交换媒介的职能时,降低了交换时的换汇成本。在多种货币存在的情况下,国际贸易中必然会带来换汇成本。而实行货币合作的国家这种换汇的成本将不再存在。据欧盟委员会资料,由于单一货币的引入而节约的换汇成本占到欧盟 1990 年 GDP 的 0.4%（1995）。第二,单一货币执行价值尺度的职能时,简化了相对价格数量。一个有 k 种商品的经济,其相对价格数为 $k(k-1)/2$,货币出现使价格数减少到 k 个。在有 n 个国家进行货币合作的区域内,一种商品原来有 n 个价值尺度,实行单一货币后就减少到 1 个了,所以,整个货币合作区域内商品的价值尺度总数由 $n \times k$ 个减少到 k 个。这样一来,不仅直接降低了信息处理成本（如记账成本）,而且使不同国家的同种商品价格易于比较,增加了价格透明度。

三是经济更稳定,抗风险能力增强。首先,由于货币政策的集中,竞争性贬值引发的通货膨胀在货币同盟中消失,进而使物价更稳定。这对于实行开放经济的小国更为有利,因为这类国家的许多产品都是可贸易产品,汇率的频繁波动会引起国内价格表示的可贸易产品价格的频繁波动,而国内政策只能影响占小部分的非贸易产品。所以,对于小国经济,对外实行浮动汇率制会造成本国物价总水平的频繁波动。其次,浮动汇率制消失,投机性资本流动丧失了套利空间。在浮动汇率制下,资本流动和外汇市场的买卖经常是投机性的,而非稳定性的。埃肯格林（Eichengreen,1996）、弗兰克尔（Frankel,1996）等人的研究认为,绝大多数外汇交易同基本面无关,只是增加不稳定,减少社会福利。布雷顿森林体系解体后浮动汇率制的经历,有力地证明了浮动汇率制的这一弊端。实行货币合作以后,国家间使用单一货币,会使原来针对多国货币的投机性资本流动和外汇买卖完全消失,彻底解决了投机性资本流动的问题。虽然短期内金融机构的投资收益会减少，但是从长期来看，金融市场抗风险能力和流动性都得到增强，各国的金融市场会得到有序整合。

四是投资和经济增长的效应。企业进行跨国投资决策时，要依赖很多变量，其中一个很重要的变量是预期汇率的变化。已经做出的投资决策很可能由于长期汇率向着非预期方向变化而变得无利可图，使企业不得不关闭海外机构，承担调整成本，给企业带来巨大损失。然而，进行货币合作以后，实行单一货币，外汇风险不再存在，因而有利于跨国投资的增长。欧洲开展货币联盟以来，外汇风险减少，大大加快了成员国之间的投资步伐，企业跨国兼并收购更加活跃，跨国投资得到了有效配置。由于发达国家跨国公司发展较完善，公司数量多且资本雄厚，因而投资增长效应所带来的收益对于发达国家比发展中国家要明显得多。此外，由于单一货币降低了跨国交易成本，使世界各国贸易、投资一体化程度加强，资本边际产出提高，这对经济长期增长都有促进作用。

2. 一国加入"世元"的成本

一是某些政策自主性丧失和宏观经济调整成本。货币合作实行单一货币后，国家会丧失货币政策和汇率政策。麦金农（MCKilmon，1994）认为，加入货币同盟意味着财政政策自主性在很大程度上受到限制。赤字融资的行为被阻断，债券发行要受到国际资本市场的约束，过度扩张的财政政策可能会给他国带来外部负效应，所以，在形成单一货币后，财政政策会受到成员国间的一定限制。在面临不对称的冲击时，这种财政、货币以及汇率等政策的限制会给成员国带来宏观调控的困难，使其宏观调控成本增加。当下的欧债危机也部分显露了这一问题。不过，这种宏观调控的成本不应过分夸大，况且，宏观调控的方式不限于货币政策和财政政策，还有许多政策可以采用。

二是过渡成本。由多种货币转化为一种单一货币需要过渡成本，但这种成本是一次性支付的。主要有四个方面：第一，与单一货币出台相关的技术性转换成本，如金融机构的各种自助终端、结算系统、公司账目等都要更换新的记账单位。据测算，在欧元区计算机化的停车计价器系统的变化成本，分摊到每个计价器上的成本约为800美元。第二，印制新钞票和发行新硬币的成本，以及旧货币的回收、处理成本。2002年欧元进入流通，欧元区12国要用90亿的欧元现钞和510亿的欧元硬币，替换130亿的原各国现钞和800亿的原各国硬币。第三，单一货币具有公共物品性质，相当于公共物品的提供。设立共同机构来研究统一的货币合作的相关制度，协调各国的宏观经济都需要支付相应的成本。从以上分析来看，虽然过渡成本的数额比较大，但是应该注意到这些成本只属于短期支付的一次性成本。为了获得货币合作的较多收益，支付这一成本是值得的。

三是货币作为国家和民族象征引发的成本。加入单一货币意味着货币作为国家和民族象征意义消失，为了让人们接受新的货币需要付出一定的劝说成本。欧元硬币的设计就保留了各个民族的文化特征，不同的国家拥有不同的硬币图案。

四是丧失铸币税收益的成本。对于非国际储备货币国家而言，加入单一货币意味着本国中央银行丧失了货币发行权，政府不可能再用财政赤字来进行融资，也就是说国家获得铸币税的能力不存在了。但是这种铸币税收益的丧失可以通过两方面来补偿：一方面，发行"世元"的机构可以是世界中央银行，它可以根据各国经济总量的份额确定铸币税的分配比例,来分享单一货币发行所带来的铸币税;另一方面,由于汇率风险的消失,国家发行公债的利息率可以更低,从而减轻了政府的利息支付,这也是对丧失国内铸币税的间接补偿。

对于国际储备货币国而言,加入单一货币还意味着国际铸币税的丧失。美国是最大的国际铸币税收益国,丧失铸币税收益这一成本对美国而言影响较大。但是应该看到,欧元建立以后,国际储备货币多元化发展,从一定程度上瓜分了美国的国际铸币税的收益,进而降低了美国加入单一货币的成本。

3. 加入"世元"的博弈分析

"世元"发展的最终结果要实现发达国家和发展中国家间的货币联合。而发达国家和发展中国家能否实现货币联合,归根到底要符合各国的国家利益和人类进步的共同利益。加入"世元"的成本和收益分析,是国家决定是否加入货币联盟的可量化的依据。事实上,不同的国家,其收益和成本也有所不同。从长期和短期来看,短期内没有的收益,则长期可能出现;而短期内很大的成本,在长期可能就不存在了。博弈论的理论表明,如果博弈只进行一次,不合作的"囚徒困境"就会出现。要走向合作,就需要有约束力的协约,因为协约可以通过增加不合作行为的代价来增加合作行为的收益,从而维持合作。这需要创造重复博弈的环境,使参与国认识到未来的谈判要无限期进行,而且要使参与国认识到一国和全球共同发展的长远利益,最终使博弈模型的净收益向着有利于合作的方向变化,货币合作便可以实现。

四、逐步推行"世元"的步骤和政策建议

考虑到当前国际货币体系的特点和发展中国家的地位，为了最终实现"世元"这一理想状态的目标，建议"世元"的推行分为三个阶段逐步实施：创建"世元"的准备阶段、创建"世元"的初始阶段和不断完善"世元"体系的阶段。

（一）创建"世元"的准备阶段

由于当前国际货币体系是发达国家主导的世界货币体系，发达国家是最大的受益者，想要改变当前的货币体系，建立更为广泛的货币合作不可能期待发达国家会积极行动，因此"世元"的推进过程应该以发展中国家为主要推动力量，逐步形成美元、欧元、"亚元"、"非元"等并立局面。同时，加快双边或多边的自由贸易谈判，加快发展中国家的经济一体化进程。可以借鉴欧洲经济共同体的经验，先进行某些资源或产品的联盟，进而扩大到多种商品以及金融领域的合作。在汇率领域加强合作，强化彼此之间的固定汇率关系，建立起国际风险共担的机制雏形。具体来说，相关发展中国家可以做好以下几方面的工作。

一是发展中国家逐步减少美元在国际储备中的比重。这个过程其实也是发展中国家进行货币合作的过程。随着发展中国家区域内贸易投资一体化程度加强，企业之间换汇的要求越来越频繁，事必会出现建立单一区域货币的要求。因为国家之间采用单一的记账单位，会大大降低国家之间的交易成本，这又反过来促进了货币合作进程的加快。在此之前，首先加强发展中国家的货币互换，建立货币互信机制。这

样,美元在区域内交易使用的需求就降低了,美元在发展中国家的国际储备中的比重也会随之降低,其结果促进了国际储备货币的多元化发展,削弱了美元霸权。上海合作组织、金砖五国、东盟、非盟等发展中国家的各种组织应尽快加强货币合作机制。

二是加强 SDR 作为国际储备货币的作用。在世界还未建立单一货币之前,SDR 是一种次优选择。它不但可以克服主权国家货币作为国际主要储备货币的弊端和内在矛盾,而且使兑换过程大大简化。同时,其币值相对稳定,可为世界经济的发展提供有利的环境。当前,可以扩大 SDR 的使用范围,完善其货币功能,使之作为私人部门的交易媒介职能得到加强。比如,对于限制其使用和交易的法规必须逐步予以废除,不仅官方可以持有 SDR,而且也可以允许私人部门持有,从而增强 SDR 的流动性。一旦 SDR 成为私人部门的交易手段,那么它在一定程度上可以成为建立世界单一货币的雏形,正如欧洲货币单位是欧元的前身一样。

三是中国加快推进人民币区域化和国际化。在发展中国家的货币合作过程中,中国应该而且也可以发挥重要作用。中国是世界最大的发展中国家,经济持续快速发展,经济总量已跃居世界第二位,外汇储备量世界第一,人民币的汇率一直以来保持基本稳定,经受住了 1997 年亚洲金融危机和近几年金融危机的考验。特别是随着中国与周边国家贸易往来频繁,人民币成了主要计价货币和货币互换的货币,并大量流入周边国家和地区。人民币的国际信誉好,人们对人民币的信心充足。因此,在"世元"推行的准备阶段,中国可以利用人民币的优势地位,加大货币互换的力度,加快区域内的货币整合。在未来的数十年内,与日本、韩国、东盟国家平等协商,分阶段地(亚洲不同国家要有条件地分别进入）先实现区域性的货币统一即"亚元"，以此来平衡欧元、美元的力量。这样，必将缩短"世元"的创建过程。

四是分别创建"亚元"和"世元"的超国家研究机构。在货币合作方面存在着许多制约因素，诸如有关国家的经济发展水平差异较大，经济合作的非制度化、非协同化等问题较突出，需要有研究机构为国家之间的政策协调、区域货币运行机制等问题提供专业支持。这样的研究机构可以由有关国家的官员和学者组成。

（二）创建"世元"的初始阶段

一是实现三大货币力量联合（假定只存在美元、欧元和"亚元"而没有出现"非元"等区域性货币）。首先锁定两个货币力量的汇率，其次实现三大货币力量的汇率锁定，锁定三大货币力量汇率的最终结果就是建立世界单一货币即"世元"。从汇率方面实现三大货币力量的联合，就如欧元发展到欧洲货币联盟的阶段一样，逐步缩小汇率浮动的空间，可以先固定一个较宽的汇率波动幅度，如果经验证明可行，就进一步缩小汇率波动幅度。如果首先实现了两个货币力量的汇率锁定，那么这个庞大的货币区将极易带动第三大货币力量加入，从而实现固定汇率。

这一阶段的推进是以前一阶段为基础的。由于第三大货币力量的出现，平衡了美元和欧元的力量，同时在世界范围内分配货币国际化带来的收益，这使得美元与欧元的获利空间越来越小，使三大力量联合的成本也越来越小，这时将国家利益部分让渡给更为广泛的货币联盟，会比停留于原来的区域货币带来更大的收益。

二是建立世界中央银行。建立世界中央银行作为"世元"的发行机构,由世界中央银行制定全世界统一的货币政策,设计铸币税的分配机制。在决策分配上,世界中央银行的决策层可以由各国的财政部长组成。各国的投票权实行一国一票制,这样在制定世界货币制度的过程中保证了国家不论大小,都有平等的发言权。在执行经济调节职能时,世界中央银行可以充当稳定各国宏观经济、规避金融危机的最后贷款人角色。如同一国内的中央银行一样,世界中央银行也可以通过公开市场业务、再贴现操作等手段实现对世界总体经济货币量的调节。

(三)不断完善"世元"体系的阶段

不断完善和调整相关法律、机构和组织的建设,规范和考核成员国的财经纪律,这是最艰巨的长期工作。"世元"建立以后,各国将丧失本国的货币和汇率政策,同时一国的财政政策自主性也会在很大程度上受到限制,这都使得"世元"的成员国在面对经济冲击时要接受由于宏观经济政策调整困难所带来的挑战。因此,完善"世元"体系,一方面要规定科学的可量化的指标,如通货膨胀率指标、物价指标等,规范各国能够从超国家的角度来承担自身货币和财政义务,克服集体行动的困难;另一方面要发挥世界中央银行在协调国际金融秩序方面的优势,尽可能地减少金融领域对世界各国的经济冲击。

不断完善和加强世界中央银行稳定金融体系和物价的作用。世界中央银行在稳定世界金融体系方面具有天然的优势,进一步加强世界中央银行在防范和化解金融风险方面的能力,为世界各国经济发展创造良好的外部环境。同时,要稳定各国物价,不断调整各国通货膨胀率,增强人们持有"世元"的信心,从而巩固"世元"的世界货币地位。

　　逐渐加强跨国资本的有序流动性。"世元"体系能够正常运转需要有高度的经济一体化，而资本的流动自由是经济一体化的重要表现。资本的自由流动，能够使国际资本得到更加有效的配置，促进企业进行跨国投资，从而有利于世界经济增长。然而，"世元"建立以后，各种金融机构由于币种向单一货币转变，在清算系统、结算系统等技术方面和操作方面都需要一定时间的过渡和完善，这在一定程度上制约了资本市场的融资能力。但也应该看到，"世元"的建立消除了汇率波动风险，降低了投资的市场风险，这都为国际金融一体化和资本的跨国流动创造了良好的条件。

　　最后，应当指出"世元"能否顺利实现及何时有效实现。一方面，取决于美国、欧盟和日本等发达资本主义国家，是否真正摒弃狭隘的本国垄断资本利益而以全球经济的良性发展和人类的不断进步为原则；另一方面，取决于发展中国家是否真正能团结一致地为争取本国长远利益和全球经济的良性发展而采取坚决的统一行动，而不受任何强权政治的威胁和引诱。因此，国际关系的真正民主化和世界精英的文明进步理念，是包括"世元"问题在内的全球经济又好又快地发展和世界人民福利不断提升的关键！

参考文献

[1] Graham Bird. *World Finance and Adjustment*. [M]. London：Palgrave Macmillan UK，1985：46.

[2] Richard N. Cooper. A Monetary System for the Future [J]. *Foreign Affairs*, Fall, 1984, 63(1).

[3] Davide Furceri. "From Currency Unions to A World Currency: A Posibility? [J]. *International Journal of Applied Economics*, 2007, September, VoL 4: 17–32.

[4] Harberler, G.*The International Monetary System: Some Recait Developments and Discussion* [M]. Princeton University Press, 1970: 115–123.

[5] Ingram, J. C. A Proposal for Financial Integration in the Atlantic Community [R]. U. S. Congress, Joint Economic Committee, 1962, November: 118.

[6] 杰弗瑞·A. 杰里, 菲利普·J. 瑞尼, 高级微观经济理论 [M]. 2版. 上海: 上海财经大学出版社, 2008.

[7] Kenen. *The Theory of Optimal Currency Areas: An Eclectic View Monetary Problems of the International Economy*. Chicago: Universisty of Chicago Press, 1969.

[8] McKinnon, R. L. Optimal Currency Areas [J]. *American Economic Review*, 1963 (53): 717–725.

[9] Basil J. Moore. A Global Currency for a Global Economics [J]. *Journal of Post Keynesian Economics*, 2004 (26).

[10] Mundell Robert. The Theory of Optimal Areas [J]. *American Economic Review*, 1961 (51): 657–665.

[11] Rogoff Kenneth. Why Not a Global Currency Exchange Rates and Choice of Monetary Policy Regimes [J]. 2001 (91), No. 2.

[12] 程恩富, 夏晖, 王中保. 美元霸权: 美国掠夺他国财富的重要手段 [J]. 马克思主义研究, 2007 (12).

[13] 曹勇. 国际铸币税的分配、计算与启示 [J]. 华南经济研究, 2002 (5).

[14] 许少强. 货币一体化概论 [M]. 上海: 复旦大学出版社, 2004.

［15］蒙代尔.蒙代尔经济学文集：第五卷［M］.北京：中国金融出版社，2003.
［16］马艳，朱晓.经济全球化的风险利益分析与对策研究［J］.财经研究，2000（11）.

（原载于《海派经济学》，2013年第1期，第二作者为王萃）

第三节 "三元悖论"与我国资本项目放开的新考量

一、"三元悖论"的提出

"三元悖论"（The Impossible Trinity）理论认为，在开放经济条件下，一国不可能同时实现货币政策独立、资本自由流动和汇率稳定三大宏观经济目标，只能取其二而舍其一。"三元悖论"为金本位时期到牙买加体系时期各国制定宏观经济目标提供了理论依据。实践证明"三元悖论"存在有效性。"三元悖论"的理论基础是蒙代尔—弗莱明模型（M–F模型），由克鲁格曼正式提出。

蒙代尔—弗莱明模型扩展了对外开放经济条件下不同政策效应的分析，说明了资本是否自由流动以及不同的汇率制度对一国宏观经济的影响。对于一个实行固定汇率制度且资本完全自由流动的国家来说，当其央行采取扩张的货币政策时，会增加货币供应量、下调利率，利率下降会使该国的利率低于他国引起资本外流，资本外流减少了国内的货币供应量，进而起到阻止利率下降的作用，但这容易造成国际收支逆差。这时，中央银行必须干预外汇市场，抛售外汇资产购买本国货币，直到货币供应量回到最初水平。同样，当其央行采取紧缩的货币政策时，货币供应量减少，利率有上升趋势，较高的利率会吸引资本流入，进而阻止利率上升，但这容易造成国际收支顺差。为了调节这种国际收支失衡，中央银行会出售本国货币买入外汇，直到货币供应量回到最初水平。由此可见，货币政策在固定汇率制度下没有发挥作用。实行浮动汇率制度的国家，会采取扩张性的货币政策，利率下降，大量资本流出引起汇率贬值，汇率贬值会改善贸易收支，刺激收入和就业增长。同样，紧缩的货币政策会引起汇率升值，恶化贸易收支，进而导致收入降低。可见，在浮动汇率制度下，货币政策对收入具有实质性的影响。M-F模型论述的正是资本自由流动、固定汇率制度和货币政策独立性三者不能同时实现的关系。这为后来的三元悖论理论奠定了分析基础。

克鲁格曼在《萧条经济学的回归和2008年经济危机》一书中详细论述了三元悖论，即本国资本的完全流动性、货币政策的独立性和汇率的稳定性无法同时实现，只能放弃一个目标来实现另外两个目标。该理论可以用图6-1表述。

三元悖论指的是A+B+C=2，当A、B、C的值为1时，表示其宏观经济目标是能够实现的；当A、B、C的值为0时，表示宏观经济目标不能实现。这就存在三种情况：其一，（A，B，C）=（1，1，0），其经济含义是完全开放资本市场和保持货币政策独立的同时，必须放弃固定的汇率制度。这种组合主要以美国、英国、加拿大等发达国家为典型代表。其二，（A，B，C）=（1，0，1），其经济含义是完全开放资本市场和实行固定汇率制度的同时，就不能保持货币政策的独立性。当一国经济过热时，该国采取紧缩的货币政策，高利率会吸引热

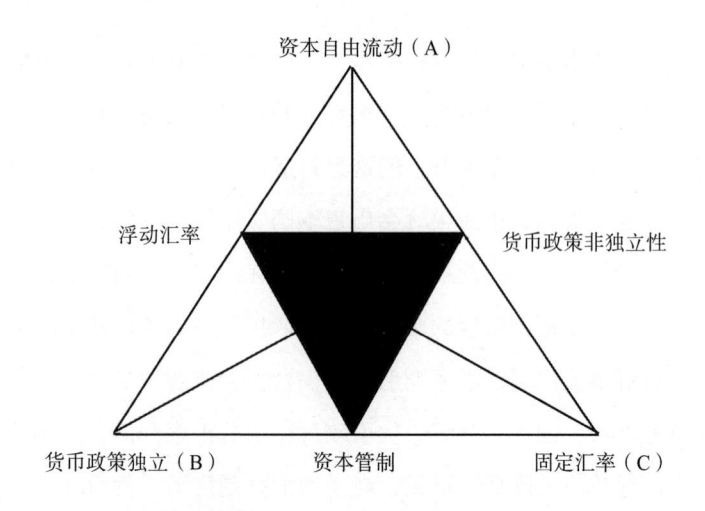

```
            资本自由流动（A）
                 /\
                /  \
               /    \
         浮动汇率    货币政策非独立性
             /  ▼▼▼  \
            / ▼▼▼▼▼▼▼ \
           /  ▼▼▼▼▼▼▼  \
          /    ▼▼▼▼▼    \
         /_____▼_____\
    货币政策独立（B）  资本管制  固定汇率（C）
```

图 6-1 "三元悖论"理论

钱注入，抵消紧缩货币政策的预期效果；反之亦然。这一组合的典型代表是我国香港以及 1999 年的阿根廷。其三，(A, B, C) = (0, 1, 1)，其经济含义是保证汇率稳定又坚持货币政策独立的代价就是放弃资本的自由流动。资本自由流动会引起国际金融市场的本国和他国的资金数量发生变化，进而引起汇率的不断波动，这就无法保证固定汇率制度的实施，我国就是类似的情况。这种组合的缺陷在于，资本管制的同时限制了生产经营性资本和货币投机性资本流动，生存经营性资本受限会对经济发展起到阻碍作用。

目前，在金融垄断资本主义的大时代中，三元悖论已经成为国际经济学中一个经典的论断，为各国在制定宏观经济目标时提供理论参考。同时，该理论也存在一定的局限性，国内外学者在完善三元悖论方面做了很多进一步的探讨。

二、三元悖论理论的中间状态及非角点解

弗兰克尔指出，三元悖论考虑了极端的情况，即完全的资本自由流动、完全的货币政策独立性和固定汇率制度，并没有考虑中间情况。① 他认为，没有足够的证据可以证明在选择政策组合时不可以考虑中间情况，可以考虑放弃一半的货币政策独立性和汇率稳定性，这样可以实现一半的汇率稳定和一半的货币政策独立性。事实证明，三元悖论三元素的状态并不是非此即彼的关系，而是都存在中间状态。

（一）三元素的中间状态

第一，资本流动存在部分流动的情况。资本流动包括资本流出和资本流入。一国可以对资本流动不加任何限制允许资本自由流动，也可以严格控制国与国之间的资本流动，对资本流出和资本流入进行管制。可是，在资本管制时，资本无法做到完全不流动，存在部分资本流动的情况，即部分资本管制。这是因为，资本流动性强弱取决于一国的资本管制和国际资本的趋利性，不同国家之间总是存在着利润的差异性，所以资本虽然受到管制，但总会有一定的流动性。一些新兴市场国家的本国资本稀缺，会选择严格管制资本，限制资本流出，而对资本流入限制相对宽松。这种部分资本管制的典型代表就是中国。

第二，汇率制度存在中间状态。除了常见的两种汇率制度——固定汇率制度和浮动汇率制度之外，汇率制度还存在很多中间状态。1999 年，IMF 将汇率分为 8 种：无独立法定货币的汇率安排、货币局

---

① Frankel J. A. No Single Currency Regime is Right for All Countries or at All Times [J]. *NBER Working Paper*，1999：738.

制度、其他传统的固定汇率钉住制度、水平带内的汇率钉住制度、爬行钉住汇率制度、爬行带内的浮动汇率制度、未事先安排有管理的浮动汇率制度、完全自由的浮动汇率制度。前两种和最后一种汇率制度称为角点汇率制度，其他 5 种称为中间汇率制度。1999 年 1 月 1 日，实行角点汇率制度的国家共有 92 个（其中实行固定汇率制度的国家 45 个，实行浮动汇率制度的国家 47 个），实行中间汇率制度的国家为 93 个。[①] 对于许多发展中国家来讲，由于缺乏发达的金融实力、金融市场以及相关制度，中间汇率制度是较好的选择。

第三，货币政策存在弱有效性和强有效性的不同程度。在开放经济条件下，货币政策独立性主要指本国货币政策不受外汇市场的影响。不过，随着经济国际化程度不断加深，一国货币政策独立性在削弱，货币政策的影响因素有很多，除了外汇市场因素外，全球化因素、货币供给内生性和货币替代等因素，也会影响货币政策。经验研究表明，不论实行固定汇率还是浮动汇率制度，多数国家的货币政策都无法保持完全独立（弗兰克尔，施穆克勒，塞尔文，2002）。在极特殊的情况下，甚至有浮动汇率国家货币政策独立性弱于固定汇率国家货币政策独立性的情况（豪斯曼，加文，帕赫斯，斯泰恩，1999）。

（二）三元悖论模型的角点解和非角点解

根据三元悖论建立模型，可以根据不同的情况求得角点解和非角点解。角点解即为三元素的极端情况，货币政策独立、资本自由流动和汇率稳定的三选二；非角点解即为三个元素的中间状态，货币政策部分独立、管制资本流动和汇率有管理的浮动。易纲在三元悖论的基

[①] 数据来自国际货币基金组织（IMF）2000 年 1 月国际金融统计数据。

础上提出了扩展三角坐标系,为汇率制度"角点解假设"提供了一个理论基础。[①]论文用 x、y 和 m 分别表示汇率制度稳定性、货币政策独立性和资本流动性,并假设 $x+y+m=2$,对三元悖论可以进行重新解读。当 x、y 和 m 值为 1 时,表示其宏观经济目标是能够实现的;当 x、y 和 m 的值为 0 时,表示宏观经济目标不能实现。这就存在三种情况:$(x, y, m) = (1, 1, 0)$,$(x, y, m) = (1, 0, 1)$,$(x, y, m) = (0, 1, 1)$。在坐标中,弗兰克尔所说的"一半一半"的中间制度——$(x, y, m) = (1/2, 1/2, 1)$ 是可能存在的。以易纲扩展的三元悖论为理论依据,我国采用的货币政策组合也可以是 (1/2, 1/2, 1) 的组合,并认为未来我国的政策组合将是:资本自由流动、汇率软钉住和货币政策具有不完全独立性。[②]沈国兵和史晋川在三元悖论中又引入了一个影响汇率制度选择的变量——本币在国际金融市场上的借债能力(简称本币国际借债能力),建立了四面体假说。[③]他们认为,本币国际借债能力与货币政策独立或依附程度、汇率稳定或变动程度,以及资本流动或控制程度之间排除内生性,具有相关性,并列举了所有可能的情况组合,进一步指出不可能三角模型是四面体假说的一个特例。马欣原认为,沈国兵和史晋川提出的新变量"本币国际借债能力"没有普遍的适用性。[④]加入本币国际借债能力将不可能三角扩展为一个四面体,不能一般化,"本币国际借债能力"对汇率制度选择的影

[①] 易纲,汤弦.汇率制度"角点解假设"的一个理论基础[J].金融研究,2001(8).
[②] 张庆,王晓东.扩展的"三元悖论"对我国政策组合的指导[J].商业研究,2004(17).
[③] 沈国兵,史晋川.汇率制度的选择:不可能三角及其扩展[J].世界经济,2002(10).
[④] 马欣原.不可能三角——从历史角度的阐释[J].金融研究,2004(2).

响，应该从中心国家与外围国家汇率制度变迁的历史着手研究。其实这从侧面说明，除三元悖论中资本流动和货币政策独立性对汇率制度选择有影响外，汇率制度选择的其他影响因素众多。陈智君从微观经济分析出发，建立了新开放经济宏观经济学框架下的政策搭配理论框架。① 通过模型和图形分析指出，对于美国、欧盟等经济强大的国家，各国对其货币有充分的信心，大可放心其货币对外浮动，让资本完全流动，并实施独立的货币政策。对于发展中国家来说，对某一政策搭配做出福利评价很难，因而无法确定哪种政策组合是最优的组合。李成和李勇（2009）把三元悖论进行了空间化，将汇率制度稳定性（x）、货币政策独立性（y）和资本流动性（z）作为三个变量放入三维坐标系，原点为0（浮动汇率，货币政策无效，资本管制）。在空间中，存在点F（1,0,1）表示汇率固定且资本能够自由流动；点G（1,1,0）表示固定汇率且货币政策独立，点D（0,1,1）表示资本自由流动且货币政策独立，△FGD与三元悖论相对应。△FGD所在的平面构成了一国政策目标选择上界，三个坐标中存在（0,1）之间的点，即非角点。在资本是外生变量和一国汇率制度由政府主导的两大假设下，作者建立了损失函数，其结论表明，汇率不稳定性和丧失货币政策有效性的综合损失函数最小值总是落在△FGD内部，即非角点解。黄飞鸣建立了贷款准备金政策框架模型，在法定贷款准备金政策框架下，货币当局可以通过改变消费贷款准备金率来调节总需求中的消费需求，具体说来，是通过改变消费贷款的成本来影响消费支出。② 在这个过程

---

① 陈智君.在新开放经济宏观经济学框架下重新解读"三元悖论"[J].西安交通大学学报，2008（11）.
② 黄飞鸣.开放经济下的货币政策独立性：一个理论框架——兼论货币区的"三元悖论"之解[J].国际金融研究，2009（11）.

中，不需要调整货币市场利率，因此对汇率不会产生影响，进而也不会影响净出口的变化。他进一步地给出了一些如何实施操作法定贷款准备金的建议。

三、我国面临的宏观金融政策组合选择

参考三元悖论模型，我国面临两种宏观金融政策组合择优选择，即极端的制度选择和中间的制度选择。一部分学者认为，每一种制度的中间状态都有其存在的条件，中间的政策制度是不稳定的，我国应该选择极端的政策制度选择。另有一部分学者（赫尔南德斯和蒙蒂尔）认为，我国宏观金融政策组合择优选择是非角点解，强调1998年金融危机后，亚洲国家的汇率制度也没有向两极转变的趋势。[1]

（一）资本流动政策的选择

三元悖论模型和历史经验已经证明，固定汇率制度下坚持资本流动，放弃货币政策独立性是不成立的。在保证货币政策独立性的同时，如果放开资本流动，与之相伴随的必然是浮动汇率制度。资本流动政策可以分为三种：完全资本管制、部分资本管制和资本自由化。如前所述，资本流动性的强弱取决于一国的资本管制和国际资本的趋利性，不同国家之间总是存在着利润的差异性，所以资本虽然受到管制，总是会有一定的流动性。这就意味着资本流动政策有两种选择，一是资

---

[1] Hernandez, L. & Montiel, P. J. Post-crisis Exchange Rate Policy in Five Asia Countries: Filling the Hollow Middle [J]. *Journal of the Japanese and International Economics*, 2003, 17 (3): 336–369.

本流动部分管制,二是资本自由化。对资本流动进行管制可以有力地减少短期资本投机,有利于国内经济的稳定和结构的调整。资本账户开放是有一定条件的,应与本国的金融实力和金融市场的完善程度相适应。目前,资本项目自由化的国家主要以发达国家为主,发展中国家主要以资本部分管制为主。

关于我国是否应该放开资本项目问题,国内外的许多论者都表达了自己的观点。余永定学部委员强调,过早资本项目全面开放是在根本性问题上犯颠覆性错误![1] 诺奖得主梯若尔指出,"大量的资本账户自由化带来了投机性的外汇交易和银行危机"[2]。无监管下的资本账户开放,不可能给国外贷方和国内借方带来互利共赢的局面,却往往会引发新兴市场国家的金融危机。20世纪80年代至90年代相继发生在多个新兴市场国家的金融危机,都反复证明了这一点。没有足够的金融实力和监管措施,资本账户的自由化为巨额国际资本(特别是国际投机资本)流入与流出一国,开辟了一片畅通无阻的"海滩"。一旦这种流入与流出形成"潮汐效应",即来时如排山倒海,去时一泻千里,且资本流向突然逆转,则必然引发金融危机。郎咸平也把放开资本项目称为"精心策划的阴谋"[3]。20世纪80年代,为了让日本开放金融市场,美国列举了开放金融市场的种种好处:第一,金融发展有利于经济发展,应该放宽监管;第二,平衡理论,美国从日本买了很多东西,日本也应该从美国多购买东西;第三,金融发展涉及国际竞争力,应

---

[1] 余永定.寻求资本项目开放问题的共识[J].国际金融研究,2014(7):3-6.
[2] 让·梯若尔.金融危机、流动性与国际货币体制[M].陈志俊,闻俊,译.北京:中国人民大学出版社,2015:9.
[3] 郎咸平.郎咸平说:新帝国主义在中国2[M].北京:东方出版社,2010.

该坚持对外开放。随着金融市场的开放，日本经济产生了巨大的泡沫，泡沫破灭使得日本遭受了未曾有过的经济不景气的袭击。泰国也是一个典型的例子。20世纪80年代末，泰国一直实行较为严格的外汇管理制度。从90年代开始，泰国推出金融改革，并减少对资本项目交易的外汇限制。1992年又进一步对外资开放，这导致大量资金涌入泰国，甚至进入房地产行业和股票市场，最终发生了泰国金融危机。正如斯蒂格利茨所强调的，"根据2008年全球金融危机时的经验，如果金融监管放松过快的话，其实危害还是蛮大的。资本账户的开放对于美国金融危机的爆发并传导到其他地方是负有一定责任的"[1]。

我国政府是从2009年人民币进行贸易结算以来，开始将资本项目自由化作为我国政府和货币当局的一项重要政策。周小川在出席中国发展高层论坛2015年年会时表示，要在2015年通过各方面的努力实现人民币资本项目可兑换。然而，我国加快资本项目可兑换的好处何在呢？我国的资本自由流动程度没有受到任何压力。近年来，由于美联储推出量化宽松的货币政策，印度、巴西等国出现了资本外流、货币贬值、经济增长速度下跌等严重经济困难，中国能够免于其难的一个重要原因就是中国依然保留资本管制。资本自由化过程中如果金融市场不完善就可能会出现资本外逃现象。目前，我国的金融市场还没有完善到可以与资本项目自由化相匹配，资本跨境自由流动也不能改善我国资源配置。一旦资本项目自由化，短期的资本流动往往就会进入流动性较强及有投机性质的股票市场和房地产市场等，引起股市和

---

[1] 斯蒂格利茨PK央行：激辩资本项目开放［EB/OL］.［2013-06-30］. http://www.hxw.org.cn/html/article/info7110.html.

房市泡沫。①英国《金融时报》首席经济评论员马丁·沃尔夫预言:"倘若完全放开资本账户,那么中国政府将对其所有经济杠杆中最有效的杠杆失去控制","如果中国开放了资本账户,局面将发生改变:任何危机都可能变得更难化解,危机对世界其他地区金融体系的冲击也将大得多"。②

资本项目自由化过程中存在时序问题。中国在资本项目开放时的时序应该遵循如下原则:先开放经常项目,再放开资本项目;关于资本项目,应该先开放直接投资,再开放间接投资;先开放长期投资,再开放短期资本流动;先开放证券组合投资,再开放借贷;先开放资本流入,再开放资本流出。③资本自由化的过程应该遵循时序地渐进进行。日本的资本项目自由化过程始于1960年,一直到1997年才基本完成,持续近40年;日本于1964年实现经常项目自由化,到实现资本项目自由化共计33年。诺奖得主蒙代尔也提醒过中国,在资本项目开放和人民币可兑换上应当谨慎,不能急于求成,要避免出现1985年"广场协议"美国怂恿日元不断升值的后果。正如余永定学部委员指出,资本项目自由化是中国经济改革的最后防线。④"实际上中国资本项目,特别是长期资本,基本是开放的。我们只有不多的短期资本流动的限制,比如现在依然有5万美元的人民币兑换的额度限制。对于

---

① 林毅夫教授在中国金融四十人论坛双周圆桌内部研讨会上的主题演讲[EB/OL].[2013–08–05]. http://www.guancha.cn/linyifu/2013_08_05_163441.shtml.

② 马丁·沃尔夫.中国开放资本账户应缓行[EB/OL].[2014–04–10]. http://www.ftchinese.com/story/001055688.

③ 余永定.资本项目自由化:理论和实践[J].金融市场研究,2014(2).

④ 余永定.资本项目自由化是中国经济改革最后防线[EB/OL].[2013–06–30]. http://business.sohu.com/20130630/n380273769.shtml.

这样一种限制,我们是否应该放弃呢?我觉得不应该放弃"①。金融危机时期,我国就发生了资本外逃规模扩大,人民币有升值预期时热钱大规模流入的异常资本流动现象。因此,我国在不断放开资本项目的管制时必须更加谨慎,资本流动全面自由化还有很长一段路要走,对短期流动的投机资本我国须采取管制性的应对措施,即我国将会长期处于非角点解的资本部分管制状态。

(二)汇率制度的选择

各国都面临汇率制度多样化的选择,固定汇率制度下一国的财政政策有效,浮动汇率制度下货币政策有效,因而难以抽象地界定财政政策和货币政策哪一种最重要,从而确定一国的汇率制度。资本账户开放情况下,汇率完全市场化是最有效的选择;资本账户未开放的话,一国的汇率制度总是会趋于固定汇率制。所以,像中国这样的发展中国家选择的目标是货币政策独立性和汇率稳定,发达国家则会选择资本自由流动和独立的货币政策(易纲,2000)。汇率制度的选择因资本流动的不同而不同,在资本完全受限时,一国应选择固定汇率制度;当资本自由流动时,一国可以根据情况选择中间汇率制度和浮动汇率制度;当资本部分受限时,一国可以根据具体情况选择固定汇率制度、浮动汇率制度和中间汇率制度。汇率制度的选择在于权衡固定汇率制度、中间汇率制度和浮动汇率制度的利弊。蒙代尔支持固定汇率制度,他指出固定汇率制度是对抗通货膨胀更有效的方式,但"货币金融非常不稳定的国家——通常是银行为大规模财政赤字融资的结果——不

---

① 斯蒂格利茨 PK 央行:激辩资本项目开放[EB/OL].[2013-06-30].http://www.hxw.org.cn/html/article/info7110.html.

能实行固定汇率制度。一般说来，相对货币区伙伴国具有通货膨胀的国家不能维持固定汇率。在一个没有稳定的国际货币体系的世界中，对浮动汇率的反对也不适用于经济非常庞大的国家。世界上经济规模最大的国家即美国就没有单方面实施固定汇率制度的选择"[1]。浮动汇率制度也具有一定的优势，浮动汇率制度可以自发调节国际收支，使国际收支达到平衡，并在政府不进行干预的情况下，可能有利于提高资源配置的效率。不过，由于两种角点解汇率制度状态需要苛刻的条件，目前世界上大多数国家实行的是钉住汇率。

目前，我国实行的是以市场供求为基础、参考一篮子货币进行调节、有管理的浮动汇率制度，同时我国对资本进行管制，不允许自由兑换外币。这表明，我国是一种中间状态的汇率制度。在参考的一篮子货币中，主要以美元为主，而我国进行对外贸易时，也应重视欧元、日元、英镑等货币。另外，我国在"一带一路"合作建设中与沿线国家的贸易往来密切，还应提高这些国家货币在一篮子货币中的重要地位。同时，"篮子"里的货币权重不应一成不变，而应该根据货币之间的密切关系进行调整。目前，中国经济内外有失衡现象，其内部面临着产能过剩、流动性过剩等问题；其外部经济环境复杂，强国对人民币币值变动指指点点。处于这种情况，在三元悖论的选择中，我国的目标是汇率相对稳定和货币政策独立，放弃资本流动性。实际上人民币一直是缓慢升值的趋势（除了 2015 年 8 月人民币的贬值），这也影响了其他政策的有效性。2007 年，央行频繁出台的货币政策并没有起到作用，其根本原因在于人民币的升值趋势吸引了大量的热钱流入我

---

[1] 蒙代尔. 蒙代尔经济学文集第五卷·汇率与最优货币区[M]. 向松祚, 译. 北京：中国金融出版社, 2003: 43–44.

国,形成外汇占款,同时我国对资本流动进行限制,这既形成了流动性过剩,又冲击了货币政策的有效性。

(三)货币政策的选择

三元悖论中,从理论上分析了存在固定汇率制度、资本自由流动和货币政策非独立性的组合,但是所有的分析都表明这种组合是无效的。因为,在经济开放条件下,选择放弃货币政策达到资本自由流动和固定汇率制度的目标前提是一国具有足够充足的外汇储备,但即使一国的外汇储备总量规模巨大,也无法与国际游资数量相比。一国在巨大的国际游资压力下,一旦中央银行耗尽外汇储备仍然无法满足国际投资者的贬值预期,无法继续托市,币值将会灾难性地暴跌,固定汇率制也将崩溃。1997年的泰铢贬值就是一个典型的例子。所以,一国面临的选择其实是:资本管制和固定汇率制度保证货币政策独立性;或者放松资本流动限制,实行浮动汇率制度,保持货币政策独立性。

虽然我国以货币政策独立性为目标,可是货币政策也存在着独立性有限的情况。在自由的国际金融市场中,一国的汇率受到投机者攻击影响一国经济稳定发展时,货币政策的重要职责是将这种外部冲击对内部经济的影响降至最低。[①] 对于我国来讲,外汇占款已经成为基础货币的重要组成部分,而且比重还在不断升高。为了对冲外汇占款,中国人民银行推行紧缩的货币政策,提高准备金率,在金融市场发行大量的央行票据。这些政策能够对大量外汇占款起到抑制作用,不过也降低了商业银行等金融机构的经营利润,进一步恶化了企业的融资环境。可见,汇率制度对货币制度的影响很大。历史上我国货币政策

① 陈雨露.金融全球化·"三元悖论"·金融中介与市场[J].国际金融研究,2004(1).

和汇率政策发生过四次冲突：第一次是 1994—1996 年外汇储备迅速增加和抵制通货膨胀的货币政策之间的冲突；第二次是 1998 年外汇储备增幅迅速下降和抵制通货紧缩的货币政策之间的冲突；第三次是 1998—2000 年汇率稳定和本外币利率倒挂之间的冲突；第四次是 2002 年以来人民币升值压力和国内投资过热的冲突。① 我国在进行政策组合选择时，可以选择坚持资本管制和固定汇率制度，维持货币政策独立性；或者放松资本流动限制，实行浮动汇率制度，保持货币政策独立性；还可以选择中间的状态，即坚持货币政策有效性的同时，坚持资本管制和钉住汇率制度。

四、结论

基于三元悖论，资本自由流动与汇率稳定和货币政策存在着"钟摆效应"，即保证三个宏观经济政策目标中的一个目标实现的同时，另外两个可以实现一定程度的摆动。倘若高度重视蒙代尔、克鲁格曼、斯蒂格利茨、梯若尔四位诺奖得主和林毅夫、余永定、郎咸平三位海归国际金融专家以及著名教授方兴起等的理论和政策建议，现阶段我国应采取的政策选择是：保证货币政策有效性，在汇率制度弹性和资本流动程度之间进行摆动。具体说来，保证货币政策有效性的同时，实现有管理的浮动汇率制度配合有管制的资本流动。

（原载于《辽宁大学学报（哲学社会科学版）》，2015 年第 5 期，第二作者为孙业霞）

---

① 刘敏，李颖．"三元悖论"与人民币汇率制度改革浅析［J］．国际金融研究，2008(6)．

第七章

中国的经济开放

▶ 构建人类命运共同体,是以习近平同志为核心的党中央为全球治理、为人类社会发展贡献的中国愿景。坚定不移地发展开放型世界经济,在开放中分享机会和利益、实现互利共赢,是中国经济开放的新姿态。

第一节 构建"环中国经济圈"战略

一、区域经济是世界经济发展的潮流

开放、整合和互利乃是市场经济发展的客观趋势，它超越了意识形态和社会制度。区域经济的发展已引起了人们的关注，体现在世界贸易量的增长要比全世界产值的增长快得多，这说明全世界生产的产品有越来越多的部分正在突破各国的边界而走向市场区域经济、经济集团、经济一体化、经济圈，均以经济合作为共同内容，以成员国之间的相互开放市场为共同基础。从发展趋势来看，亚太圈、美洲圈、欧洲圈之间的冲突和矛盾终究会被合作和协调取代，区域间的互相开放市场，形成全球整体开放。区域经济的发展将各个分立的经济结合成一个范围更大的经济区，经济区域内设立一套对各方有同等约束力的规划结构，如条约、法律、组织、机构等。中国区域经济的优势在于解决区域间的合理分工与地区内经济的综合发展问题，把生产力布局同区域规划相协调，以对现有东、中、西三大客观经济地带划分进行具体的补充和落实。

二、中国对外经济一体化的圈层模式与"环中国经济圈"

为适应世界经济的发展,中国应该通过自身的努力,一方面保持和扩大世界区域经济集团各成员国的国际交换和分工合作;另一方面想方设法将自身置于周边国家和地区的产业协作系统内。具体地说,一是中国自身分别直接向第一圈层(中国与周边亚太国家和地区)、第二圈层(北美和欧洲发达资本主义国家)以及第三圈层(南美洲国家和非洲国家)发展经济合作关系;二是间接的区域经济合作,即中国通过参与由第一圈层国家组成的区域经济集团,并假以区域经济集团力量分别向第二圈层国家和第三圈层国家进行渗透。

中国正处在西太平洋新月形"繁荣弧线"经济增长带的中间地区,更重要的是,亚太次地区的经济合作正掀起浪潮。所有这些都使中国对外区域经贸一体化战略获得了千载难逢的实施机遇。中国在有意识地、适时地加速"圈层式"区域一体化开放的进程中,需要在经济体制、产业组织、一体化政策等方面实行"一揽子"的彻底改造。实施这一战略的重点在第一圈层,具体的目标是建立"环中国经济圈"。可以依据中国现有地缘经济战略地位,运用三种方法来逐渐实现这一目标:一是从沿海圈到沿边圈。只要西北、西南、东北三大区域对周边境外地区的合作搞活了,加上适时重点推进"华南经济圈""黄海经济圈"等区域合作圈,中国从沿海诸圈到沿边诸圈的步步推进目标便可以圆满实现。二是从小圈到大圈。实施以"小圈促大圈、以大圈带中小圈"层层推进的战略步骤尤为必要。小圈如"图们江经济圈",中圈如"东北亚经济圈""东亚经济圈",大圈即"环太平洋经济圈"或"亚太经济圈"。三是从无形圈到有形圈。前者是指中国经济区域与亚太地区在贸易、产业、科技等领域的实质性结合，后者是指中国经济区域与亚太地区在体制和组织上的结合。应从加速各种无形圈做起，争取以双边关系为基点，大力开展多边的全区域性的各领域合作。同时，创造条件逐步建立从低级到高级各种有形的经济圈形态。

三、中国区域发展的中长期设想

中国自改革开放以来，经济区域变化有三个特点：资源产出地区与加工业布局地区逐渐分离；随着经济增长方式由轻（纺工业）转重（化工业），经济增长重点出现北移趋势；20世纪80年代既有的区域经济联系正在被打破，新的区域尚在酝酿之中。根据这些特点，展望今后20年，中国经济有必要划分为7个经济区域：东北经济区、京津冀鲁经济区、长江三角洲经济区、华南沿海经济区、长江中游经济区、黄河中游经济区和西南经济区。提出的依据，基本是以在地理上相邻的工业密集区，按人口和市场需求规模，可以支撑起一套相对独立的工业体系为原则。当然，在今后长期内金融贸易区仍会维持目前华南、华东和北部经济圈三足鼎立的格局。

此外，中国大陆、香港和台湾之间的经济关系日益发展，相互依赖的程度不断加强。它们之间以资本的流动为主要特征，在市场、产业之间和产业内的分工越来越相互依赖，这种具有经济一体化效应而没有建制性安排的特殊现象，我称之为"自然经济疆域"。这种发展态势，不仅有助于改善这三个经济体本身的资源利用效率，而且使它们形成更多的共同利益，并在形成分工体系后结合成一体参与国际竞争，提高在国际经济中的地位。"环中国经济圈"向中亚和南亚延伸的可能，对我国西部开发也有现实意义。我国新疆西部与阿富汗、巴基斯坦和印度接壤，西北和北部与蒙古、俄罗斯、哈萨克斯坦、吉尔吉斯斯坦、塔吉克斯坦相邻，以伊斯兰教为宗教文化的主体，全区约一半人属传统的中西亚突厥语族。因而，未来中国经济圈能否与中亚地区建立稳定持久的合作关系，关键之一是能否通过强化新疆的经济社会发展潜力，造就一个拥有内凝与扩散二重发展效应的"发展极"，借助地缘性经济与文化的优势地位，逐步开拓中亚市场，进而将中国经济圈的西北部边界向外伸展。另外，中国西藏以及新疆的一部分与南亚有着地理上的整体性，这两个自治区可以凭借自己的比较优势加入南亚地区的内部合作，构成"泛南亚经济圈"，逐步成为世界新的经济增长点。

（原载于《探索与争鸣》，1994 年第 4 期）

第二节　比较优势、竞争优势与知识产权优势理论和战略

国际分工和国际竞争要以比较优势为基础，这是古典经济学的传统观点，到20世纪90年代出现了竞争优势理论。然而随着时代的发展，比较优势和竞争优势的局限性越来越明显，所以应发展更符合实际要求的理论来解释并引导国际竞争和国家经济发展。知识产权优势是指培育和发挥拥有以自主核心技术和自主名牌为主要内容的自主知识产权的经济优势，是相对于比较优势、竞争优势而言的第三种优势。本节并不是简单地否定比较优势理论和竞争优势理论，而是认为知识产权优势理论是与前两者有联系的一种新发展。

一、比较优势理论在我国的发展及其局限性

长期以来，指导我国参与国际分工和交换的是比较优势理论，即劳动生产率及各国资源禀赋的不同能影响世界贸易的方向和贸易利得，通过国际分工可以使贸易双方（甚至是具有绝对劣势的一方）都获得更大的福利。直至现在，许多学者和实务工作者依然强调要发挥我国的资源比较优势。事实上，我们应该看到比较优势有很大的局限性和

对于我国的不适应性。

随着国际贸易的发展，比较优势理论越来越不能充分合理地解释新的现象。具体表现在以下几点。第一，比较利益理论的一些前提条件在当今世界已经不存在。无论是以劳动生产率差异为基础的比较成本说，还是以生产要素供给为基础的资源禀赋说，其比较利益的前提是各国的供给条件、生产条件不可改变，资源、生产要素不能在国与国之间流动。在这种假设条件下，具有比较优势的资源及其产品才可能具有垄断优势。但当今生产要素和资源可以在国与国之间加快流动，自然资源可以被改良和再造，也可以被新材料替代，劳动力的技能和素质的提高，又可克服劳动力数量不足的矛盾。第二，比较利益理论所讲的比较成本是对本国的产品进行比较而言的，不意味着本国比较成本低的产品在国际竞争中就一定具有竞争优势。第三，比较利益理论只注意了经济因素而忽略了非经济因素，忽视了经济安全。第四，比较优势仅仅注重了静态的比较利益，而忽略了动态发展优势。第五，比较优势理论片面地强调了资金的重要性，认为只要积累了足够的资金，就能自动地内生出一个发展高科技产业的机制，而忽略了信息、知识、人力资本的培养，实际上这些因素对于信息技术创新更为重要。第六，比较优势论证了在自由贸易条件下如果充分发挥市场价格机制的作用，就已实现稀缺资源在国际范围内的最优配置。这一概念强调了"看不见的手"的作用。只要市场机制起作用，只要存在资源的稀缺性，比较优势就会客观地发生作用，国家的发展战略也要顺应比较优势原理的要求。但是，它忽视了"看得见的手"——企业作为竞争主体的作用。事实上，现代企业可以通过有意识的战略选择来配置稀缺资源，进行人为比较优势的创造。再结合我国情况来分析，作为发展中国家的大国，其所拥有的资源比较优势不外乎是大量廉价的劳动力和绝对量不小但人均占有量较低的自然资源。中国选择与资源禀赋决定的比较优势相符合的产业和技术结构，不外乎是大力发展劳动密集的技术含量低的产业，这样中国将陷入"比较优势陷阱"，因为劳动密集型产品的市场需求缺乏弹性，其未来市场的容量小，市场扩张难度大，贸易摩擦会加剧，导致贸易条件恶化。在科技创新突飞猛进的情况下，劳动密集型产品的比较优势最终会失去竞争优势，而且大力发展劳动密集型产业还会导致进口漏出和储蓄漏出。前者指发展中国家需要以一部分收入从国外进口技术密集型产品用于消费，后者指因国内缺乏投资品工业，国内的储蓄还要漏到国外去购买投资品。这样的产业结构安排和贸易格局很难起到带动本国经济发展的效应，这使得劳动密集型产业不能成为带动产业升级的领头产业（杨叔进，1983）。

（一）缺乏技术优势和竞争优势的资源禀赋比较优势难以为继

按照比较优势理论，中国拥有几乎取之不尽的廉价劳动力，对于中国而言，发展劳动密集型产业在国际贸易中具有强大的竞争优势。然而，一旦考虑到生产率的差异，偏重劳动密集型产品的中国在出口方面的低工资优势就不太明显，甚至较之某些国家还处于劣势。以1998年的数据为例，美国的平均工资是中国的47.8倍，但考虑到生产因素，创造同样多的制造业增加值，美国的劳动力成本只是中国的1.3倍；日本的这两个数字是29.9和1.2；菲律宾和玻利维亚的工资约4倍于中国，而单位劳动力成本比中国低30%~40%。因此，考虑到技术因素，我们发展劳动密集型产业根本无优势可言，更不用说依赖劳动密集型产业带动产业结构的升级换代，实现与发达国家的收敛。① 在现实的贸易中，一国潜在的比较优势能否实现，贸易利润能否获得，取决于一国具有比较优势的产品是否具备竞争优势。如果不具备竞争优势，产品将被排除在国际交换之外，比较利益就无法实现。而比较优势是相对于本国的资源和另一国的情况，在世界范围内就不一定具有价格竞争力了，加上受到国际金融体制的影响及其他非价格因素的影响，如产品质量、性能、款式、包装、运输费用、品牌偏好、文化内涵、售后服务、差异化等，使得产品在国际市场上的竞争力由价格竞争力和非价格竞争力共同决定。如果发展中国家在非价格方面的竞争力太弱，它们即使具有低价格的比较优势，也会丧失竞争优势。

（二）按照比较优势选择产业结构会带来一些严重的后果

可以看出，除了上面所分析的比较优势理论的局限性之外，如果单纯按照比较优势指导我国的贸易和经济发展战略，可能具有比较优势的劳动密集型产业也不一定就能在世界上具有竞争优势。如果一味坚持按照由比较优势选择产业和技术结构，大力发展劳动密集型产业，出口劳动密集型产品，会带来一系列后果。

一是贸易条件的恶化。按照比较优势发展我国的劳动密集型产业可能会带来贸易条件的恶化，这可以从供给和需求两个角度来分析。从供给方面看，发展中国家根据现有的比较优势参与国际分工，进行的生产主要在于初级产品和劳动密集型的工业制成品方面。随着越来越多的发展中国家加入全球化进程中，劳动密集型产品的供给也越来

---

① 廖国民.入世后中国的贸易战略：比较优势还是选择性赶超[J].上海经济研究，2003（5）.

越多，形成所谓的"合成谬误"，从而使得这类产品在国际上竞争激烈，贸易条件不断恶化。从需求方面看，更是发展中国家贸易条件恶化的重要原因，因为各国经济的发展和人均收入的提高，国际市场上劳动密集型产品的国际需求日益减少。再深入到从需求结构分析，传统的劳动和资源密集型产品日趋饱和，国际消费需求结构以及相应的投资需求结构已向更高层次转换。我国出口的劳动密集型产品加工程度低、技术含量少、产品质量不高，这种中低档次劳动密集型产品出口面对的只能是日益缩小的国际市场和日益下降的价格水平，形成与发达国家高新技术产品交换的贸易条件越来越恶化。这方面普雷维什（1950）和辛格（1950）在20世纪50年代针对初级产品，沙克和辛格（1991）在90年代对劳动密集型制成品都做过理论和实证分析。

考虑贸易条件的恶化，许多有比较优势和竞争优势的产业其实并不一定适合中国参与。就拿大多数人都看好的纺织工业来说吧，由于全球市场的扩张非常有限，而且知识与技术含量较高的设计与面料后续加工又不是中国的强项，因此，尽管该产业是个典型的劳动密集型产业，但不大可能成为中国参与国际分工的最佳选择。诸如此类的例子还有很多。

二是劳动密集型产品的需求弹性小、附加值低，易出现出口的"贫困化增长"。同时，我国劳动密集型产品的出口市场过于集中，生产地区分布也不均衡，使我国产品极易遭受国际经济波动的影响和冲击。正如发展经济学家托达罗（1991）所说，赋有充裕的非技术劳动供给的第三世界国家，由于专门生产密集使用非技术劳动且世界需求前景和贸易条件十分不佳的产品，从而陷入一种使其在非技术、非生产性活动上的"比较利益"永久存在的停滞环境中，这将会抑制该国资本、企业精神和技术技能在国内的增长。

三是发达国家对发展中国家歧视性的贸易政策，使我国的劳动密集型产品受到了诸多贸易壁垒的阻碍，在国际市场上发展的空间越来越有限。它使我国以劳动密集型产品为主的出口贸易在国际分工中处于从属和被动的不利地位，极易落入"比较优势陷阱"。在目前社会人类社会空间中，落后国家拥有竞争优势的劳动密集型产品只占很小的一部分。当众多资源禀赋相似的落后国家都来瓜分这些产品上的竞争优势时，每个国家所能占有的产品种类就更少了。况且，我国又是发展中大国，不可能像小国一样，仅靠有限的几种劳动密集型产品就能实现持续的快速发展。假如中国不顾自己是大国这一事实，去从事专业化生产，那么，世界绝不可能为中国提供如此巨大的市场。与此同时，国内各个地区客观存在的、具有较大差别的资源禀赋优势，也将无法得到充分的发挥。

由上述分析可见，仅靠比较优势是难以实现我国经济发展的重任的。不过，比较优势理论就过时、没有价值了吗？答案是否定的。有丰富的天然资源和较低的劳动成本，是经济发展的有利条件。许多发达国家的发展最初就是由资源禀赋的产业带动的。只是如果仅仅满足于这些因素，往往就会陷入"比较优势陷阱"。针对传统比较优势的局限性，一些学者指出，应以竞争优势为基础，提高我国竞争力。更多的学者认为，比较优势与竞争优势不是非此即彼的关系，二者有一定的相容性，重要的是应寻求由潜在比较优势向竞争优势转化的途径。其实，我们深入分析就会发现，这种途径就是创新和技术。如果发展中国家注重技术进步，则可以防止贸易条件的恶化，促进经济发展。尹翔硕、许建斌通过模型证明，发展中国家如果专业化生产和出口低技术产品,其贸易条件长期来看会恶化。这种恶化会导致它们原来的比较优势降低,从而使它们有可能实施进口替代,转而使国内生产一部分高技术产品。但是如果仅仅有这样一个市场过程,并不能使发展中国家的贸易条件改善,从而也不会使发展中国家的福利水平提高、与发达国家的差距缩小。但是,如果发展中国家以此为契机,通过政府教育和技术政策,一方面发展教育,提高人力资本,另一方面推动科研,提高技术水平,最终会缩小与发达国家的差距。[①] 而且,发展中国家不一定要等到贸易条件恶化后才实施教育和科技政策,推动高技术产业的发展。如果发展中国家从一开始就推动技术进步,那么在贸易条件恶化前就可能影响世界产品价格,防止贸易条件的恶化和差距的拉大。

二、竞争优势理论在我国的发展及其缺陷

20世纪80年代以来,波特相继发表了他的著名的"三部曲":《竞争战略》(1980)、《竞争优势》(1985)和《国家竞争优势》(1990),提出并完善了竞争优势理论。波特认为,一个国家之所以能够兴旺发达,根本原因在于这个国家在国际市场上具有竞争优势,这种竞争优势源于这个国家的主导产业具有竞争优势,而主导产业的竞争优势又源于企业由于具有创新机制而提高了生产效率。波特所指的一个国家的竞争优势也就是企业、行业的竞争优势,具体包括6个方面的因素:生产要素、国内需求、相关支撑产业、企业的战略结构和竞争、政府

---

① 尹翔硕,许建斌.论落后国家的贸易条件、比较优势与技术进步[J].世界经济文汇,2002(6).

的作用以及机会（包括重要发明、技术突破、生产要素与供求状况的重大变动以及其他突发事件等）。

我国学者20世纪90年代初引进介绍波特的国家竞争优势理论，[①]至90年代中后期兴起了研究竞争优势的高潮。一些学者将比较优势与竞争优势理论并列，认为比较优势已经过时，应当强调竞争优势，而越来越多的学者认识到不能割裂二者的联系，应当寻求从比较优势到竞争优势的途径，但归根结底还是推崇竞争优势。[②]而竞争优势理论的缺陷却很少提及或一笔带过。事实上，波特理论也有其局限性和对中国的不适应性。

第一，竞争优势的许多结论不适合解释发展中国家的情况，钻石模型主要是根据发达国家尤其是美国、日本的成长过程所总结出来的。波特认为，市场需求越苛刻、越高级，产业的竞争力就越高，但在大多数发展中国家，目前许多产业的发展还处于起步或成长阶段，并没有能力来满足苛刻、高级的市场需求。如果发展中国家将苛刻、高级的市场需求用法律的形式确定下来（如通过严格的环境保护法律或产品质量法律），则在国际竞争中，发展中国家的相关产业的企业将难以和发达国家的企业竞争，并最终使其丧失国际竞争力。

第二，竞争优势理论的隐含前提假设在于：资本是充裕的，企业可以轻易获得先进的技术和管理经验。这与现实条件并不完全符合。

[①] 笔者搜集到的最早介绍波特模型的是《经济社会体制比较》1991年第5期上的一篇介绍性文章，即《波特理论模式：发挥国家竞争优势》。

[②] 陶然，周巨泰．从比较优势到竞争优势——国际经济理论的新视角［J］．国际贸易问题，1996（3）．// 洪银兴．从比较优势到竞争优势：兼论国际贸易的比较优势理论的缺陷［J］．经济研究，1997（6）．// 鲍晓华．从比较优势到竞争优势［J］．财贸经济，2001（4）．

国际范围内的资本流动仍然受到诸多限制，一些穷国自身的积累能力也有限，尤其对一些发展中国家来说，技术落后和管理经验不足的情况更严重。因此，在扶持自己的幼稚产业时，一定程度的垄断和贸易保护是必需的，自由竞争只会造成打击民族工业的后果。在对日本的经验进行分析时，大多数经济学家都把日本通产省实行的产业扶持政策作为日本经济成功的一个重要原因，而竞争优势理论对这点的忽视显然构成了它的一个根本缺陷。

第三，钻石体系包括的特质有好几项，而简化的答案往往会把问题内部一些最重要的部分掩盖掉。这反映了二战后影响国际竞争和国家经济发展因素的复杂性，一国经济发展受多个方面影响，甚至不同的国家影响因素也不相同。但是考虑的因素过多又使其步入另一个极端：如果把凡是有影响的因素都考虑进去，往往会掩盖了真正的关键因子。科学研究就是要从复杂的现象中抽象出其中的规律或决定性因素，而不能凡是有影响的因子都一一列出。

第四，波特的分析没有考虑跨国公司的作用，而例证明显表明，跨国公司在国际贸易和国际分工中的作用不可忽视，同时也使得产业竞争优势有时不完全取决于国内因素。

第五，波特模型的逻辑是国家的竞争力取决于企业和产业的竞争力，因而波特的分析是从企业的竞争战略出发的。但是他几乎完全将企业竞争优势归因于企业外部的市场力量，并假设这一力量与企业进行市场定位，构筑进入和退出市场壁垒的能力相一致。企业所处的外部环境的确很重要，但过分强调国内市场、相关产业、同业竞争、机会和政府等外部因素而忽视企业自身的因素也是难以有说服力的。

尤其是对于我国，竞争优势所含因素太多，而我国一时是很难具备全部要素的，如果没有重点地制定战略，发展的质量将会受到影响。波特自己也承认，国家的竞争优势倒也不需要齐备所有的关键要素，国家缺少两个关键要素也不会妨碍它寻求竞争优势，但他没能指出到底如何从仅拥有一两种要素（如自然资源）发展到拥有互动的整体竞争优势。而我们知道，要想持续发展，拥有持久的竞争力，必须拥有垄断性的资源，而自然资源如上分析是可以替代和跨国流动的，因而难以是垄断性的。只有无形的资源——知识，才是国家最大的财富。拥有自主知识产权优势，是一个企业和国家能取得垄断利润的关键。

三、构建知识产权优势理论与战略

比较优势理论的缺陷使我们认识到，不仅不能指望单纯发展比较优势产业来推动国家经济的选择性赶超和高效益发展，而且满足于比较优势还可能造成贸易条件恶化，陷入比较优势陷阱；竞争优势综合因素太多，而且并不十分适合发展中国家的现实要求；进入新世纪，知识、名牌和核心技术越来越发挥出重大作用，对于企业参与世界竞争、提升综合国力、维护国家安全都有重要意义，因而重视和培育知识产权优势是提高后发国家核心竞争力的必然和迫切要求。有些论著认为，现在知识和技术已没有国界，落后国家可以模仿或买进先进技术。但是，对于企业乃至国家而言，最先进的技术和名牌往往是买不来的。没有自主独立的科技创新体系和名牌开发体系，就只能受制于人。

当前，针对比较优势和竞争优势的理论和实践缺陷，我国应大力培育和发展"第三种优势",即"知识产权优势"①。所谓知识产权优势,是指通过逐步拥有以自主核心技术和自主名牌为主要内容的自主知识产权的经济优势,是相对于比较优势、竞争优势而言的第三种优势。

知识产权优势不是同比较优势和竞争优势完全对立的,而是与它们既有区别又有联系的。知识产权优势不能脱离比较优势和竞争优势基础,是在既定的比较优势和竞争优势基础上的更核心层次的国家优势。它避免了笼统的竞争优势的理论缺陷,而突出了以核心技术和名牌为核心的经济优势或竞争优势。它不仅应体现在我国的高新技术产业部门及具有战略意义的产业部门,这些部门必须逐步掌握自主研究、自主开发、具有自主知识产权的核心技术和名牌,建立以自主知识产权为基础的技术标准体系,而且还应体现在我国传统的民族产业或低端产品部门,包括劳动密集型产业部门,也必须塑造在国际上具有一定影响力的民族名牌,拥有自主知识产权的中低级关键技术。

比较优势是由一国资源禀赋和交易条件所决定的静态优势,是获取竞争优势的条件;竞争优势是一种将潜在优势转化为现实优势的综合能力的作用结果;比较优势作为一种潜在优势,只有最终转化为竞争优势,才能形成真正的出口竞争力。现在要实现我国出口产品的结构升级,就必须以国际经济综合竞争为导向,将现有的比较优势转化为竞争优势,而其中的关键就在于创造和培育我国的知识产权优势。

只有具有自主知识产权的优势,企业和产业的竞争优势才有可能形成并长期保持,或者说,知识产权优势是持久高端竞争优势的必要性条件。波特在钻石体系的第一项中特别强调高级人力资本和研发的

---

① 程恩富. 构建知识产权优势理论与战略 [J]. 当代经济研究, 2003 (9).

重要性。具有较高物资资本水平国家的企业，必须雇用具有高人力资本的人才，强调研发和新产品开发的重要性，这是这些企业利用本国的比较优势，在国际市场上取得竞争优势的必然要求和表现。

另外，相对于比较优势和竞争优势，知识产权优势更恰当地反映了时代特点和经济发展的要求。比较优势、竞争优势往往都是用进出口值或净出口值来衡量，但进出口值不一定能代表真正的国际竞争力，也不一定代表这一产业在国内的产业结构和产业升级中的地位及对 GDP 的贡献，因为它受到很多因素的影响，如国家的对外政策、经济波动等。同样，对 GDP 做出重大贡献的也不一定是出口量大的，国内需求也是不容忽视的重要方面。所以，比较优势、竞争优势的一些数据可能并没反映问题的实质。而新时期的知识产权的作用是具有决定性的，合适的技术发展路径才能缩短与发达国家的差距，促进经济有选择性地赶超或跨越。

知识产权优势的培育，是一个综合而需要长期努力的过程。我国与发达国家相比，知识产权方面存在很大的优劣势差距，这就要求我们要认清趋势，加快发展，制定持久而全面的选择性赶超战略。这里要强调的是，知识产权优势并不等于高新技术，而是应针对不同时期、不同行业和不同研究机构，有不同的含义和重点。就短期战略而言，制造业要注意"干中学"，发展实用技术，企业为技术创新的主体，国家提高技术标准；就中期战略而言，要认清世界产业发展的趋势，促进生化、电子、信息等技术的研发，以多体系科研机构为主体，国家促进合作协调和加强知识产权保护；就长期战略而言，要加强基础研究，以国家和高校的研究机构为主体，加大资本和人力投资，提高国民素质，创立和发展国家科技创新体系。另外，各地各部门都要注重打造名牌，保护原有民族名牌，鼓励新名牌在国内外的拓展。

在我们海派经济学家看来，面对这个既充满机遇又充满挑战的新时代，我国要最大限度地获取贸易发展的动态利益，更好地通过对外贸易促进产业结构的良性调整，就必须拥有自主知识产权的核心技术和打造自主知识产权的国际品牌，必须以知识产权优势理论作为应对经济全球化和发展对外贸易的战略思想，并在结合比较优势与竞争优势的基础上，大力发展控股、控技（尤其是核心技术）和控牌（尤其是名牌）的"三控型"民族企业集团，突出培育和发挥知识产权优势，早日真正打造出中国的世界工厂而非世界加工厂，从而尽快完成从贸易大国向贸易强国、经济大国向经济强国的转型。那种只强调保护国内外知识产权，不强调创造自主知识产权的做法，那种主要寄希望于不断引进外资、外技和外牌的策略，那种看不到跨国公司在华研发机构的正负双面效应而一味欢迎强国推行"殖民地科技"的开放式爬行主义思维，都是不高明的科技发展"线路图"和开放理念。

（原载于《求是学刊》，2004年第6期，第二作者为廉淑）

第三节　既要"中国制造",更要"中国标准"

最近,中央经济工作会议强调,坚持提高自主创新能力,加快建设创新型国家。要提升自创新水平和国际竞争力,必然涉及技术性知识产权保护和创造问题。近年来,国家从不同方面加大了力度,取得了良好成绩,但也呈现出不少问题。

一是对技术性贸易壁垒的正确评判和应对,存在部分知识产权相关法律的缺失。一方面,由于知识产权和技术标准之间加速融合,原先没有引起重视的一些知识产权形态和领域已成重点,因而现有《知识产权法》就可能没有合适条款加以应对,致使其无法可依,进而在《反垄断法》和《反不正当竞争法》等法律的相应部分也就无法可依。例如,在中医药知识产权方面就缺乏切合实际的、有效的保护方案。另一方面,由于现有技术法规体系不完善、不统一和不规范,导致现有市场准入制度和市场监督体系不完善,从而导致一些连带的知识产权法律条款得不到有效实施,结果对技术性贸易壁垒就不能给予正确的评判和应对。

二是促进技术性知识产权保护机制形成的制度环境存在部分缺陷。伴随社会主义市场经济体制的逐步推进,原有的促进技术性知识产权保护机制形成的制度环境暴露出了不少缺陷，不仅体现在重量轻质的科技成果评价机制方面、没有对国家科技计划的专利产出做出明确要求方面、国家科技计划承担主体和市场经济竞争主体的设置错位方面，而且还体现在技术创新意识不强、科研基础薄弱、缺乏良好的技术创新机制、追求逐利性和大部分技术创新组织分散经营等方面，整体态势仍需改善。

三是建立相对健全的技术性贸易壁垒体系还有待加强。由于缺乏自主核心知识产权，我国在转化国际标准和国外先进标准为国内标准方面、在参与并主导国际标准制定方面，与发达国家相比都存在明显差距。特别是在高新技术标准化领域，不仅比例偏低，而且影响力也很小。另外，由于某些技术标准制定与科研、生产相互脱节，以致其不能尽快适应市场及技术快速变化和发展的需求，再加上其制定主体选择错位或不适当，即使已经建起了"闪联"（信息设备资源共享协同服务）、EVD（高密度数字激光视盘系统）、TD–SCDMA（移动3G的网络模式）和WAPI（一种无线网安全协议）等标准，在市场面前也不得不处于相对尴尬的境地。

为了解决现存问题，我们需要尽快采用新思路和新对策。第一，借鉴国外知识产权法律保护成功经验，积极完善其相关法律制度。为防止企业和企业团体滥用《知识产权法》，国内立法部门可以借鉴美国、日本和欧盟等发达国家知识产权法律保护的成功经验。如建立相对健全的反托拉斯法和在其国外跨国公司内部开设知识产权部门的制度建设，积极推动《反垄断法》的制定，尤其是知识产权许可中反垄断审查的立法工作，以限制国外企业在国内滥用技术标准、滥用专利的行为，重点应放在垄断行为方面。另外，要按照科学的方法改革和完善我国技术法规体系和运行机制。比如,对我国现行有关技术法律法规体系进行整理修订,去除其中违背国际惯例、不符合社会主义市场经济原则要求的部分;同时,要根据我国的安全要求,在涉及安全、卫生、健康、环保等方面制定强制性标准,制定和实施对国外相关技术产品有一定针对性、抑制性和限制性的有关法律、技术标准和检验制度,把未达到技术标准的产品拒之于国门之外。

第二,尽快转变技术性知识产权形成机制,加快弥补其制度环境现存缺陷。除了尽快将技术性知识产权形成机制转变到市场发展轨道以外,不仅企业需要提高知识产权特别是技术性知识产权保护意识,加大技术投入和了解国家宏观调控政策,以及该技术领域的国内和国际发展走向,而且各级政府也要切实执行《保护知识产权行动纲要(2006–2007)》精神,既要用打击盗版行为、商品交易市场的商标侵权行为,加大对侵犯专利权重点问题的整治力度和加强进出口环节知识产权保护等短期工作重点及主要措施体现出来,也要用完善法律法规体系、建立高效的执法协调机制、提高企业知识产权保护能力和水平、充分发挥行业协会和知识产权中介组织的作用,以及加强宣传与培训等长效机制构建体现出来。

第三,参考国际通常做法,结合当前具体国情,合理构建我国技术性贸易壁垒体系。

我们要仔细地分析现有做法中一些不当和空白的地方,有选择地集中力量构建一批技术水平高、国家利益大、涉及面广和非常急需的企业技术标准、行业技术标准和地区技术标准,同时要从改革标准化工作管理体制来建立以企业为主体制定技术标准的新模式,组建企业技术联盟以突破外国知识产权和技术标准的壁垒,积极推动国内企业在国外申请专利以开拓世界市场，主动参与国际标准化活动以培养国际标准化人才，提高自主知识产权技术的实施率以积极扶持专利技术产业化等方面入手，积极推动企业自主知识产权的形成和发展，以为前者奠定较坚实的微观基础。可以采用负面影响不大的国际标准，以及尽量采用国际先进标准，不过要根据具体国情，或完全采用，或部分调整，或完全调整，或兼而有之，以适合企业、行业、地区和国家要求。

第四，突出电信等重点行业，官、产、学联合实施"国际标准综合战略"。我国手机年产量已达 3.03 亿部，占全球手机产量的一半左右，但 90% 以上的手机中安装的汉字输入法是国外进口的，为此每年要支付数亿元的专利费，每部手机的专利费达 0.3 美元。况且，国外公司开发的汉字输入法所采用的汉字标准多为我国 1980 年发布的标准，没有执行 2000 年的强制性汉字标准。综观中外商界，"三流企业卖苦力，二流企业卖产品，一流企业卖专利，超一流企业卖标准"。要想真正做强做大企业，就必须将国际标准纳入经营战略，不应沾沾自喜于"中国制造"，而应注重"中国创造""中国标准"。

目前，国际标准的平均标龄为 3.5 年，而我国现有的 2.1 万个国家标准平均标龄为 10.2 年，而且有 9 500 个老龄的国家标准已不能用了。近几年，我国有 60% 的出口直接和潜在经济损失约 500 亿美元，原因之一在于老化的标准无法与国际新标准接轨。如洗衣机噪声的国家标准与国际同类标准有较大差距，导致我国市场约 20% 的洗衣机被迫退市。一个令人欣慰的信息是，2006 年 10 月，国家广播电影电视总局颁布了自主研发的包括手机、电视在内的移动多媒体广播行业标准，尽管不是国际标准，但其中涵盖的 21 项核心专利大多是世界领先水平；同时，国家标准委也表示用三年时间解决我国标准老化问题，争取到 2015 年达到国际先进水平。今后，官、产、学要共同展开竞争国际标准的活动，以企业的技术专利为基础，并积极加强国际认知度和交涉能力，使我国成为国际标准的大国和强国。

(原载于《文汇报》，2006 年 12 月 13 日)

第四节 自主创新，维护国家产业安全

最近几年，外商特别是跨国公司在中国的投资战略发生了重大变化。其中一个非常突出的特点是，外资加快兼并和收购我国内资的行业龙头企业，特别是国有大型企业。这方面的案例越来越多，仅我国装备制造工业中就有10多个重点企业被并购。在被外资并购过程中，已经出现了种种问题。这些原先发展势头很好的重点企业、龙头企业、行业排头兵企业纷纷被外资并购、控股，从而一下子失去了自主创新权，丧失了优质资产、技术力量、品牌和市场，致使多年来通过自主研发培养的技术团队和技术能力被外资控制、利用甚至消解，企业的巨额利润随之外流，企业和产品的品牌价值一下子也被外商吞并。这日趋引起高层领导、经济界和社会的高度关注。

一、产业龙头是建设创新型国家的根基，是重大国家利益的体现

目前正处于审批过程中的美国私人股本集团——凯雷集团（Carlyle Group）并购我国徐州工程机械集团（简称"徐工"）一案，是一个十分典型的案例。徐工无论是资产总额、年销售额，还是汽车

起重机等主要产品的市场竞争力,在我国机械工业中都是名列前茅的。徐工不仅是我国工程机械行业的排头兵,也是我国机械工业的龙头企业和优势企业,其在机械工业中所占的位置和分量非常重要。2006年,徐工集团以200亿元的营业收入名列我国工程机械企业第一。2007年,该企业的计划目标是:营业收入248.3亿元,同比增长22.5%;产品销售收入205.2亿元,同比增长17%。到2010年末,企业将继续保持国内行业的领先地位,成为国际市场的重要参与者和著名品牌,实现营业收入500亿元、销售收入300亿元、出口创汇10亿美元,进入国际工程机械企业前10名。然而,这么好、这么重要的一个国有大型龙头企业,为什么一定要卖给外国投资者呢?

尽管在目前的修改协议中,美国凯雷方已做出很大让步和妥协,由收购变为合资,由美方控股改为股权比例中方占55%、凯雷占45%,董事长由中方担任,外加其他看似有利于中方的条件。但是我们认为,国家有关部门仍不应该批准这一并购案。

问题的关键在于,徐工是我国工程机械行业的标志性企业。我们要争的不在于凯雷收购资金的多少和提供技术的先进与否,而是要争我国工程机械行业发展的主导权,是争我国产业安全和发展我们自己的国际著名品牌。如果外资并购徐工实现了,就等于开了一个危险的口子,表示同行业和其他制造业的骨干企业都可以仿效徐工让外资并购,我国数十年积累的全部民族工业基础将对外资不再设防,都会被外资控制。这样下去,我国的民族工业必将彻底沦为外国资本的附庸。况且,装备制造业是我国的国家战略产业,是突破国外技术封锁、建立强大军事工业的基础。徐工的许多产品,如推土机、装载机、塔机等,是外国品牌无法进入中国市场的。有些外国产品已被我国企业挤出中国市场，如砼机械。

徐工并购案发生的背景，是国外资本在强攻不能进入我国工程机械市场的情况下，采用"招降"的战术，想趁中国国企改革之机通过收购来整合和控制中国的工程机械产业。为此，不惜做出让步，并由美国政府高层人士来华说项，其中的政治意图不言而喻。凯雷并购徐工，实际上是外资控制和摧毁中国工程机械产业的一个战略步骤，可能造成骨牌效应，摧垮中国的全部民族工程机械工业乃至整个民族工业。近20年来我国企业与外资合资的事实表明，已经发生的外资对我国境内企业的并购案，并购者往往会解散被并购企业的研发团队，消灭其研发力量，消灭中国企业的自主品牌。最近几年的外资并购案中，例如中国的"南孚电池""无锡威孚"等案例，充分说明了外资并购我国龙头企业的真实目的。

我国目前具有世界上最大的建筑工程量，而且预计未来我国肯定还会有世界上最大的建筑工程量。一旦徐工被外资并购，进而我国建筑工程机械工业被外资控制，我们搞建筑的重型机械都得出高价向外商购买，到那时才会真正体会到这种外资并购所带来的巨大危害。

二、建立外资并购风险防范机制，维护国家产业安全

为此，我们应重视社会强烈关注的外资并购，清晰认识外资并购我国龙头企业的意图。那种认为被外资整合可以实现自身更好发展的想法是不切实际的幻想。尚且不管被外资整合的企业是否是民族企业，事实上中国发展势头很好的企业恰恰都是实现自主主导、注重自主创

新、力求整合外企的企业，而不是国内合资企业。那种认为被外资整合并没有减少财政税收收入和企业职工工资收入的想法是有局限性的，忽视了企业的巨额利润和未来现金流被外商永久获取，并放松了对企业实际控制人为获取自身眼前利益而牺牲企业长远利益的监管。总之，没有民族企业的发展和强大，就不可能尽快实现强国富民。我们呼吁政府应立即采取措施，重视国家产业安全，切实加强对民族产业的保护，尽快建立外资并购风险防范机制。

为此，我们认为：

第一，凯雷并购徐工案不符合国家产业政策的有关规定，损害我国产业安全，因而支持凯雷并购徐工的理由不能成立。国务院有关部门应从国家利益出发，不同意批准此项并购案。

第二，必须及时扭转把"吸收国外战略投资者"作为大型国企改制主要途径的思路，取消政府考核指标中的引资内容。应强调大型国企改革主要应用好国内资源解决资金问题，通过对外并购、自主研发和技术引进等途径实现技术进步问题。

第三，在此案中，凯雷利用地方政府急于招商引资的心态，投其所好，编造了一个庞大的无约束力的招商引资计划作为招标条件，构成出卖国企的理由。应从中吸取教训，尽快制定国企改制中国有资产产权交易程序和细则，完善交易监管体系。

第四，尽快建立国家战略利益管理机制，包括：制定国家必须控制的产业和企业名录，并将这些企业改制的权力上收；建立外资并购我国内资企业的案例监测预警机制，如进行广泛的专家听证；完善政府机构的严格审查制度，推行制度化的民意测验和舆论监督。

第五,加紧完善和制定《反不正当竞争法》《反垄断法》等法律,用法律保护中国产业安全。

(原载于《中国改革报》,2007 年 4 月 5 日,第二作者为李炳炎)

第五节　构建人类命运共同体，引领经济全球化健康发展

当今世界，一方面是物质财富不断积累，科技进步日新月异，人类文明发展到了前所未有的水平；另一方面是地区冲突不断，贫富两极分化严重，恐怖主义、难民问题突出，世界面临的不确定性增加。对这些问题应该怎么看、怎么办？从 2016 年二十国集团领导人杭州峰会、亚太经合组织领导人利马峰会到 2017 年达沃斯世界经济论坛、"一带一路"国际合作高峰论坛，习近平主席以宏大的历史视野和富有远见的新理念、新思想、新战略做出了深刻回答，为引领经济全球化健康发展提供了一份完整系统的中国方案。

一、构建人类命运共同体的中国愿景

构建人类命运共同体，是以习近平同志为核心的党中央为全球治理、为人类社会发展贡献的中国愿景。它顺应时代潮流，充分体现和衷共济的责任担当和兼济天下的世界情怀，为增进人类福祉、维护世界和平指明了前进方向。

20 世纪上半叶，遭受两次世界大战劫难的人类最迫切的愿望是缔

造和平。20世纪五六十年代，殖民地人民最强劲的呼声是实现民族独立。冷战结束后，各方最殷切的诉求是扩大合作、共同发展。可以说，和平与发展是全人类的共同愿望。"我们要顺应人民呼声，接过历史接力棒，继续在和平与发展的马拉松跑道上奋勇向前"[①]。近代以来，为建立公正合理的国际秩序，在国家关系演变中形成了一系列公认原则，如360多年前《威斯特伐利亚和约》确立的各国之间平等和主权原则，150多年前《日内瓦公约》确立的国际人道主义精神，70多年前《联合国宪章》确立的处理国际关系、维护世界和平与安全基本原则，60多年前"万隆会议"倡导的和平共处五项原则，40年前联合国大会关于建立新的国际经济秩序的宣言和行动纲领等。

"让和平的薪火代代相传，让发展的动力源源不断，让文明的光芒熠熠生辉，是各国人民的期待，也是我们这一代政治家的应有担当。中国方案是：构建人类命运共同体，实现共赢共享"[②]。人类的命运应由全世界人民共同掌握，世界事务应由各国人民共同治理，世界安全应由世界各国共同维护，国际规则应由世界各国共同制定，发展成果应由各国人民共同分享，这是历史发展的必然趋势和全世界人民的强烈呼声。人类命运共同体是民族共同体、利益共同体、区域共同体的发展和升华。它着眼于人类文明的永续发展，着眼于推动建立新的文明秩序，超越了狭隘的民族国家视野，集中反映了我们党的执政理念和价值追求。

---

① 习近平，共同构建人类命运共同体——在联合国日内瓦总部的演讲，2017年11月18日。
② 同①。

二、坚持合作共赢的中国理念

每个国家都有自己国家的利益,首先要把自己的事情办好。但是,其他国家也有发展的权利,也要维护自身的利益。因此,每个国家都应以更加开阔的视野维护自身利益,同时不能损害别国利益。习近平主席强调:"我们要坚定不移发展开放型世界经济,在开放中分享机会和利益、实现互利共赢。"① 中国坚持合作共赢理念,积极构建以合作共赢为核心的新型国际关系,坚持国家不分大小、强弱、贫富,一律平等,带头走"对话而不对抗,结伴而不结盟"的国与国交往新路,强调彼此之间要义利兼顾、风雨同舟、命运共担。合作共赢的理念超越了种族、文化、国家和意识形态的界限,为解决人类面临的现实问题、思考人类未来的发展前景提供了全新视角,给出了理性可行的方案。合作共赢理念向全世界昭告:要坚定不移地发展开放型世界经济,在开放中分享机会和利益,实现互利共赢;下大力气推进全球互联互通,让世界各国实现联动增长,走向共同繁荣;坚定不移地发展全球贸易和投资,在开放中推动投资和贸易自由化便利化,旗帜鲜明地反对保护主义。"搞保护主义如同把自己关进黑屋子,看似躲过了风吹雨打,但也隔绝了阳光和空气。打贸易战的结果只能是两败俱伤。"习近平主席在世界经济论坛 2017 年年会开幕式上的主旨演讲,具有很强的现实针对性。合作共赢理念是应对逆全球化的良方,也是推动全球治理更加公正合理的行动指南。

在世界经济的汪洋大海中,想人为地切断各国之间的资金流、技

---

① 习近平,共担时代责任 共促全球发展——在世界经济论坛 2017 年年会开幕式上的主旨演讲,2017 年 1 月 17 日。

术流、产品流、人员流，是不可能的；想让世界经济的大海退回到一个一个的小湖泊、小河流，是违背时代潮流的。经济全球化让地球村越来越小，社会信息化让世界越来越平。不同国家和地区已是你中有我、我中有你，一荣俱荣、一损俱损。过时的零和游戏必须摒弃，不能只追求你少我多、损人利己，更不能搞你输我赢、赢者通吃。历史昭示人们，弱肉强食不是人类共存之道，穷兵黩武无法带来美好世界。要和平不要战争，要发展不要贫穷，要合作不要对抗，推动建设持久和平、共同繁荣的命运共同体，是各国人民的共同愿望。合作共赢的中国理念，吸取中国传统文化的智慧和精髓，并将其内化为新的价值观念，顺应和平与发展的时代潮流，彰显了大境界和大情怀。

三、弘扬改革创新的中国精神

当前，世界经济面临的根本问题是增长动力不足。因此，最迫切的任务就是引领世界经济走出困境、走上健康可持续发展的轨道。怎样为世界经济发展提供动力？习近平主席给出的答案是改革和创新。"创新是引领发展的第一动力。与以往历次工业革命相比，第四次工业革命是以指数级而非线性速度展开。我们必须在创新中寻找出路。只有敢于创新、勇于变革，才能突破世界经济增长和发展的瓶颈。"[①]

改革开放近40年来，中国坚持通过改革开放克服前进中遇到的困难，勇于破除妨碍发展的体制机制障碍，不断解放和发展社会生产力，取得了举世瞩目的成就。从农村改革到城市改革，从经济体制改革到

---

① 习近平，共担时代责任 共促全球发展——在世界经济论坛2017年年会开幕式上的主旨演讲，2017年1月17日。

各方面体制改革,从对内搞活到全方位对外开放,一系列改革创新实践为发展中国家发展经济、走出贫困提供了鲜活的中国经验。中国坚持以改革开放促进创新、以创新引领改革开放,推动经济社会持续健康发展。以制度创新为核心,加快构建开放型、创新型经济发展新体制;以业态创新为重点,积极培育和发展新型产业和贸易业态;以技术创新为动力,加快转变经济发展方式,在促进本国新动能发展壮大的同时,为世界经济注入强劲的创新动力。

2017年初,在达沃斯世界经济论坛的主旨演讲中,习近平主席强调:"我们要创新发展理念,超越财政刺激多一点还是货币宽松多一点的争论,树立标本兼治、综合施策的思路。我们要创新政策手段,推进结构性改革,为增长创造空间、增加后劲。我们要创新增长方式,把握好新一轮产业革命、数字经济等带来的机遇,既应对好气候变化、人口老龄化等带来的挑战,也化解掉信息化、自动化等给就业带来的冲击,在培育新产业新业态新模式过程中注意创造新的就业机会,让各国人民重拾信心和希望。"丰富的中国实践提供中国经验,成功的中国道路孕育中国精神。习近平主席的重要讲话着眼人类整体发展、寻求各方利益的最大公约数,是中国为世界发展提供的重要方案,蕴含着中国发展成功的宝贵经验,彰显了改革创新的中国精神。

四、倡导开放包容的中国风范

"和羹之美,在于合异"。多样性是人类文明的基本特征。历史反复证明,开放带来进步,封闭导致落后。不同文明要取长补短、共同进步,让文明交流互鉴成为推动人类社会进步的动力、维护世界和平的纽带。

中国从一个积贫积弱的国家发展成为世界第二大经济体,靠的不是对外扩张、殖民主义和强权政治,而是人民的辛勤劳动、艰苦奋斗。中国不寻求一枝独秀或一家独大,而是致力于同世界各国共同发展,实现全人类的共同利益,共享人类文明进步的成果。中国越发展,对世界的和平与发展就越有利。一个日益繁荣强大的中国出现在世界面前,不仅有利于维护中国人民的利益,而且有利于增进各国人民的共同福祉。新中国成立以来,中国在致力于解决自身问题的同时,力所能及地向广大发展中国家提供不附加任何政治条件的援助,今后将继续在力所能及的范围内做好对外帮扶。国际金融危机爆发以来,中国对世界经济增长的贡献率年均在 30% 以上。未来 5 年,中国将进口 8 万亿美元的商品,吸收 6 000 亿美元的外来投资,中国对外投资总额将达到 7 500 亿美元,出境旅游将达到 7 亿人次。这将为世界各国发展带来更多机遇。中国的发展得益于国际社会,也愿意以自己的发展为世界各国的发展做出贡献。中国人民深知实现国家富强和民族振兴的艰辛,对各国人民取得的发展成就都加以点赞,希望他们的日子都越来越好,不会犯"红眼病",不会抱怨别人从中国的发展中获得了好处。中国将继续奉行开放包容的政策,将自身的发展机遇同世界各国分享,也欢迎世界各国搭乘中国发展的"顺风车"。习近平主席在多个国际场合发表重要讲话所呈现的大国风范,受到众多国家的高度赞誉。

五、改善全球治理的中国智慧

全球治理是指通过制定一系列具有约束力的国际规则来规范各个

国家的行为，维持正常的国际政治经济秩序。现有的全球治理体系是二战后在发达国家主导下形成的，它既有合理性和正当性的一面，也存在不完善、不适应形势发展的一面。党的十八大以来，中国以现有国际秩序维护者、改革者的姿态出现在国际舞台上，量力而行、尽力而为，顾全大局、勇于担当，兼顾国情和世情，努力找到与其他国家互利共赢的"最大公约数"。中国从理论层面深化对全球治理的认识，阐释全球治理的中国主张；从实践层面将全球治理作为参与多边外交的重要议题，拿出中国方案，展示中国智慧。

中国以天下为公的胸襟，将自身利益与世界利益有机结合起来，在维护自身利益的同时推动世界各国共同繁荣和进步。中国积极参与全球治理变革，保持既有理又有礼的大国风度，塑造了温和自信的国际形象。例如，生态危机是全球性问题。中国主张人类应该遵循天人合一、道法自然的理念，寻求可持续发展之路。中国积极倡导绿色、低碳、循环、可持续的生产和生活方式，不断开拓生产发展、生活富裕、生态良好的文明发展道路。再如，中国致力于推动经济全球化进程更有活力、更加包容、更可持续，支持建立开放、包容、透明、非歧视性的多边贸易体系，倡导建立公正合理的国际政治经济新秩序。中国以融入现有国际秩序为基础，积极推进全球治理改革完善。中国对全球治理的积极态度，有助于世界各国明确方向、凝聚共识、增强信心。

六、推进"一带一路"建设的中国实践

习近平主席提出的"一带一路"倡议，是对古丝绸之路的传承和

提升。它顺应时代要求和各国加快发展的愿望，坚持共商、共建、共享，致力于实现中国与相关国家发展的对接联通，努力在开放合作中实现互利共赢。在当前经济全球化遭遇阻力的国际形势下，"一带一路"建设成为中国向全球提供的重要公共产品，是新时期中国引领经济全球化健康发展的重大倡议，是追求世界各国合作共赢目标的具体实践。

"一带一路"建设的重要内涵和举措是互联互通。如果将"一带一路"建设比喻为世界经济腾飞的两只翅膀，那么，互联互通就是这两只翅膀的血脉和经络。"一带一路"建设所要实现的互联互通，不仅仅是修路架桥或平面化、单线条的联通，而是政策沟通、设施联通、贸易畅通、资金融通、民心相通五大领域协同推进。这是全方位、立体化、网络状的大联通，也是生机勃勃、群策群力、开放包容的大系统。

为了推进"一带一路"建设，中国设立丝路基金，发起成立亚洲基础设施投资银行，推动建设金砖国家新开发银行，目的是支持各国共同发展。因为中国深知，那种你多我少、你输我赢的旧思维不利于维护和发展世界人民的整体利益。中国始终认为，世界好，中国才能好；中国好，世界会更好。正如习近平主席在2017年5月"一带一路"国际合作高峰论坛开幕式上的演讲中所指出的："4年来，全球100多个国家和国际组织积极支持和参与'一带一路'建设"，"中国同40多个国家和国际组织签署了合作协议，同30多个国家开展机制化产能合作。"所以说，"一带一路"倡议来自中国，但成效惠及世界。

（原载于《南方企业家》，2017 年第 9 期，第二作者为朱炳元）

后 记

马克思在《资本论》中指出,协作产生新的生产力。因为我在广泛的研究中会不断形成较多的新学术思想,但来不及单独撰写文章;同时,培养我指导的研究生、博士后和访问学者,又必须通过合写论著才更为有效,他们也积极要求如此合作,以便较快进入学术前沿和获得研究成果。所以,本书选编的文章有些是与我的学生和同行合写的,都是本人提出文章的基本观点并修改定稿,而合作者也做了大量的研究和很好的阐发,属于典型的合作共赢。按照合写章的顺序,他们是柴巧燕、高建昆、周志太、谭劲松、丁晓钦、胡靖春、侯和宏、刘伟、周肇光、王萃、孙业霞、廉淑、李炳炎、朱炳元。张杨讲师为整理本书付出许多精力。在此,一并深表谢意!

就职于国家发展和改革委员会的晋璧东等人,对本书的出版花费了辛勤的劳动，特此表示由衷的谢忱！

　　欢迎广大读者对本书的观点提出批评意见！

程恩富

2018 年 8 月